치명적인 독, 미세 플라스틱

치명적인 독,

땅, 바다, 하늘, 우리의 몸을 위협하는 플라스틱

미세

매트 사이먼 지음
최원재 옮김

플라스틱

북하이브
BookHive

나의 지구에게: 오염시켜 미안해

목차

서문

화창한 7월의 어느 날, 재니스 브래니는 유타 주 북쪽 멀리에 있는 산으로 나를 데려갔다. 브래니는 제대로 된 등산 장비를 갖추고 짚 모자를 썼지만, 등산과 거리가 먼 나는 청바지와 테니스화를 신고 있었다. 겨울이 되면 이곳은 스키 리조트가 되고, 그래서 이곳에는 리프트가 설치되어 있다. 리프트 아래로 지나가면서 나는 이곳의 운영자가 리프트를 왜 여름에는 운영하지 않는지 의아해했다. 게다가 나는 샌프란시스코 해수면 높이에서 살고 있었기에, 2,682미터 정상에 가기 위해서 366미터를 오르느라 내가 헐떡이는 동안 브래니는 상당한 시간을 기다려야 했다. 산불 연기가 캘리포니아에서부터 나를 쫓아와 근처 산맥을 볼 때마다 신경이 쓰였는데, 이것 역시 나를 힘들게 했다.

만약 비버 산 정상에 무언가 특별한 게 없었더라면 나는 이런 짓을 스스로 하지는 않았을 것이다. 브래니는 슬슬 걷고 나는 고생고생해서 정상에 왔을 때 평평한 단 하나가 보였다. 그 위에는 두 개의 양동이가 있었고, 각각의 양동이에는 연속적으로 더 촘촘해지는 망들이 유리판 위에 세 개 층을 이루고 있었다. 대기에서 떨어지는 입자들을 모으기 위한 장치였다. 한 양동이는 비가 올 때 퇴적물을 골라내는 용도로, 날씨가 더울 때는 철판 뚜껑을 닫아 기둥 위에 올려둔다. 그러다가 하늘에서 무언가 내리기 시작할 때면 센서가 습도를 탐지해서 이 철판 뚜껑을 슬쩍 들어 올려 건조할 때만 퇴적물을 모으는 다른 양동이를 덮는다. 이를 활용하여 각각 다른 날씨 상태에서 브래니는 대기의 먼지를 모을 수 있었다. 물론 가끔 새똥이 떨어지는 일도 있지만, 그것은 망을 통과할 수 없다.

그러나, 서서히 퍼지고 있는 새로운 오염물질은 이를 통과한다. 그것은 바로 비닐 봉투, 플라스틱 병, 그리고 기타 플라스틱에서 나오는 미세한 조각들이다. 브래니가 학생들을 가르치는 유타 주립 대학이 있는 로건 같은 근처의 가까운 도시는 여기서부터 차로 45분 정도 거리에 있다. 비버 산 정상에 있는 이 보잘것없는 장치는 미세 플라스틱으로 알려진 입자를 놀라울 정도로 잡아내는데, 브래니가 미국 서부 지역의 오지들에 배치한 다른 기계들도 이와 마찬가지의 일을 수행하고 있었다. 합성 물질의 작은 조각들은 대기를 꽉 메웠고, 하늘에서부터 떨어지고 있다.

2020년, 브래니는 유명한 저널 〈사이언스〉에 섬뜩한 제목의 논문을 발표했다.[1] "미국의 보호 지역에 내리는 플라스틱 비"라는 논문은 놀라운 사실을 공개했다. 브래니는 앞서 언급한 장치들에서 미세 플라스틱을 모았고, 그 수치를 측정했는데, 미국 땅의 6 퍼센트의 지역에만 해도 매년 3억 개의 물병에 해당하는 미세 플라스틱이 떨어진다는 것이었다. 내가 〈와이어드〉 잡지에서 말했듯, 플라스틱 비는 새로운 산성비이다.[2]

플라스틱 포장재는 자연에서 더 작고 작은 조각으로 분해된다. 부드러운 플라스틱 섬유로 만들어진 폴리에스테르 혹은 나일론 옷을 세탁할 때마다 수백만 개의 실이 빠져서 폐수처리시설로 들어간다. 사실 지금 전체 의류의 3분의 2는 플라스틱으로 만들어진다. 거기서 입자들은 바다로 흘러 들어가거나 '슬러지' 속으로 분리된다. 이 슬러지는 농작물에 사용되는 비료가 된다. 운전할 때마다 타이어에서 빠져나온 합성고무 덩어리들이 날아다닌다. 매년 미국에서만 136만 톤의 합성고무가 대기 중으로 뿜어져 나온다. 타이어의 마모된 트레드가 바로 그것이다. 이렇게 발생하는 미세 플라스틱은 땅에, 강과 호수 속에, 바닷속에, 그리고 대기 중에 계속 쌓이고 있다.

내가 숨을 고르는 사이 브래니는 바위에 앉아서 벌레들을 쫓아내며 블루베리를 입에 넣고 말했다. "미세 플라스틱이 없는 지역은 없어요. 공기에는 정치적 경계도, 지역적 경계도 없기 때문이지요. 샘플들을 볼 때마다 항상 정말 욕이 튀어나올 정도로 플라스틱이 많아요. 색깔도 종류도 정말 다양하고요. 이것들이 어디서 나오는 건지 진짜 궁금해요. 그 양을 보면 정말 말도 안 되는 거예요. 이건."

브래니는 눈에 보이지 않지만 눈덩이처럼 불어나고 있는 위기의 주범인 미세 플라스틱 공해를 연구하기 위해 뛰어든 선구적 과학자 중 한 명이다. 지난 반세기 동안 환경학자들은 일회용 포장재와 일회용 병의 사용을 반대했지만, 그 사이 미세 플라스틱은 전염병처럼 전 세계로 퍼졌고, 이것의 위험성을 알아차린 사람은 극히 드물다. 바다에 떠다니고 해변으로 몰려들고 땅에 굴러다니는 모든 플라스틱이 결국 어떻게 되는지 알고 싶은가? 폴리머 더미(이 중 재활용되는 것은 거의 없고 이것들 상당수가 자연으로 그냥 내던져진다)는 셀 수 없을 정도로 많은 합성 쪼가리로 찢어져서 수천 년 동안 남아있을 것이다.

플라스틱 입자는 과학자들이 관찰하는 모든 곳에서 발견된다. 깊고 깊은 마리아나 해구에서부터 높고 높은 에베레스트 산까지, 그 사이의 모든 곳에서 미세 플라스틱이 발견된다. 미세 플라스틱은 지구 전체를 쓰레기통으로 만드는 치명적인 것, 소비주의라는 파티가 남기는 영원한 유산이다. 인류는 지구를 플라스틱화하고 있다. 우리가 생각하는 것보다 더 심하게.

지금 이 순간 어디를 가든지 우리는 최고로 집적된 미세 플라스틱에 노출되어 있다. 창문으로 들어오는 불빛을 응시하면 마치 벌레들처럼 하늘에 떠다니는 미세 플라스틱을 볼 수 있다. 물을 한 잔 떠 놓고 기다려보면 옷에서 나온 미세 섬유가 표면 장력을 뚫고 물 표면을 일그러뜨리는 것을 볼 수 있다. 물을 떠서 침대 옆에 놓고 이불을 갈아보면 이불에서 얼마나 많은 입자들이 나와 공중에 떠다니는지 알게 된다. 구석구석에 쌓여 있는 먼지와 옷에서 나온 보푸라기들이 모두 다 플라스틱이다.

우리 주위의 거의 모든 것이 미세 플라스틱을 뿜어낸다. 카펫은 우리 옷과 마찬가지로 합성 섬유로 만들어졌고, 단단한 목재 바닥은 폴리머 밀폐제로 덮여 있다. 비닐 봉투와 플라스틱 병을 열면 작은 플라스틱 부스러기가 방출된다. 소파 위에 털썩 앉을 때마다 미세 섬유가 쪼개져 나와 공중으로 날아간다. 한 조사에 따르면, 우리가 단순히 합성 의류(요가 바지, 양말, 속옷, 신축성 데님)를 입고 움직이는 것만 해도 마찰을 통해 1년에 10억 개의 미세 섬유를 뿜어낸다.

이 모든 것들이 실내 공기를 휘젓고 다닌다. 거실 바닥에는 수만 개의 미세 플라스틱 입자들이 매일 쌓인다. 바닥에 발을 디디면 바닥에 있던 미세 플라스틱이 공중으로 다시 떠오르고, 우리는 이를 마시게 된다. 매일 우리는 수천 개의 미세 플라스틱, 더욱 더 많은 나노 플라스틱을 흡입하고 있다. 나노 플라스틱은 감지할 수 없을 정도로 작고, 공기 중으로 더 잘 퍼져 나간다. 아이들은 이렇게 모여 있는 플라스틱 입자 뭉치 사이로 하루 종일 기어 다니면서 보내고, 어른들보다 더 큰 영향을 받는다.

아이들은 '미세 플라스틱 수프'를 마신다. 과학자들은 플라스틱 병에 분유를 물에 타 먹일 준비를 하는 과정에서 뜨거운 물에 분유를 넣고 마구 흔들면 플라스틱이 깎여 나와 수백만 개의 미세 플라스틱이 분유 속으로 흘러 들어가고, 그 결과 아기들이 1년에 10억 개의 입자를 먹는다는 것을 밝혀냈다. 또 성인의 대변 샘플을 분석해본 결과 우리가 연간 수백만 개의 미세 플라스틱을 먹고 마시고 있다는 점도 드러났다. 과학자들은 소금부터 생선에 이르는 온갖 종류의 식품에서 입자들을 발견했다. 플라스틱으로 만들어진 생수병은 미세 플라스틱 덩어리라는 것을 쉽게 알 수 있지만, 수돗물 또한 미세 플라스틱으로 오염되어 있다. 심지어 지하수조차 오염되었다. 플라스틱 입자들이 토양을 뚫고 들어가 대수층까지 들어간 것이다.

바다의 오염은 더 심각하다. 북태평양은 바닷물 1리터당 평균적으로 8,300개의 입자가 들어있음이 밝혀졌고, 대서양은 윗부분 198미터 영역에서만 2천만 톤에 이르는 미세 플라스틱이 소용돌이치고 있다는 결과가 나왔다. 해류가 만나는 곳에서는 플라스틱 입자들이 한데 모여서 그 집적도가 악명 높은 태평양 거대 쓰레기 지대에서보다 몇 배 더 높았다. 바다에는 미세 플라스틱이 너무 많아서 공중으로 입자들을 토해내고 있고, 이는 해풍을 타고 땅으로 퍼지고 있다.

남은 입자들은 결국 해저로 침전된다. 과학자들은 지중해에서 약 5센티미터 두께, 0.1제곱미터 너비 당 약 20만 개의 미세 플라스틱이 들어있음을 발견했다. 다른 연구자들은 침전물 샘플을 가져다 그 침전 시기를 되돌려 보았는데, 1940년대부터 입자 농도가 15년마다 두 배씩 늘어나고 있다는 사실을 발견했다. 1940년대는 플라스틱 생산이 폭발적으로 증가하기 시작한 때이다. 인류가 미세 플라스틱이 환경으로 들어가는 것을 막기 위해 무언가 조치를 취하지 않는다면, 2100년경에는 바닷속에 오늘날보다 50배 넘는 입자들이 있을 것이다.

앞으로 미세 플라스틱 오염이 계속 늘어난다면, 해양 생태계는 더 오염될 것이다. 이 입자들은 먹이 사슬의 가장 아래 단계인 플랑크톤계에 섞여버렸고, 치어들은 이 입자를 먹이로 오인하여 이를 먹고 그들의 배를 채운다. 결과적으로 치어들은 자양분을 얻을 수 없게 되어 성장에 문제가 생긴다. 더 큰 문제는 먹이 사슬에서 더 큰 생선이 이런 작은 물고기들을 먹기 때문에, 결국 전체 생태계가 미세 플라스틱을 먹는 셈이다. 대합이나 굴 같이 물을 걸러 먹이를 먹는 동물들은 물속에 녹아든 입자들을 먹게 되고, 그들이 먹은 미세 플라스틱을 인간이 먹는다. 과학자들은 새우, 해양 연충류, 갑각류, 바다거북, 돌고래, 고래 등 거의 모든 바다 생물에서 미세 플라스틱을 발견했다.

지금까지 이런 오염물질은 없었다. 납과 수은 같은 중금속은 원소, DDT같은 유해물질은 화합물이다. 우리는 이러한 오염물질이 생명에 얼마나 해를 끼치는지 너무나 잘 알고 있다. 그러나 많은 종류의 플라스틱 폴리머에는 적어도 1만 종류의 다른 화학물질이 들어 있다. 과학자들이 보기에 이 중에서 4분의 1이 우려대상이다. 게다가 미세 플라스틱 입자는 이미 자연 속에 존재하는 많은 오염물질을 축적하기까지 한다. 인간의 병원균을 포함해서 박테리아와 바이러스까지 미세 플라스틱 입자에 붙는다.

따라서 미세 플라스틱은 여러 유독 성분이 하나로 뭉쳐져 지구의 생명체가 한입에 먹을 수 있세 만들어진 미리기 여럿 달린 '석유화학 히드라'다. 플라스틱 조각이나 플라스틱 섬유, 플라스틱 덩어리는 물리적으로 환경과 반응한다. 예를 들어, 과학자들이 보여주듯이 미세 플라스틱은 토양의 구조를 변화시켜 토양이 물을 머금는 방식을 바꾸고 미생물계가 형성되는 방식을 바꾼다. 이는 이 입자들이 농작물에 영향을 끼칠 수 있다는 의미이다. 그러므로 미세 플라스틱은 일반적인 독이라고 하기 보다는 들쥐, 칡덩굴, 불개미처럼 우리 주위에 이미 존재하는 침입종이라고 해야 맞다. 미세 플라스틱은 지구 위에 사는 생명체에게 유례없는 위협이다.

미세 플라스틱은 우리의 몸으로도 침투하고 있다. 폐암 환자들의 폐를 보면 종양 속에서 미세 섬유가 발견된다. 의사들은 수십 년 동안 합성 섬유 생산 라인에서 일한 사람들에게 폐암과 위암 발병률이 심각하게 높다는 점을 알고 있었다. 과학자들은 인간의 피, 대장 조직, 태반, 신생아의 첫 배설물에서 미세 플라스틱을 발견했다. 이것은 엄마들이 신생아에게 미세 플라스틱을 물려주었다는 것을 의미한다. 동물 연구는 가장 작은 미세 플라스틱이 창자에서 피로, 또 두뇌로 옮겨져 가는 것을 보여주었다. 연구자들은 이와 똑같은 일이 인간에게서도 일어난다고 확신하고 있다.

과학자들은 이 모든 것이 우리 건강에 의미하는 바를 연구하기 시작했고, 이를 통해 미세 플라스틱이 미치는 영향이 밝혀졌다. 플라스틱이 우리 건강에 미치는 가장 큰 문제는 내분비계 교란 물질, 다시 말해 환경 호르몬이다. 이것은 낮은 농도에서도 호르몬을 망가뜨린다.

이중 가장 악명 높은 녀석은 BPA로 알려진 비스페놀A다. 이것은 플라스틱 병을 만들 때 광범위하게 사용되는데 우울증, 성기능 저하, 그리고 몇몇 암과 관련이 있다. BPA를 단계적으로 없앤다는 것은 제조업체들이 화학구조가 유사한 화학물질로 그것을 대체한다는 뜻인데, 새 물질 또한 비슷한 독성을 지닐 수 있다. 그리고 내일 BPA가 완전히 없어진다고 해도, 사람들은 BPA가 남겨진 공기를 흡입하게 된다. 왜냐하면 미세 플라스틱이 없어지지 않고 오래 남아 땅과 바다와 공기를 완전히 오염시켜 놓았기 때문이다. 이 내분비 교란 물질의 상당수는 '오비소겐'인데, 비만을 유발하기 때문에 이렇게 불린다. 그리고 독극물 전문 학자들은 플라스틱이 비만의 유행에 일조한다는 증거를 모으고 있다. 다른 연구자들은 흡입된 플라스틱이 천식 같은 폐병 발생률의 상승과 관계가 있는지 조사 중이다.

연구자들은 특히 아기들을 염려한다. 아기들의 몸은 특히 내분비 교란 물질의 호르몬 간섭에 취약한 상태임에도 분유를 통해 수백만 개의 미세 플라스틱을 마시고 플라스틱으로 가득한 실내 먼지를 기어 다니기 때문이다. 유아의 변에 성인의 변보다 10배나 많은 폴리에틸렌 테레프탈레이트(흔히 폴리에스테르로 알려진)가 들어 있다는 것을 발견한 연구가 있다.

인류는 플라스틱 발전의 덫에 빠졌다. 현재 사회는 폴리머 없이는 지속이 불가능하다. 그러나 이 마법 같은 물질은 인류를 점점 더 어두운 곳으로 향하게 만들고 있다. 농업이라는 발명이 우리 인류의 생존을 농작물에 의존하게 만들었던 것처럼, 산업 혁명이 화석 연료에 문명을 꿰어 넣었던 것처럼, 플라스틱은 인류를 외적으로는 번영하도록 만들었지만, 환경적으로는 위험에 처하게 했다는 사실을 볼 수 없게 만들었다.

인류는 플라스틱으로 지구를 오염시켰을 뿐만 아니라, 우리의 몸도 오염시켰다. 현재 과학자들은 이를 밝혀내기 위해 처절하게 애쓰고 있다. 인류를 플라스틱의 덫에서 빼내려면 특별한, 그리고 실현 가능한 캠페인이 우리의 전 문명에 걸쳐 일어나야 한다. 폐수에서 의류 미세 섬유를 걸러내는 방법은 이미 있다. 그러나 이 기술이 인류와 지구가 필요로 하는 것 자체를 대체할 수 없다. 그렇기에 폴리머와 인간의 관계에 관한 근본적인 재협상이 필요하다.

인류가 일회용 플라스틱 대신 판지와 유리만 사용하던 것이 그렇게 오래 전 일이 아니다. 플라스틱의 재료가 화석 연료라는 사실, 플라스틱이 기후 변화에 영향을 미친다는 사실은 우리가 이 물질을 다루는 데 중요한 요소이다. 실제로 이 둘 중 하나의 대안을 만들지 못하면, 다른 하나도 해결할 수 없다. 플라스틱 생산은 그 자체만으로도 너무 많은 탄소를 배출한다. 이는 중국, 미국, 인도, 러시아가 배출하는 전체 탄소의 양 다음으로 많다.[3] 그리고 미세 플라스틱은 환경 속에서 노화되면서 온실가스를 방출한다. 이는 플라스틱 오염이 우리가 인식하지 못하고 있지만, 사실 기후 변화의 중대한 요소라는 뜻이다. 무언가 조치를 하지 않으면 이 세계는 제멋대로인 이상기온과 고삐 풀린 미세 플라스틱 오염으로 치달을 것이다. 이상기온과 입자들은 지구의 생물들에게 견딜 수 없는 부담이 되고 있다.

플라스틱 입자는 과학자들이 관찰하는 모든 곳에서 발견된다.
깊고 깊은 마리아나 해구에서부터 높고 높은 에베레스트 산까지,
그 사이의 모든 곳에서 미세 플라스틱이 발견된다.
미세 플라스틱은 지구 전체를 쓰레기통으로 만드는 치명적인 것,
소비주의라는 파티가 남기는 영원한 유산이다.
인류는 지구를 플라스틱화하고 있다. 우리가 생각하는 것보다 더 심하게.

1장

플라스틱 행성에
오신 것을 환영합니다

지옥으로 가는 길은 선의로 포장되어 있다고들 한다. 그 길에는 아마 어마어마한 플라스틱도 깔려 있을 것이다. 1863년, 유명한 당구 선수 마이클 펠란(Michael Phelan)은 그에게 엄청난 부를 안겨 준 당구공이 언제까지 공급될 수 있을지에 대해 걱정하고 있었다.[1]

당시 당구공은 코끼리 상아를 깎아 만든 수제품이었다. 상아는 동물의 왕국이 제공할 수 있는 가장 단단한 재료였다. 하지만 그 것은 비쌌고, 반복적으로 충격을 받으면 금이 갈 수밖에 없었다. 만일 코끼리들이 없어진다면 당구공은 어떻게 만들어야 할까? 펠란은 이에 대한 뾰족한 답을 찾을 수 없었다. 그래서 상아를 대신할 수 있는 무언가를 찾아오는 발명가에게 1만 달러를 주겠다고 선언했다. 펠란은 당구라는 게임을 지키고, 코끼리들도 살리고자 했던 것이다.

26세의 숙련 인쇄공 존 웨슬리 하얏트(John Wesley Hyatt)는 이런 저런 방법을 시도해봤는데, 그중에 하나는 나무 섬유심에 셸락(니스를 만드는 데 쓰이는 천연수지로 랙이라는 벌레의 분비물에서 나온다)과 상아 부스러기를 섞어서 덮는 것이었다.[2] 이건 일종의 속임수였는데, 이 가짜 상아에는 원래 상아가 갖고 있는 단단함이 없었다. 그래서 당구 선수들은 이 공을 거들떠보지도 않았다. 결국 하얏트는 위험을 무릅쓰고 질산 섬유(질산과 황산으로 처리한 면)를 만지작거리기 시작했다. 이 화합물이 초인화성 물질이었기 때문이다.

이 질산 섬유를 알코올과 에테르에 용해시키면 시럽 같은 용액이 나오는데 콜로디온이라고 하는 물질이다. 외과 의사들은 2차 대전 동안 이를 사용해서 상처를 덮곤 했다. 하얏트는 이 콜로디온을 장뇌(장뇌 나무에서 나오는)와 섞었고, 그 결과 단단하지만 어떤 형태로 주무를 수 있는 물질을 발견했다. 그는 이것을 셀룰로이드라고 불렀고 당구 선수들은 이를 은총이자 저주라고 불렀다. 셀룰로이드로 만든 공은 상아로 만든 공처럼 움직였지만, 질산 섬유로 만들어진 탓에 변화가 심했다. "결국 불붙은 담배만 갖다 대도 불이 붙었고, 이따금씩 공끼리 세게 부딪칠 때면 구식 총의 뇌관처럼 작은 폭발을 일으켰다."고 하얏트는 인정했다.

그러나 이런 문제는 사소한 것이었다. 하얏트는 실용적이면서 다량으로 생산할 수 있는 플라스틱을 최초로 발명했던 것이다. 이 플라스틱은 적당한 온도와 압력에서는 구체 뿐 아니라 어떤 형태로든 만들어질 수 있었다. 이는 공학자들과 디자이너들이 휘발성이긴 해도 완전히 새로운 종류의 물질을 손에 넣었다는 말이었다. (초기 필름은 셀룰로이드로 만들어졌고, 그래서 가연성이 높았다. 이런 이유 때문에 쿠엔틴 타란티노의 〈바스터즈: 거친 녀석들〉에서 나치 무리가 있는 극장을 주인공들이 불로 태워버릴 때 필름을 촉진제로 사용했던 것이다.)

인류는 수천 년 동안 나무나 가죽 같은 천연 재료로 무언가를 만들어냈지만, 이제는 더 이상 그런 것들을 만지작거리지 않았다. 유리는 깨지기 쉬워서 다루기 번거로운 반면 셀룰로이드는 강하고 또 가볍기까지 했다. 셀룰로이드를 플라스틱이라고 생각할 수 있지만, 그 자체는 천연 물질이었다. 질산 섬유의 셀룰로스는 면에서 나오는 것이고 장뇌는 나무에서 오는 것이므로 셀룰로이드는 크게 보면 말 그대로 '셀룰로스 같은' 것이었다. 이는 마치 소행성이 '별 같은' 것이나 다름없었다. (인정할 것은 인정해야 한다. 하얏트는 기술적으로 최초의 플라스틱인 셀룰로스 기반의 팍신(Parkesine)을 만들어냈다. 이후 알렉산더 팍스가 그것을 상업화하려고 애썼지만 그러지 못했다.[3])

1907년, 과학자들은 최초로 완전히 합성된 플라스틱 베이클라이트를 만들어냈다. 이것은 전기가 널리 활용되기 시작하는 과정에서 탄생했는데, 배선을 하는 데에 절연기가 필요했기 때문이다. 셸락이 그 역할을 했고, 셸락은 곤충에게서 얻는 재료였기 때문에 제조사들은 재료의 양에 한계가 있음을 느꼈다.[4]

반면 화학자들은 베이클라이트의 재료인 페놀과 포름알데히드를 실험실에서 섞었는데, 그 물질은 불에 잘 붙지도 않고 충격에도 강했다.[5] 플라스틱이 만들어진 순간이었다. 과학자들이 합성 플라스틱을 만드는 방법을 알게 된 시기에는 석유와 가스 회사도 호황이었기 때문에, 과학자들은 천연 재료를 하나씩 대체할 수 있었다. 플라스틱 생산 속도는 2차 대전으로 인한 재료 부족 현상과 맞물려 빨라질 수밖에 없었다. 나일론이 면을 대체했고, 타이어는 천연고무가 아닌 합성고무로 만들어졌다. 플라스틱에 유리가 첨가되어 방탄성을 가미하기도 했다.

1942년에 나온 하퍼 잡지의 "플라스틱 전성시대"라는 제목의 한 기사를 보자.

"병참부대는 플라스틱으로 만든 수통 마개를 이용하고 있고, 병기창 부서는 M52 참호 박격포에 플라스틱 제품을 사용한다. 권총 손잡이와 폭탄 기폭장치도 플라스틱이고, 해군은 배와 비행기에서 전기부품들을 절연하기 위해 상당량의 플라스틱 제품을 사용한다. 육군과 해군 모두 운용중인 비행기 거의 모든 곳에 플라스틱 제품을 쓴다. 폭격기 전측과 외부 총구에 쓰는 조립 시트, 제어판과 장비 하우징에 쓰이는 성형부, 배관용 압출 스트립, 전기 절연용 포일, 구조부분(structural parts)을 만들기 위한 수지 함침 판지 혹은 캔버스, 그리고 마감용 수지 라커가 모두 플라스틱이다. 비행기를 만드는 데에 들어가는 플라스틱 제품의 숫자는 늘어나고 있는 추세라서 플라스틱 자동차가 나오는 것보다 플라스틱 비행기가 먼저일지 모른다."[6]

완전한 플라스틱 비행기나 완전한 플라스틱 자동차가 나오지는 않았다. 사고가 나면 '최소한의 안전도 보장할 수 없는 형태'로 구겨지고 녹아내릴 것이기 때문이다. 하지만 하퍼 잡지의 그 기사는 이 사태를 처음부터 끝까지 더 광범위하게 보여준다.

"마치 지난 세월 철이 그랬던 것처럼, 플라스틱이 아니고서는 어떤 것도 만들 수 없는 시대가 올 수 있다. 조금 더 엄격히 말하자면, (너무나도 많은 목적을 위한 너무나도 많은 종류의 플라스틱 제품들이 있으므로) 금속이 시대를 바꿨던 것처럼 플라스틱도 그런 재료가 될 수 있다."

2차 세계대전이 마치 아편이 세상을 취하게 했던 것처럼 세상을 플라스틱에 빠지게 만들었다고 말한다면, 이는 아편에게는 모욕이다. 마약에 빠진 사람은 치료가 되지만 인류가 사는 세상에서 플라스틱을 빼 버릴 수 없기 때문이다. 그런 일은 일어날 수 없다. 솔직히 말해 플라스틱은 기적의 재료다. 한번 쓰고 버리는 쇼핑백 같은 것을 없애랴? 그럴 수 있다. 그러나 플라스틱 주사기나 다른 의료 도구를 제거한다? 불가능에 가깝다. 플라스틱 배선 절연 장치, 자동차나 전자 장비에 들어가 있는 많은 부품들을 제거하기란 불가능하다. 만약 석유 화학 산업계가 어떻게 우리 세상을 플라스틱에 빠져 죽게 하고 있는지에 대한 비판이 넘쳐나기 시작한다면, 석유 화학 산업계는 플라스틱이 얼마나 유용한 것인지 바로 일깨워줄 것이다. 플라스틱을 재활용하지 않고 잘못 사용하고 있는 소비자에게 책임이 있다는 말은, 마치 환자들이 마약 제품에 빠져들었다고 환자들을 비난하는 아편 제조사들과 같다.

플라스틱 제품들은 마치 아편처럼 중독의 참화를 가린 채로 한순간의 만족을 준다. 1955년 8월 1일 타임지에 실린 글 "던져 버리는 생활: 일회용 물건들이 집안일을 줄이다."을 보면, 당시 사람들이 플라스틱이 주는 즐거움에 취해있음을 알 수 있다. 이 기사는 이성적인 독자조차 현혹시켰다.[7] 기사의 사진은 마치 그들 주위에 떨어지는 물건들(접시, 컵, 가사 도구, 통, 일회용 기저귀)을 숭배라도 하듯이 팔을 벌리고 있는 핵가족을 보여준다. 기사는 말한다. "사진 속 허공에 날아가는 저 물건들을 닦는 데에 40시간이 날아갑니다. 하지만 이제 신경 쓰지 않아도 됩니다. 사용 후 모두 던져 버리면 되니까요." 남자들도 한번 쓰고 던져 버리는 이 편리함을 누릴 수 있다. 이 글에서 소개하는 두 가지 물건 덕분이다. "사냥꾼들이 던져버릴 물건은 두 개, 일회용 거위와 오리 미끼." 이것이 바로 플라스틱의 모순이다. 이 물질은 여러모로 쓸 수 있다는 점에서는 가치 있지만, 그러나 한번 쓰고 쓰레기통에 내던져진다는 점에서는 쓸모가 없다.

이 글 이후에 다섯 페이지의 광고가 이어진다. 이 광고는 소비주의자의 플라스틱이 만들어내는 참혹한 현장으로 이어지는 계단과 같다. 미국 석유회사 텍사코는 섀시 윤활유의 부드러운 느낌을 대대적으로 선전하고 있다. 머리를 실로 만든 인형이 카네이션 사에서 나온 초콜릿 드링크를 유리잔에 붓고 있다. "커다란 스크린의 컬러 텔레비전이 도착했다."라고 RCA 빅터가 외친다. 번쩍이는 컨버터블 자동차에 타고 있는 남자가 그의 아들과 핫도그를 먹고 있다. 원래 다 먹고 난 후에 이를 닦는 게 좋다는 것을 알지만 그게 언제나 가능한 일은 아니다. 다행히도 그는 프록터 앤 갬블즈 글림(Procter and Gamble's Gleem)에서 나온 치약으로 이를 닦았다. 입 속이 하루 종일 깨끗할 것이다.

타임지가 '던져버리는 생활'의 도래에 대해 발표하고 나서 수십 년 동안 텍사코 같은 석유 및 가스 회사들의 던져버리는 꿈은 현실에서도 버려졌다. 한때 카네이션 사가 자리를 차지했던 음료 시장은 지금 탄산음료, 에너지 드링크, 주스 브랜드로 넘쳐나고, 모든 제품들은 플라스틱 병에 담겨있다. RCA 빅터의 21인치 컬러 텔레비전의 대를 잇는 거대한 평면 스크린 TV도 플라스틱으로 만들어진다. 치약은 단지 플라스틱 튜브에 담기는 것만이 아니다. 아주 최근까지도 치약은 플라스틱이었다.

여러 제조사가 마찰력을 높이기 위해 치약과 세안 용품에 플라스틱 마이크로비즈를 넣었는데, 2010년대 초기부터 이를 단계적으로 없애기 시작했다. 어떤 제품은 미세 플라스틱을 수십만 개나 함유했는데, 이것들은 얼굴을 씻은 후 바다로 흘러 들어갔다.[8] 소비자들은 이를 알게 된 이후 불만을 표시했다. 버락 오바마 대통령은 2015년 마이크로비즈 청정 해역 법안에 서명하며 이를 사용하지 못하도록 했다. 화장품 업계에서 미세 플라스틱 세안제가 특허를 받은 지 40년 만이었다.[9]

마커스 에릭센은 "그 법안은 물로 씻는 화장품뿐만 아니라 세안 용품에 전반적으로 모두 영향을 끼쳤다."라고 말한다. 그는 플라스틱 오염을 막는 비영리 단체인 파이브 자이어스 인스티튜트(5 Gyres Institute)의 공동 창업자이다. "당시 화장품에는 엄청난 양의 미세 플라스틱 입자들이 충전재로 사용되었는데, 이는 화장품이 얼굴에 오랫동안 남게 하는 물질이었습니다." 아이라이너, 마스카라, 립스틱, 이런 것들은 정말 많은 미세 플라스틱으로 범벅이 되어 있다.[10] 마이크로비즈는 볼 베어링 같은 역할을 하는데, 제품들이 더 잘 발라지게 하고 부드러운 감촉을 갖게 한다.[11] 한 조사에 따르면 매년 1,360톤 이상의 미세 플라스틱이 스킨케어 제품에서 나와 수중 환경으로 흘러 들어간다고 한다.[12] 중국에서만 매년 210조 개의 마이크로비즈가 수중으로 흘러 들어간다.[13] 다행스럽게도 미국은 세정용 화장품에서 마이크로비즈를 금지했지만,

여전히 미세 플라스틱은 환경 속에 스며들고 있고, 앞으로도 그럴 것이다.

마이크로비즈를 둘러싼 논란은 이제 시들해졌다. 사람들은 기업들에게 한방 먹였다고 하면서 위안을 삼고 있다. 그러나 미세 플라스틱 문제는 절반도 밝혀지지 않았다. 환경 과학자들조차도 제대로 알지 못한다. 미세 플라스틱은 지금도 우리의 환경 모든 곳으로 퍼져가고 있다. 연구자 집단의 아주 일부만이 이를 인지하고 있다.

인류가 지금까지 정확히 얼마만큼의 플라스틱을 만들어 왔는지를 알 수는 없다. 하지만 과학자들은 추정을 시도했고, 결과적으로 81억 톤이 넘는다는 결론을 내렸다. 이는 지구상에 사는 모든 동물들의 무게의 두 배 수치다.[14] 그 중에서 64억 톤은 쓰레기가 되었고, 이중에서 단 9퍼센트만이 재활용되었고, 12퍼센트는 소각되었다. 나머지는 땅 속에 매립되었거나 환경으로 방출되었다. 이렇게 버려진 비닐 봉투와 플라스틱 제품은 수백만 개의 미세 플라스틱으로 떨어져 나간다. 텔레비전이나 자동차 부품 같은 많은 플라스틱 제품들이 상대적으로 수명이 긴 건 확실하다. 플라스틱의 42퍼센트가 포장에 쓰이는데, 이중 재활용되는 것은 거의 없다.

자연에는 플라스틱으로 오염된 곳이 너무 많다. 만약 여기저기 버려진 플라스틱을 모두 모아서 음식 포장용 랩으로 바꾼다면 지구를 다 덮을 정도가 된다.[15] 그리고 지금도 플라스틱은 계속 만들어지고 있다. 매년 거의 8백 10만 톤의 플라스틱이 바다로 들어가는데, 이는 1분마다 쓰레기를 가득 채운 트럭 한 대가 바다로 들어가는 꼴이다.[16] 자연으로 흘러 들어가는 미세 플라스틱의 양은 지구상의 모든 사람들이 일주일간 사용한 음식 포장 비닐의 양과 같다.[17] 미세 플라스틱 방출이 특히 높은 북미는 다른 지역보다 세 배정도 비닐 포장을 많이 사용한다.

대규모 플라스틱 제조는 1950년에 시작되었는데, 산업계는 2백만 톤의 수지와 합성 섬유를 만들었다. 2015년에는 그 숫자가 거의 200배로 늘어나서 3억 8천만 톤이 되었는데, 그중 절반이 한번 쓰고 버리는 플라스틱이었다. 6억 장의 비닐봉투가 매시간 사용되고 있는데 다 연결해서 묶으면 이는 지구를 7번 감기에 충분한 양이다.[18] 평균적으로 미국인이 한 해 거의 140킬로그램의 플라스틱 쓰레기를 만들어 낸다.[19] 이는 유럽 연합에 사는 사람이 만들어 내는 양의 두 배 이상이다. 2050년에 인류는 14억 톤 이상의 플라스틱을 매년 만들어 낼 것이다. 코끼리 3억 마리 무게에 맞먹는다. 플라스틱은 유리 같은 다른 포장 재질보다 훨씬 가볍기 때문에 이 무게에 달하려면 정말 많은 플라스틱이 필요하다는 것을 떠올려보라.

이제껏 만들어진 플라스틱의 절반 이상이 지난 20년 동안 만들어졌다. 그리고 플라스틱 생산은 지금도 계속 기하급수적으로 늘고 있다. 거대 석유 업체가 원인인데, 인류는 언젠가 화석 연료를 에너지원으로 쓰지 않게 되겠지만 화석 연료로부터 만들어진 플라스틱을 버리는 것은 불가능할 것이기 때문이다.[20] 2040년이 되면 플라스틱 쓰레기는 물속으로 지금보다 세 배 이상 흘러 들어갈 것으로 예상된다. 이는 또 다른 68억 톤의 플라스틱이 자연으로 방출된다는 의미인데, 이 예측은 쓰레기를 줄이기 위한 즉각적이고 과감한 조치가 있다는 것을 전제로 했을 때의 이야기다.[21] 이번 세기 중엽에 이르면 인류는 백 년 동안 총 3천 4백억 톤의 플라스틱과 첨가제를 만들어내게 된다. 이 양은 엠파이어 스테이트 빌딩 10만 개 규모이다. 그때가 되면 플라스틱을 실은 4대의 트럭이 1분에 한 대꼴로 바다에 들어가는 수준이 되어, 해양 플라스틱은 바닷속 생물들을 모두 합친 것보다 더 무거워질 것이다.

탄소 카피

염화나트륨의 진가를 아는 화학자라면 누구든지 탄소는 다소 복잡한 원소라고 말할 것이다. 염화나트륨은 다른 어떤 종류의 원소와도 강하고 안정적으로 관계를 맺기를 좋아한다. 수소와 합쳐지면 메탄을 만들고, 산소와 붙으면 일산화탄소 혹은 이산화탄소를 만든다. 석유 회사들에게는 더 중요한 사실이 있는데, 탄소는 그 스스로와 결합한다는 것이다. 탄소와 탄소와의 결합은 플라스틱 폴리머를 지탱하는 초강력 지지대다.

플라스틱 병을 만드는 데 쓰는 폴리에틸렌을 만든다고 해보자. 두 개의 탄소 원자를 지닌 에틸렌으로 시작한다. 두 원자는 이중 결합으로 단단히 붙어 있고, 각각의 원자에는 두 개의 수소 원자가 결합되어 있다.[22] 이것을 플라스틱 폴리머로 바꾸기 위해 탄소 원자들 사이의 이 결합을 깨면 이 원자들이 더 많은 탄소 원자들과 사슬 구조로 묶이게 된다. 이것이 모노머들(모노머는 그리스어로 "홀로"라는 뜻)로 이루어진 폴리머이다(폴리머는 그리스어로 "많은 부분들"이라는 뜻이다). 폴리머는 사실 자연계에 풍부하다. 나무와 고무가 대표적인 폴리머. 딱정벌레의 단단한 껍데기도 폴리머.

여기에 가장 흔한 플라스틱 폴리머와 그 사용처를 소개한다. 미세 플라스틱 위기의 주범으로 이 책에 자주 등장할 것이다.

- 저밀도 폴리에틸렌(LDPE): 일회용 쇼핑백이나 랩, 테이크아웃 커피컵의 안쪽 표면에 사용된다.
- 고밀도 폴리에틸렌(HDPE): LDPE보다 강하다. 병이나 통에 쓰인다.
- 폴리에틸렌 테레프탈레이트(PET): 병을 만드는 데 지속적으로 쓰이고 있다. 합성수지 의류에 들어가는 폴리에스테르도 만든다.
- 폴리비닐 클로라이드(PVC): 파이프에 쓰이는 가장 유명한 물질이다. 포장재와 유아용 플라스틱 장난감에 쓰인다.
- 폴리우레탄(PU): 광택제에 흔히 쓰인다.

- 폴리스티렌: 소비자들에게는 스티로폼이라는 브랜드로 더 잘 알려져 있다.
- 폴리프로필렌: 증기로 살균할 수 있는 단단한 플라스틱이라서 의료 용품에 많이 쓰인다.

이 플라스틱 폴리머들의 차이는 탄소 사슬에 붙어 있는 원자들 때문에 일어난다. 곁사슬로 알려져 있는 이 원자들은 특정 폴리머를 방수로 만들거나 열에 대한 저항력을 강화하는 등의 특징이 있다. 다른 밀도를 갖는 폴리머도 있는데, 저밀도 폴리에틸렌과 고밀도 폴리에틸렌이다. 이것들은 물에서 뜰지 가라앉을지를 결정한다. 그러나 어떤 폴리머이든 간에 그것은 탄소의 강도를 기반으로 만들어진다.

탄소는 어디서부터 올까? 바로 저렴하고 풍부한 화석 연료이다. 버밍엄 대학교에서 플라스틱을 연구하고 있는 화학자 이설트 린치(Iseult Lynch)는 "석유를 추출하고 정유하고 나면 남는 게 있는데, 그 남은 모든 것이 우리가 사용하는 대부분의 합성 화학물질의 기초로 기본적으로 사용됩니다."라고 말한다. "그러므로 사실상 플라스틱을 재활용하고 재사용하는 것보다 처음부터 그냥 플라스틱을 만드는 게 훨씬 저렴합니다. 사실 이것이 가장 문제인데, 석유 및 가스 추출 후 나오는 부산물은 언제나 싸게 공급할 수 있을 것이기 때문입니다." 이것이 인류가 64억 톤의 플라스틱 쓰레기 중에서 겨우 9퍼센트만 재활용하는 이유이다. 이미 생산된 플라스틱을 재가공하는 것보다 플라스틱을 처음부터 만드는 게 훨씬 싸기 때문이다. 재활용의 경제는 작동하고 있지 않은 것이 아니라, 애초에 터무니없는 이야기였던 것이다.

플라스틱을 만드는 모든 공정에서 온실가스가 나온다. 땅을 뚫고 화석 연료를 빼내는 데에는 에너지가 필요하다. 유정에서는 메탄 가스가 흘러나온다. 메탄은 이산화탄소보다 80배 더 강한 온실가스이다. (메탄이 섭섭하지 않도록 한마디 하자면, 이 온실가스는 대기에서 이산화탄소보다 훨씬 빨리 사라진다. 수백 년이 아니라 수십 년이면 된다.) 화석 연료를 수송하는 데에도 에너지가 들어간다. 화석 연료를 폴리머로 만들기 전에 모노머로 바꾸는 데에도 에너지가 들어간다. 국제 환경법 센터에 따르면 미국에 있는 24개의 에틸렌 시설이 1년에 방출하는 이산화탄소 양은 승용차 4백만 대에서 나오는 양과 같다.[23]

현재의 추세로 플라스틱의 생산과 사용이 증가한다면, 2030년에 관련 업계는 연간 295개의 석탄 발전소에서 나오는 양과 맞먹는 온실가스를 내뿜게 된다는 계산이 나온다. 2050년경에는 그 숫자는 두 배가 넘게 되어 615개의 석탄 발전소가 내뿜는 양과 비슷해진다. 비욘드 플라스틱스(Beyond Plastics)라는 단체에 따르면, 현재 플라스틱 제품 생산이 폭발적으로 가속화되고 있기 때문에 관련 업계에서 방출하는 양이 2030년경 석탄에서 나오는 배출량을 따라잡을 것이다.[24] 결과적으로 플라스틱 제품은 인류가 석탄 발전소를 해체하고 운송 수단을 전기 제품으로 만들어 기후 변화에 대응하며 이뤄온 것들을 모두 원점으로 되돌리고 있다.

비욘드 플라스틱스의 회장이자 환경 보호 에이전시(Environmental Protection Agency)의 전(前) 지역 관리자 주디스 엔크는 "화석 연료 업계는 부산물 판매를 포기하고 싶지 않을 겁니다. 그래서 플라스틱 생산을 더 늘리고 있죠. 이제는 걱정스럽습니다. 모든 일이 사람들이 모르게 일어나고 있어요."라고 말한다. 2019년과 2021년 사이에만 적어도 42개의 플라스틱 생산 시설이 가동을 시작했거나, 건설 중이거나, 허가 단계에 있었다.

소비자가 플라스틱 생산의 붐을 부추기고 있는 게 아니다. 그 누구도 그들의 제품이 한 번 쓰고 버리는 플라스틱에 싸여 있기를 요청하지 않는다. 석유화학 회사와 식품 및 음료 대기업이 플라스틱을 더 쓰기를 원한다. 이는 플라스틱이 순이익을 증대시키기 때문인데, 플라스틱 용기는 유리보다 가볍고 운반하기에 저렴하기 때문이다. 만일 대규모 재활용이 실제로 효과가 있다면, 업계는 플라스틱 제품 생산 시설을 더 건설하지 않을 것이다.

엔크는 "석유 화학 회사들은 사람들이 재활용이 해결책이라고 생각하도록 유도하며 사실을 가리고 있습니다. 하지만 재활용은 최악의 실패예요."라고 말한다. "우리는 화석 연료 업계와 화학 업계를 모두 다루는데, 그 두 업계 중 어떤 곳도 플라스틱을 덜 만들기를 원하지 않아요."

플라스틱을 생산할 때 나오는 탄소 방출도 문제지만 이에 더불어 플라스틱 안에 있는 탄소도 그 안에 영원히 있는 게 아니다.[25] 하와이 퍼시픽 대학교의 생물 지학 화학자인 사라-진 로이어(Sarah-Jeanne Royer)는 다른 플라스틱 폴리머들이 얼마나 온실가스를 방출하는지 실험했고 가장 흔한 플라스틱인 폴리에틸렌이 가장 많은 메탄을 내보낸다는 것을 발견했다.

더 무서운 일은, 로이어가 가루 형태의 폴리에틸렌이 알갱이 형태보다 488배 더 많은 메탄을 만들어 낸다는 사실을 알아냈다는 점이다. 그 이유가 직관적으로 와 닿지는 않는데, 플라스틱 쪼가리 하나가 미세 플라스틱으로 점점 더 작아지면 상대적으로 표면적이 커진다. 감자를 생각해보면 이해가 쉽다. 감자를 완전히 익힌 후, 먹을 수 있는 적정 온도로 식히려면 통감자로 두는 것보다 감자를 작게 자르는 것이 더 시간이 덜 소요된다. 통감자는 열을 잡아 둘 수 있는 더 큰 부피를 갖는다. 반면에 감자를 자르면 열을 잃을 수 있는, 상대적으로 더 넓은 표면적을 갖는다. 미세 플라스틱도 이와 마찬가지다. 미세 플라스틱이 더 작을수록, 부피에 대비하여 더 넓은 표면적을 갖게 된다. 이는 더 많은 미세 플라스틱 물질이 자신이 돌아다니는 매개체에 노출된다는 뜻이다. 토양이건 공기이건 물이건 말이다.

여기 작은 플라스틱 구체가 있다고 하자. 그 중심에 있는 물질은 자연 환경에 노출되어 있지 않다. 그렇지만 이 구를 반으로 자르면 더 많은 표면적이 드러나게 된다. 두 조각들을 또 반으로 자르면 더 많은 표면적이 나온다. 전자레인지에 돌린 감자를 식히는 방법과 마찬가지로, 계속 잘게 자르면 빠르게 냉각된다. 다른 것은, 감자에서 날아가는 것은 뜨거운 김이지만 미세 플라스틱에서 날아가는 것은 온실가스라는 점이다. 로이어는 "이것은 플라스틱이 자연에서 분해될 때 플라스틱 병은 더 작아지고 작아져서 더욱더 많은 온실가스를 기하급수적으로 만들게 된다는 뜻입니다."라고 설명했다.

로이어는 이 실험을 다른 매개체 상에 있는 폴리머에 해보았고 공기에 노출된 플라스틱이 물속에 있는 플라스틱보다 두 배의 메탄과 76배의 에틸렌(또 다른 온실가스)을 방출한다는 사실을 알아냈다. 이렇게 되면 문제가 조금 심각해지는데, 재니스 브래니와 다른 과학자들이 대기가 미세 플라스틱으로 채워져 있다는 점을 시시각각 발견하고 있기 때문이다.

대기 중에 있을 때, 바다 위에 떠다닐 때, 그리고 땅 위에서 굴러다닐 때 석유입자가 정확히 얼마나 많은 온실가스를 배출하는지는 아직 답할 수 없다. 이를 알아내기 위해서는 아주 복잡한 계산이 필요하다. 석유입자가 얼마나 외부에 방출되어 있는지, 서로 다른 폴리머의 비율은 어떻게 되는지, 입자가 얼마나 큰지와 같은, 여러 변수들이 있을 것이다. 그러나 이런 계산 없이도, 우리는 미세 플라스틱이 온실가스 방출의 주요한(그리고 상당히 연구가 부족한) 원인일 수 있다고 말할 수 있다.

그러면 화석 연료로 만들지 않은 플라스틱은 어떠한가? 최근에는 여러 종류의 바이오 플라스틱들이 나오고 있다. 퇴비나 강아지 배설물을 담을 봉투가 주로 이런 재료로 만들어진다. 이것들은 화석 연료가 아닌 옥수수나 설탕에서 추출한 모노머로 만들어졌다. 바이오 봉투에 쓰레기를 넣어 퇴비통에 버리고 수거 회사가 그것을 모아 더 큰 쓰레기 더미에 던져 놓으면, 그 봉투가 그냥 녹아 없어질 것이라고 사람들은 생각할지 모른다. 하지만 실상은 그렇지 않다. 실험 결과, 이렇게 분해가 쉽게 되도록 만든 플라스틱 봉투도 그 과정에서 온실가스가 나온다는 것이 밝혀졌다.[26]

바이오 기반이라는 것이 꼭 생분해성을 의미하지는 않는다. 그리고 생분해성 플라스틱이라고 해서 반드시 바이오 기반은 아니다.[27] "생분해성"이라는 말이 우리가 기대하는 그런 효과를 내지 않을 수 있다. 어떤 생분해성 봉투는 폴리머가 섭씨 약 38도 이상의 온도에서만 빨리 분해될 수도 있다.[28]

린치는 "생분해성이라는 말은 말장난입니다. 만든 사람 입장에서는 '생분해'겠죠. 일정한 시간 안에 미리 정해 놓은 일정한 상태에서 분해된다는 말이니까요."라고 말한다. "그 상태라는 것도 어떤 특정 온도와 특정한 미생물의 조건이 있어야 하는 거죠. 소비자는 이를 보면 '아, 우리가 뭔가 생분해적인 것을 샀으니 바나나 껍질처럼 그냥 던져 버리기만 해도 괜찮아.'라고 생각하겠지만, 사실

바나나 껍질도 분해되는 데 수개월이 걸려요."라고 말을 잇는다.

생분해성 봉투가 토양에서 정말로 분해된다고 해도, 그건 어디까지나 토양에서의 이야기다. 만약 이 봉투가 바다로 들어간다면 그것은 온도, 염도, 산도, 미생물군 등이 완전히 다른 환경에 놓인다. 이 봉투는 이런 환경에서는 분해되지 않는다.

우습게도, 2년 이상 토양에 묻혀 있던 생분해성 봉투는 과학자들이 그 안에 무엇이 들어있는지 확인하기 위해서 찢기 전까지 거의 온전한 상태이기도 했다.[29] 하지만 같은 봉투를 바닷물에 단 3개월 노출시켰더니 녹아 없어져버렸다. 실제로 바다의 환경이 더잘 분해를 시키는 것이었다. 하지만 봉투 제조사는 이를 알지 못했을 것이다. 연구원들이 시험한 또 다른 "생분해성" 봉투는 바닷물에 3년을 노출시켰음에도 너무나도 온전해서 식료품을 사러 갈때 쓸 수 있을 정도였다. 물론 그 안에서 자라고 있던 해양 생물냄새는 좀 나겠지만.

생분해성이란 플라스틱이 빠르게 분해된다는 뜻이다. 적어도이론적으로는 그렇다. 플라스틱은 여전히 부서져 미세 플라스틱이 되어 가고 있다. 한 연구에 따르면 토양 속에 남아있는 생화학성 플라스틱 28그램은 6만 개의 입자들로 부서진다고 한다.[30] 다른 많은 연구도 바이오 기반의 미세 플라스틱들이 보통 미세 플라스틱과 동일하게 독성을 지니고 있다는 것을 보여주었다.[31] 이는바이오 기반이든 아니든 간에 플라스틱을 플라스틱으로 만들어주는 독성 첨가제가 양쪽에 똑같이 들어가 있기 때문이다. 생분해성 봉투는 사라지는 것이 아니다. 마치 별이 폭발하고 그 조각들이 우주 속으로 떠다니는 것과 같이 분해되고 있는 것이다. 별의 폭발과 다른 점은, 미세 플라스틱은 석유화학물질들의 덩어리가 되고 이 물질 중 어떤 것이라도 특정한 종의 생물에게 독성을 갖게 된다는 것이다.

연구자들은 이것을 "지구적 플라스틱 독성 빚"이라고 부른다. 상상할 수 없을 만큼의 플라스틱이 이미 자연에 누출되어 있고 오랫동안 남아있을 것이다. 그것은 점점 더 작은 조각으로 분해되고, 더 많은 화학물질을 내뿜으며, 더 많은 생물종과 접하게 될 것이다. 이들은 "가파르게 증가하고 있는 지금의 생산량 주기와 플라스틱의 화학적 성분 구성에 따라 각기 다른 추정 반감기의 분해 시간 척도를 고려할 때, 지구 환경에 존재하는 모든 플라스틱 총량에 해당하는 독성 물질 누출의 정점에는 아직 도달하지 않았다고 생각합니다. 지금 심각하게 생각해봐야 하는 문제입니다."라고 말한다.[32]

신용카드 빚을 늘리듯이 우리는 플라스틱을 계속 자연 환경에 쏟아내고 있다. 독성 빚을 늘리고 있는 것이다. "플라스틱이 썩는 데에는 오랜 세월이 걸릴 것이고, 썩고 나면 독성 화합물이 누출됩니다." 우리가 신용카드를 잘라버리듯 자연으로 들어가는 플라스틱을 멈춘다고 해도, 그 빚은 더욱 더 작은 조각으로 쪼개지고,

쪼개지고, 쪼개져 여전히 자연에 남아있을 것이다.[33]

만약 플라스틱이 단지 탄소로만 만들어진다면 그 빚은 나쁘지 않을 수도 있다. 어쨌든 지구상의 생명은 탄소를 기반으로 하기 때문이다. 그러나 모노머들은 복잡한 분자이며, 폴리머는 더 복잡하다. 예를 들어, 어떤 폴리머 사슬은 가지런히 열에 맞춰 놓여 있는데 그러다 보면 사슬이 약해질 수밖에 없다. 그래서 화학자들은 가소제로 알려진 화학물질을 첨가해야 한다. 이 가소제가 층지어 있는 폴리머 사슬 사이사이에 들어가서 사슬을 분리시키는데, 이로써 플라스틱은 펴서 늘려질 수도 있으면서도 여전히 강한 상태로 남아 있게 된다.

그러나 이 가소제는 매우 독성이 강하다. 가장 흔한 것은 프탈레이트로, 이것은 인간에게 심각한 호르몬 문제를 일으킨다.[34] 화학자들은 화염지연제, 산화방지제, 그리고 자외선 흡수 안정제도 첨가하는데 자외선 흡수 안정제는 햇빛에 의한 폴리머의 분해를 지연시키지만 지구적으로 본다면 플라스틱 독성 빚을 더 얹어놓는 셈이다.

플라스틱 제조사들은 전부 다 해서 수천 가지의 화학물질을 제품에 사용하고 있다. 정부 간 단체인 북유럽 각료회의는 플라스틱에 위험하다고 알려진 포름알데히드와 카드뮴, 납 등의 독성 금속을 포함하는 114개의 화학물질 성분이 있음을 확인했다.[35] (금속 기반의 첨가제는 플라스틱에서 충전재 역할을 하는데 강도와 경도를 증가시키며, 항

미생물제, 화염지연제, 염료의 역할도 한다.[36] 미국에서는 식품 포장에 사용허가를 얻은 4천 가지의 화학물질 중에서 단 25퍼센트만이 안전하다는 평가를 받았다.[37] "문제는 기업들이 무엇을 플라스틱에 넣는지 말하지 않는다는 것입니다." 듀크 대학교의 환경 공학자이자 미세 플라스틱을 연구하는 이마리 워커(Imari Walker)는 말한다. "그것이 우리의 연구를 어렵게 하죠."

연구를 어렵게 하는 또 다른 문제가 있다. 워커와 다른 과학자들이 이 화학물질들이 정적이지 않다는 점을 발견한 것이다. 이 화학물질들은 플라스틱 수명이 다할 때까지 계속해서 변한다. 한 연구는 햇빛에 노출된 월마트의 일회용 봉투가 플라스틱에 원래 있던 화합물과는 다른 1만 5천 개의 화합물을 뿜어낸다는 점을 밝혀냈다.[38] "플라스틱 속에 원래 있던 것들이 해변으로 가면, 빛, 바람, 공기 등에 노출되면서 변한다는 말입니다. 화학물질들은 변형될 수 있습니다. 문제는 '그것들이 변형되었을 때의 유해성의 정도입니다. 처음에는 백 개, 천 개, 어떤 때는 단순히 열 개의 화학물질이 있을 수 있습니다. 그러다가 자연환경 속으로 들어가면, 아무도 그 수를 알 수 없는 서로 다른 조합으로 부서져 나갈 수도 있습니다. 그것들을 다 찾아낼 수 있을까요? 그것들이 안전하다는 것을 어떻게 확신할 수 있겠습니까?"

폴리머 사슬들이 강하기는 하지만, 이 화합물들은 플라스틱이 자연 환경 속에서 굴러다니다 보면 분해될 수밖에 없다. 바다 위를 떠다니는 일회용 비닐 봉투는 태양의 자외선에 폭격을 당하고, 그렇게 되면 산소 속에서 유리기(遊離基, 화학 반응 중 일시적으로 생성되는 불안정한 화학종)를 만들어낸다. 시간이 지나면서 이 유리기들은 폴리머 사슬을 분해하고, 그러면서 가소제가 방출되고 플라스틱은 다시 약한 상태로 돌아가게 된다.

"모든 첨가제는 단지 폴리머 사슬 사이에 물리적으로 끼어져 있는 것에 불과합니다." 린치가 말한다. "젤리를 생각해보면, 젤리 안에 있는 내용물은 젤리가 단단해질 때 그 안에 갇혀 있는 것이지 화학적으로 결합되는 것은 아니지요."

일단 폴리머 사슬이 분해되기 시작하면 첨가제들이 유출되기 시작한다. 환경과학자들이 침출수라고 부르는 이것은 주변에 있는 생물들에게 흘러들어가는 복잡한 화학적 혼합물이다. 비닐 봉투는 바다에 떠다니다가 파도에 휩쓸리게 되는데, 그때의 충격으로 인해 쉽게 찢어진다. 여기에 더해 온도의 변화는, 특히 얼고 녹는 것은, 플라스틱의 구조적 안정성을 더욱 위협한다.

물속에 사는 조류(藻類) 같은 식물이 합성 부유물에 달라붙으면 무게로 인해 가라앉는다. 물속으로 가라앉은 플라스틱은 무지막지한 자외선 공격을 피하게 되지만, 압력의 변화를 겪는다. 해류는 플라스틱을 들어 올려 내던지고, 해류가 만나는 곳에서 플라스틱은 축적되고 서로 부딪친다. 마치 셀룰로이드 당구공처럼 말이다. 이런 과정에서 폴리머 사슬은 끊어지고 계속해서 플라스틱은 더 작고 작은 쪼가리로 부서진다. 손바닥에 놓을 수 있던 조각이 손톱 크기가 된다. 조각은 점점 작아지며 육안으로는 거의 안 보이게 되고, 마침내 인간의 시야에서 사라진다. 그렇게 작아진 조각은 바닷속 생물들에게 문제를 일으킨다.

얼마나 빨리 플라스틱이 부서지는지를 확정하기란 어렵다.[39] 각각의 다른 폴리머가 각양각색의 환경에 놓여있기 때문이다. 과학자들은 이를 알아보기 위해 자연 상태를 실험실에서 구현하기도 한다. 독일 바이로이트 대학교의 화학자 노라 마이데스(Nora Meides)는 미세 플라스틱을 풍화 작용실에 두고 실험을 했다.[40] 이 안에서는 제논 램프가 입자들에게 자외선을 뿜어낸다. 이 안에서의 약 3천 시간이 자연 외부에서의 1만 5천 시간에 해당히는데, 이 제논 "태양"은 지지 않기 때문이다.

마이데스는 이 방에서의 처음의 6백 시간 동안에는 표면에 금이 가면서 플라스틱의 입자 크기가 직선적으로 줄었다는 것을 발견했다. 그러나 그 후에는 입자가 새로운 조각들로 갈라지면서 부식이 기하급수적으로 일어났다.

"플라스틱이 쪼개지면 새로운 면이 노출되고 여기서 표면 분해가 다시 시작됩니다."고 마이데스가 말한다. "그러나 크기의 감소 또한 기본적으로 더 빠른 부식을 가져옵니다. 그러니 그 단계서부터는 크기가 기하급수적으로 작아지게 됩니다." 즉, 미세 플라스틱이 새로운 조각으로 쪼개질 때(앞서 언급한 자른 감자를 떠올려보라!)

더 많은 표면적이 자외선 폭격에 노출되고 더 많은 조각으로 쪼개지고 쪼개질 때까지 그 입자는 분해된다.

그렇지만 이 실험 결과가 자연환경 속 모든 플라스틱에 해당되는 것은 아니다. 해양의 온도는 변화무쌍하다. 압력도 마찬가지다. 표면을 떠다니는 플라스틱은 자외선 폭격에 쉽게 당하지만, 밀도가 높아 가라앉는 폴리머는 어둠 속에서 살아간다. 땅에서 플라스틱은 다양한 종류의 스트레스 요인을 접한다. 표면에 더 많은 부식이 생기는 것이 그 예이다. 이 과정을 거치며 충분히 작아진 미세 플라스틱은 공기 중으로 날아가고 훨씬 더 독특한 환경을 마주한다. 미세 플라스틱은 특정한 영역 사이를 마음껏 오고 가면서 마치 인간이 아동기, 성인기, 노쇠기를 겪는 것처럼 여러 가지 경험들을 하게 되는데, 그 과정에서 지구의 모든 곳을 오염시킨다.

"만약 우리가 실온 이상의 IQ를 가졌다면, 플라스틱이 자연 환경에 두어서는 좋지 않은 물질이라는 것을 이해해야 합니다." 오션 프론티어 인스티튜트의 미세 플라스틱 연구원인 스티브 앨런(Steve Allen)의 말이다.

미세 플라스틱 측정

연필 지우개의 지름 정도 크기인 5밀리미터보다 작은 플라스틱을 미세 플라스틱이라고 한다.[41] 이 정의는 2008년 국립해양대기청 회의에서 결정되었다. 이 회의에서 전문가들은 "이 회의에서 정의한 미세 플라스틱은 이미 정리된 '해양 플라스틱을 대형 유기체(조류 및 해양 생물)가 섭취했을 때 미치는 영향'과는 관계가 없다."는 점에 동의했다.[42]

이를 달리 말하면, 우리는 모두 거북이의 위장에서 발견되는 비닐 봉투에 익숙해져 있지만, 이보다 작은 플라스틱들을 더 작은 유기체들이 먹고 있다는 것은 잘 모른다. 플라스틱 입자가 5.1밀리미터인 경우에 미세 플라스틱이라고 부를 수 없다는 사실이 썩 내키지 않겠지만, 미세 플라스틱 연구의 표준화를 위해서는 규칙을 정해야 할 이유가 있다. 그렇지 않으면 과학자들의 연구 결과를 비교할 수 없게 되기 때문이다. 그래서 정한 기준이 5밀리미터다.

미세 플라스틱 연구는 꽤 새로운 과학 분야여서 관련분야의 연구자들은 석유입자를 모으고 특성을 기술하기 위한 표준 방법론을 정립하고 있다. 첫 번째 고려사항은 크기일 것이다. 바다에 있는 미세 플라스틱을 연구하는 두 연구팀이 입자를 거를 때 서로 다른 필터를 사용할 수 있다. 똑같은 양을 가져다 쓴다고 해도 촘촘함이 다른 필터에 통과시키면 더 작은 입자는 더 헐렁한 필터를 빠져나갈 것이므로, 각각 다른 입자를 측정하게 될 것이다. 그 결과, 각 실험실은 환경 차이로 인해 서로 다른 결괏값을 도출하게 한다. 한 팀은 아주 작은 입자들을 세는 기술을 갖게 되고 다른 팀은 덜 철저한 셈법에 만족할 수도 있다.

미세 플라스틱을 과도하게 측정하게 될 경우도 있다. 입자들은 이미 우리 환경 구석구석까지 들어와 있기 때문에, 연구자들은 그들이 채취한 시료를 오염시키지 않도록 특별히 주의해야 할 필요가 있다. 예를 들어, 어떤 과학자가 도시에서 공기 시료를 채취해서 실험실로 가져왔다면, 시료가 담긴 용기를 열 때 실험실 내에 떠도는 섬유가 시료와 섞이지 않도록 확실히 조치해야 한다.

연구자는 실험실에서 가능한 플라스틱을 사용하지 않아야 한다. 시료를 채취할 때는 특히 플라스틱 용기를 사용하면 안 되고, 면으로 된 의류만을 착용해야 한다. 하지만 하얀색 면섬유와 하얀색 합성 미세 섬유를 어떻게 구분하는가? 미세 플라스틱 연구자들은 입자들을 실험하면서 녹거나 말아 올라가는지 보기 위해서 뜨거운 바늘로 찔러본 경험이 이미 있다. 만약 열을 가했을 때 냄새가 이상하다면 아마도 그 입자는 플라스틱일 것이라는 말이다.

미세 플라스틱 연구원들은 미세 플라스틱으로 의심되는 물질의 구성을 알아내기 위해서 지속적으로 더욱 정교한 방법을 개발해 오고 있다. 푸리에 변환 적외 분광법(FTIR)과 라만 분광법이 그것이다. FTIR은 레이저를 입자에 쏘고 튕겨져 나오는 적외선의 특징을 추적하는 방식이다. 이렇게 나온 특징을 이미 우리가 가지고 있는 물질들의 데이터베이스와 비교한다. 이 과정을 통해 해당 입자가 플라스틱이라는 것, 그리고 어떤 종류의 폴리머인지도 알 수 있게 된다. 이 과정을 거치면 폴리에틸렌은 PVC과 분명 다르게 인식된다. (미세 플라스틱 연구가 하나의 분야가 되기 전부터 폴리머 화학자들은 이 기술을 사용했다.)

라만 분광법도 이와 비슷하게 작동하는데, 레이저를 어떤 입자에 쏠 때 그 화학적 결합이 빛을 어떻게 다른 파동으로 흩뿌리는지를 추적한다는 점만 다를 뿐이다. FTIR처럼 이 방식도 해당 결과를 우리가 가진 데이터베이스와 비교하여 해당 입자가 특정 폴리머라는 것을 확인한다.

기술이 발전하면서 과학자들은 더욱 더 작은 입자들을 추적할 수 있게 되었다. 5밀리미터 미만, 1밀리미터 미만, 그리고 훨씬 더 작은 단위인 나노의 영역까지 볼 수 있게 되었다. 플라스틱 하나가 1마이크로미터, 즉 1미터의 백만분의 1보다 작아지면, 이를 나노 플라스틱이라고 한다. (과학자들은 여전히 '마이크로'와 '나노'의 정확한 기준을 정하지 못하고 있다.)

나노 플라스틱은 인간의 눈으로 보기에 너무 작다. (하나의 박테리아 세포가 1에서 10마이크로미터 정도이다.) 심지어 일반 장비로 보기에도 너무 작기 때문에, 아주 정밀한(그리고 비싼) 장비를 사용해야만 한다. 무엇보다도, 나노 플라스틱을 모으는 것이 아주 어렵다. 나노 플라스틱은 미세 플라스틱을 잡아내기에 충분히 촘촘한 그물을 쉽게 빠져나가기 때문이다.

그런 연유로, 나노 플라스틱 연구는 이제 막 시작되었다고 볼 수 있다. 과학자들은 수많은 입자들을 자연환경에서 탐지했지만, 땅, 바다, 그리고 공기 중에 나노 플라스틱이 얼마만큼 있는지는 잘 모른다.[43] 자연환경 내의 미세 플라스틱 포화도를 기준으로 보면, 나노 플라스틱 수치는 이보다 더 엄청난 규모일 것이다.[44] 미세 플라스틱 조각 하나가 수많은 나노 플라스틱으로 쪼개지기 때문이다. 실제로 저 멀리 알프스에서 했던 초기 연구에서는 190억 개의 나노 플라스틱이 매주 0.1제곱미터의 땅에 떨어진다는 사실을 발견했다. 대기가 이미 이 입자들로 가득 차 있다는 뜻이다.

과학자들은 입자들이 자연에서 분해되면서 얼마나 작아질 수 있는지 모른다. 이 입자들은 분해되어서 궁극적으로는 원래의 화학성분으로 돌아갈까? 아니면 아주 작아져서 더 이상 마모되지 않아도 되는 상태까지 갈까? 그렇게 되면 이 입자들이 공기 중에 혹은 바닷속에 보이지 않는 합성 물질로 계속 남아 있을까? 스티브 앨런은 "100나노미터 아래로 내려가면 이 물질은 그 자체로 어떤 운동 에너지도 없게 되고, 분해되기도 아주 어려워질 겁니다."라고 말한다. "빛의 파동은 일반적으로 이 입자보다 더 길기 때문에 그때쯤 되면 이 입자에 영향을 끼치지 못합니다." 연구자들은 나노 플라스틱이 인간의 건강에 끼칠 영향에 대해 우려하고 있다.

나노 플라스틱은 인체 내부에서 움직일 수 있으며, 당연히 뇌에도 영향을 줄 수 있다. 나노 플라스틱은 심지어 우리의 세포 속으로 들어갈 수 있을 정도로 충분히 작다.

연구를 위해 미세 플라스틱을 계량하는 것부터가 결코 쉬운 일이 아니다. 우울한 현실은, 미세 플라스틱의 숫자가 아주 빨리 늘어나고 있다는 것이다. 인간은 매년 더 많은 미세 플라스틱을 자연으로 방출하고 있고, 미세 플라스틱은 증식하는 박테리아처럼 더 많은 조각으로 분해되고 있기 때문이다. 증가 속도는 너무 빨라서 어떤 과학자가 자신이 발견한 것에 대해 논문을 쓰는 사이에도 오염도가 급격히 증가하기도 한다. 스트래스클라이드 대학교의 미세 플라스틱 연구자 디오니 앨런(Deonie Allen)은 "우리는 여전히 미세 플라스틱을 과소평가하고 있습니다. 우리의 연구 결과의 대부분은 즉시 시대에 뒤쳐지게 됩니다. 우리는 최신 데이터를 따라잡기 위해서 계속해서 힘든 싸움을 하고 있어요."라고 말한다.

앞으로도 계속 언급하겠지만, 발표된 물, 토양, 혹은 공기 속에 있는 미세 플라스틱 입자의 양은 대부분 적게 측정된 수치이다. 하지만 실제보다 적게 측정되는 것이 차라리 더 나을 때가 있다. 예를 들어, 연구자들이 28그램의 토양에서 500개의 입자를 발견했다고 말한다면, 이는 자신들의 연구 방법으로 찾을 수 있는 충분히 커다란 입자 500개를 찾았다는 것을 의미한다. 연구자들이 더 작은 것들을 찾아낼 수 있게 된다면, 그 숫자는 현실을 더 명확하게 드러낼 것이다. 입자들의 크기가 작아질수록 그 숫자는 증가하므로, 하나의 샘플은 수백만 개의 미세 플라스틱과 수조 개의 나노 플라스틱을 담고 있을 수 있다.[45] 그러나 나노 플라스틱을 찾는 것은 어렵기 때문에 가상 작은 입자들의 어마어마한 양은 사실 추적할 수 없다.

나노 플라스틱이 작다고 해롭지 않은 것은 아니다. 오히려 그 반대이다. 플라스틱 입자의 모서리가 깎일수록, 안쪽에 있던 부분이 노출되게 되고, 그 속에 있는 화학물질들이 빠져나오게 된다. 동시에 미세 플라스틱과 나노 플라스틱은 주위로부터 오염물질을 축적하게 되기 때문이다.

과학자들은 수은과 납 같은 독성 금속이 미세 플라스틱에 쉽게 달라붙기 때문에 거기에 쌓인 물질의 농도가 수백 배 더 높아진다는 사실을 알아냈다. DDT 같은 많은 살충제와 항생제, 진통제, 아티반 같은 벤조디아제핀 등의 약품도 이와 같다.[46] 미세 플라스틱 입자는 유기체에 붙어 다량으로 퍼져 나간다. 바이러스와 박테리아 같은 미생물(이들 중 대부분은 인간의 병원균이다)은 조류(藻類) 그리고 심지어는 작은 유충에도 붙는다. 이 생태계에는 플라스틱이 아주 풍부하고 뚜렷해서 과학자들은 이를 플라스틱스피어라고 부른다.

'너들', 섬유, 그리고 물티슈

미세 플라스틱은 마이크로비즈라는 형태로 강과 바다에 흘러 들어가거나 플라스틱 쓰레기에서 떨어져 나온다. 그러나 제대로 된 플라스틱이 되기도 전에 자연 속으로 들어가기도 한다.[47] 플라스틱 제품을 만들기 위한 재료가 되는 플라스틱 조각을 흔히 너들nurdle이라고 하는데, 이 말은 관련 업계에서 "작은 플라스틱 덩어리"라는 말 대신 사용한다. 너들은 2~5밀리미터 사이의 크기의 여러 가지 모양을 가지고 있는데, 어떤 너들이든 쉽게 잘 빠져나간다는 공통점이 있다. 남캘리포니아 환경 감시 단체인 찰스턴 워터키퍼(Charleston Waterkeeper)의 수석 디렉터인 앤드류 원덜리(Andrew Wunderley)는 "너들은 마치 한 줌의 모래 같아요. 모래를 손에 쥐고 여기저기 흘리지 않고 다른 데로 가는 건 불가능하지요. 그러니 그것들을 옮기면 언제든지 샐 수밖에 없어요."라고 말한다.

2021년, 찰스톤 워터키퍼와 연안 보존 연맹(the Coastal Conservation League)이 플라스틱 수송 기업 프론티어 로지스틱스가 너들을 유출했다고 주장하며 소송을 제기했다.[48] 프론티어 로지스틱스는 이를 해결하기 위해 1백만 달러를 지불했다. 너들 오염 문제는 기름과 가스와 플라스틱 생산의 진원지인 텍사스와 루이지애나 연안에서 특히 심각하다. 시민단체인 너들 패트롤(Nurdle Patrol)을 운영

중이며, 텍사스 대학의 미션-아란사스 국립 하천 연구 보호구역 Mission-Aransas National Estuarine Research Reserve 디렉터인 제이스 터널(Jace Tunnell)에 따르면, 미시시피강에서 2020년 여름에 일어난 플라스틱 너들 유출 사고 이후, 자원봉사자들이 루이지애나 해변에서 10분을 걷는 동안 25만 개의 너들을 수거했다고 말했다. "자원봉사자들은 19리터의 양동이를 정말 가득 채웠어요." 그는 또한 이 일이 있기 전 2019년에는 석유 화학 기업 포모사 플라스틱이 수십억 개의 플라스틱 너들을 텍사스 수로에 폐기했다며 소송을 제기했고, 해당 기업은 이를 해결하기 위해 5천만 달러를 지급하기로 합의했다.[49] 이는 기관이 아닌 시민들에 의해서 제기된 수질 오염 방지법 합의 중에서 가장 큰 건이었다.[50]

너들은 어디에서나 빠져나간다. 생산 시설에서 컨테이너에 실을 때도, 배 혹은 기차에 실을 때도 샌다. 운반중인 배와 기차 밖으로도 새어나온다. 2012년에 태풍이 홍콩 부근에서 정박 중이던 선박을 강타했는데, 이때 떨어진 컨테이너에서 약 150억 톤의 너들이 새나갔다.[51] 마치 해변에 눈이 쌓인 것처럼 보였다. 2021년에는 인도양을 지나던 한 선박이 화재로 인해 침몰했는데, 거의 180톤의 너들로 가득 찬 87개의 컨테이너가 파손되며 스리랑카 해안에 1.8미터 높이로 쌓였다.[52] 이는 사상 최대의 플라스틱 유출 사고였다. 과학자들은 선박에서 일어난 불이 너들을 태웠고, 이로 인해 너들의 독성이 높아져서 그냥 플라스틱이었을 때보다

화학적으로 세 배가 더 복잡해졌다는 것을 발견하기도 했다.[53]

너들 유출은 기름 유출과 유사하지만, 더 멀리 퍼진다는 차이가 있다. "이것들은 작습니다. 그리고 가볍지요. 바람이 이것들을 여기저기로 날려 보냅니다."라고 터널은 설명한다. "너들이 땅에 닿기만 해도 오염된 것으로 간주되기 때문에 다시 사용할 수 없게 됩니다. 버려지거나 재활용되거나 할 수밖에 없어요. 게다가 값이 저렴하기 때문에, 굳이 치우는 비용을 쓰려고 하지도 않습니다." 이렇게 유출된 너들은 비를 타고 강으로 흘러들어간다. 밀도가 덜한 폴리에틸렌 같은 폴리머들은 강에서 떠다니다가 결국에는 바다까지 흘러 들어가고[54], 밀도가 더 나가는 PVC같은 폴리머는 강바닥으로 가라앉는다. 가라앉아버리면 눈에 보이지 않기 때문에 문제가 없어진 것처럼 생각할 수 있지만, 유출된 너들이 보이지 않는다고 해서 그것이 사라진 것은 아니다.

한 평가에 따르면, 매년 전 세계적으로 2십 2만 6천 톤의 너들이 바다로 들어간다.[55] 폴리에틸렌 생산 공장 인근의 스웨덴의 한 항구에서는 바닷물 3.8리터 당 380개의 미세 플라스틱이 발견되었고[56], 브라질 상파울루 해변을 대상으로 한 조사에서는 인근 항구에서 온 것으로 추정되는 엄청난 양의 너들이 발견됐다. 그것은 최대 1.8미터까지 쌓여있는 것으로 추정되었다.[57]

1994년에 연구자들은 요르단의 자연 보호 구역에서 모래 0.1 제곱미터 당 8만 2천개의 너들을 찾아냈는데, 이 역시 유출에 의

한 것이었다.[58] 영국에서는 1년에 530억 개의 너들이 바다로 들어간다고 추정된다. 이는 유조선 35대 분량이다.[59] 폴리머는 바닷물보다 밀도가 낮기 때문에, 너들은 산업 중심 시설에서 한참을 떠나 가상 먼 해변까지도 쓸려 간다. 전문적으로 해변에서 물건을 줍는 사람들은 이 반투명 비즈를 "인어 공주의 눈물"이라고 부르기도 한다.[60] (물론 나는 이 문제의 심각성을 알고 있으며, 독자 중 누군가는 이를 불편해할 것이라는 것도 알고 있다. 이 책은 이 문제에 대해 개인이 할 수 있는 것부터 인류 문명을 좌지우지하는 플라스틱의 힘을 분해시킬 방법에 이르기까지 해결 방안을 제시할 것이다. 미세 플라스틱은 심각한 문제이지만, 문제를 완화시키는 것이 아주 불가능한 것은 아니다. 이 책에서 우리는 이 문제를 해결하기 위해 노력하는 뛰어난 이들을 만나게 될 것이다.)

너들 외에 미세 플라스틱은 크게 두 종류로 볼 수 있다. 미세 플라스틱과 그 아종(亞種)인 미세 섬유다. 미세 플라스틱은 두꺼울 수도 얇을 수도 있고, 길이가 길 수도, 통통할 수도 있다. 구형일 수도 있고 덩어리일 수도 있고 사각형 모양일 수도 있고 삼각형 모양일 수도 있다. 혹은 제멋대로인 모양일 수도 있다. 부식으로 인해 모서리가 둥글게 바뀔 수도 있다. 두 쪽으로 갈라지거나 혹은 오랜 세월에 걸쳐 아주 작은 조각으로 벗겨질 수도 있다.[61] 플라스틱 포장재는 필름이나 조각으로 찢어지고, 스티로폼은 페타 치즈처럼 으스러진다. 스티브 앨런은 "단일한 미세 플라스틱 같은 것은 없습니다. 그것들은 모두 완전히 다릅니다."라고 말한다. 미세 플라스틱은 단일 문제가 아니다. 미세 플라스틱'들'의 문제이다. 미세 플라스틱들, 복수형이다.

미세 섬유는 형태가 보다 균일하다. 플라스틱은 방수 효과가 있고, 얼룩이 생기지 않으면서 신축성도 있기 때문에 속옷, 양말, 요가 의류 등에 사용된다. 이들을 세탁하면 작은 섬유가 분해되는데, 이 미세 섬유는 다양한 색깔을 가졌고, 최대 5밀리미터 길이까지 나타난다. 미세 섬유는 시간이 지나면서 끝부분이 갈라지는데, 마치 갈라진 머리카락 끝과 같으며, 구멍이 나기도 한다. 하지만 어쨌든 미세 섬유는 섬유질이다. 미세 플라스틱이 다양한 형태를 가지는 것과 대조적이다.

미세 섬유는 형태가 유사한 대신, 그 양이 엄청나게 많다. 세탁기에서 나온 미세 섬유로 가득한 물은 폐수처리시설로 흘러든다. 모래와 돌을 걸러내는 "모래방"을 지나 퇴적물 탱크를 거쳐 유기물 분해 과정까지 간다.[62] 마지막으로 혹시라도 남아있는 악성 박테리아를 전부 죽이기 위해 염소 처리 과정을 거치면 (상대적으로) 깨끗해진 물이 되어 강으로 호수로 바다로 밀려 나가게 된다. 폐수처리시설들은 미세 섬유를 처리하기 위해 만들어진 시설은 아니지만, 이 과정에서 83~99퍼센트의 미세 섬유가 걸러진다.

그러나 우리가 만들어내는 미세 섬유의 양은 엄청나기 때문에, 단 1퍼센트가 자연으로 흘러간다 해도 심각한 문제이다. 1950년에서 2010년 사이 생산된 합성 섬유는 1년 당 2백만 톤에서 5천만 톤으로 폭발적으로 늘어났다. 현재 옷 세 벌 중 두 벌은 플라스틱으로 만들어진다.[63] 폴리에스테르, 나일론, 플리스fleece 같은 직물이 미세 섬유이다. 이는 패스트 패션의 성장과 시기가 일치하는데, 패스트 패션이란 빨리 닳아 없어지고 분해되는 옷을 가리킨다.

한 조사에 따르면 패스트 패션 브랜드의 의류 전체의 반 이상이 1년 안에 폐기된다.[64] 직물로 가득 찬 쓰레기 트럭 한 대가 1초마다 매립되거나 소각되는 것이다.[65] 이 악순환은 계속된다. 합성 섬유로 만든 의류는 저렴한 가격에 적절한 보온을 제공한다. 사람들은 경제적 여유가 생기면서 더 큰 옷장을 원하기 시작했는데, 이런 추세라면 전체 연간 의류 판매는 2050년경 세 배가 될 것으로 예상된다. 이 수요를 맞추기 위해 필요한 만큼의 목화를 기를 땅과 물은 없지만, 우리에게는 풍부한 화석 연료가 있다.

만약 우리가 털실과 면 같은 완전 자연성 섬유로 만든 옷을 입는 시대로 돌아간다고 해도, 안심할 수는 없다. 왜냐하면 그 섬유역시 완전히 자연적인 것이라고 할 수 없기 때문이다. 파이브 자이어스 인스티튜트(5 Gyres Institute)의 연구 혁신 매니저인 리사 어들(Lisa Erdle)은 "손가락 한번 튕기면 마법처럼 모든 합성 의류가 전부 사라지는 것이 아닙니다. 결코 간단하지가 않습니다. 자연적 의류도 합성 폴리머를 가지고 있기 때문입니다."라고 말한다. 어들은 세탁기로 빨 수 있는 대부분의 모직물이 대개 폴리우레탄 층으로 코팅되어 있다는 점에 주목한다.

면은 합성염료와 화염지연제, 자외선 안정제, 항미생물제 등의 다른 화학물질로 처리되는데, 이는 플라스틱에 첨가되는 물질과 동일하다.[66] 이런 화학물질들은 '자연적인' 옷 무게의 3분의 1을 차지한다. 어들은 "심지어는 그런 자연적인 물질들에도 플라스틱 성분들이 들어있습니다. 하나의 물질을 금지하는 것처럼 단순한 문제가 아닙니다."라고 말한다.

세탁기에 필터를 붙이는 것으로 해결될 일이라고 생각할 수 있다. 세탁물 건조기에 보풀 거름망을 장치한 것처럼 말이다. 좋은 생각이다. 그러나 필터를 부착하지 않는 이유를 알고 나면 화가 날 것이다. 한때 북미 지역에서 판매되었던 세탁기에는 필터가 있었다. 어들은 "최근 제가 이사한 아파드에 80년대에 쓰던 오래된 세탁기가 있었는데, 거기에 거름망이 있었어요."라고 말했다. 세탁기 제조사들은 세탁기에 필터를 달 수 있다. 하지만 아주 많은 이들이 필터가 달린 건조기를 가지고 있다는 이유로 이를 설치하지 않고 있다. 어들의 연구는 필터들이 미세 섬유를 자연환경으로 들어가지 않게 하는데 얼마나 효과적인지를 보여준다. 세탁기 필터는 입자의 87퍼센트를 잡아냈다.[67]

같은 연구에서, 어들과 그의 팀은 한 번의 세탁에서 얼마나 많은 섬유가 떨어져 나오는지를 측정했다. 이 팀은 IKEA에서 폴리에스테르 플리스 담요(궁금할 테니 적는다. 제품은 폴라르비데 담요다)를 구입하여 세탁기에 넣고 세제 없이 돌린 후에 배수되는 물을 모았다. 결과적으로 한번 넣고 돌릴 때 9만 1천 개에서 13만 8천 개의 미세 섬유가 나왔다. 이 수치를 기반으로 가지고 1백 2십만 세대가 거주하고 있으며, 평균적으로 각 세대가 219번의 세탁을 하는 토론토가 매년 얼마나 많은 섬유를 폐수처리시설로 흘려보내는지 추론했다. 계산 결과 36조 개의 미세 섬유를 흘려보낸다는 결론이 나왔다. (이 실험은 IKEA 담요 하나에서만 데이터를 얻은 것이다. 그러니 당연히 이 결과는 토론토에서 세탁하는 사람들의 옷의 다양성을 반영하지는 않는다.) 앞서 언급한 폐수처리시설이 이 입자들의 99퍼센트를 잡아낸다고 해도, 나머지 3천 6백억 개는 매년 바다로 흘러 들어간다는 말이 된다. 크지 않은 보통 크기의 도시 한군데서만 말이다.

또 다른 연구자들이 영국에서 더 복잡한 실험을 했다. 세 종류의 섬유로 만들어진 의류를 세탁기에 돌렸을 때, 이것들로부터 13만 8천 개의 폴리에스테르-면 섬유 조각, 50만 개의 폴리에스테르 섬유, 73만 개의 아크릴 섬유가 떨어져 나온다는 것을 확인한 후, 일반적인 옷장에 이 세 가지 섬유가 같은 비율로 있고, 한번 빨래를 돌릴 때 이들 섬유에서 평균적으로 45만 6천 개의 입자가 나온다고 가정했다.[68] 결과적으로 연간 219번 빨래를 하게 되면 1억 개의 미세 플라스틱이 각 가정에서 폐수처리시설로 흘러가게 되는데, 이 시설이 정말 최고의 시설이라서 미세 섬유의 99퍼센트를 잡아낸다고 해도, 매년 1백만 개의 섬유가 바다로 흘러 들어간다는 결론을 얻었다.

이 연구는 세제가 섬유 조각을 더 늘린다는 사실도 밝혔는데, 이는 스웨덴에 있는 다른 연구자들도 확인한 결과이다.[69] 이것은 세제가 표면 장력을 줄이기 때문인데, 이렇게 되면 때를 잡아내기 위해 옷 속에 있는 섬유들의 습윤(濕潤)이 촉진되고 섬유들이 느슨해진다. 세제는 또한 분산제 역할도 하는데, 비누는 때를 용해시켜 세탁용수 속에 떠 있게 하므로 때가 다시 옷 속으로 들어가지 못한다. 세제는 이와 똑같은 작용을 미세 섬유에도 한다. 옷에서 미세 섬유를 분리시켜 처리시설로 들어가는 세탁용수에서 나오지 못하게 하는 것이다.

또 다른 연구에서는 액상 세제가 가루 세제보다 섬유를 8배 더 찢는다는 사실과 물로만 세탁했을 때보다 가루 세제를 넣었을 때 22배 더 많이 찢어진다는 사실이 밝혀졌다.[70] 이는 아마도 옷을 문지르는 가루 세제가 마치 사포 같은 역할을 하기 때문일 것이다. 세제는 마찰을 증가시켜 대량으로 합성섬유들을 만들어낸다. 결과적으로 이 연구는 한번 세탁할 때 6백만 개 이상의 폴리에스테르 섬유 조각이 나온다는 수치를 얻어냈다. 빨리 계산을 다시 해보자. 1년에 219번의 세탁을 하고, 폐수처리시설이 미세 섬유의 99퍼센트를 잡아낸다고 해도, 1천 3백만 개의 입자가 매년 자연으로 내보내진다는 말이다.

잠깐, 세탁 한 번에 수 만, 수십 만, 수백 만 개의 미세 섬유가 나온다는 말인가? 세탁은 다양한 변수가 있기 때문에 연구 결과도

각각 다르다. 일단 세탁에는 종류가 많고, 세탁 방식도 다르다. 어떻게 세탁을 하느냐에 따라 더 많이, 혹은 더 적게 미세 섬유가 떨어져 나올 수 있다. 세제 제조사도 다르고, 액상, 가루, 팩 등 종류도 다양하다. 세탁용수도 온수와 냉수가 있다. 우리가 이런 것들을 선택하듯이 실험실에 있는 과학자들도 조건을 선택하여 연구를 한 것이다.

이 모든 연구의 수치는 그나마 적게 나온 것이라 볼 수 있다. 이들 연구에서는 나노 플라스틱을 고려하지 않았기 때문이다. 2021년, 과학자들은 세탁기에서 나오는 폴리에스테르로부터 분리된 나노 플라스틱 조각의 숫자를 처음으로 발표했다. 한번 세탁할 때 수백만 개의 미세 섬유가 나올 뿐 아니라 수백조 개의 나노 플라스틱도 나온다는 사실을 알아낸 것이다.[71] 재료 과학 및 기술을 위한 스위스 연방 연구소(the Swiss Federal Laboratories for Materials Science and Technology)의 환경 과학자 베른트 노박(Bernd Nowack)은 "문제는, 자외선 분해가 아니라면, 실제로 저것들을 만들어 내는 과정이 무엇인가라는 점입니다. 우리는 우리가 나노 플라스틱을 생산했는지를 모르지만, 적어도 우리는 그것을 방출하기는 했습니다."라고 말했다.

이 말은 곧 나노 플라스틱이 제조공정에서 세탁할 때 직물로부터 방출될 수 있다는 말이기도 하다. 이 가설은 다른 연구들이 반복적으로 세탁하다 보면 옷감이 미세 섬유를 덜 방출하기 시작한다는 것을 발견한 이유를 설명해줄 수 있다. 나노 플라스틱을 아주 발생시키지 않을 수는 없지만, 세탁을 하다 보면 옷이 제조될 때부터 가지고 있던 헐렁한 섬유가 떨어져 나오는 것으로 보인다. 이는 미세 플라스틱 위기 해결을 위한 좋은 소식이다. 품질이 좋은 옷을 사서 오래 입고, 가능한 세탁을 덜 하면, 빠르게 미세 섬유를 뿜어내는 패스트 패션 옷보다 미세 섬유를 덜 방출한다고 볼 수 있기 때문이다. 잘 만들어진 옷을 사는 것이 환경에 도움이 된다는 말이다.

그러나 지금 당장은 전 세계의 모든 가정이 플라스틱 스프를 끓이고 있다. 이 스프는 강, 호수, 바다로 흘러 들어간다. 글래스고에 있는 한 폐수처리시설은 65만 명의 폐수를 처리하는데, 하루에 6천 5백만 개의 미세 플라스틱을 방출하는 것으로 알려졌다.[72] 세 군데의 처리시설이 남캘리포니아의 찰스턴 항구로 처리된 물을 방류하는데(그중 두 군데는 미세 플라스틱의 85퍼센트를 제거하고, 다른 한 곳은 98퍼센트를 없앨 수 있다) 매일 합쳐서 10억 개의 입자들을 내보낸다.[73] 지금 말하는 곳들은 모두 제대로 된 폐수처리시설이 있는 선진국들이다. 머리로 떠올릴 수 있다면, 전 세계적으로 매년 일어나는 다음의 일을 생각해보자. 인간은 1억 4천 4백만 개의 올림픽 경기장을 채울 수 있는 폐수를 만들어 내고 있으며[74], 그중에서 딱 절반만이 한번이라도 처리가 되는 것이다.[75]

한 연구에 따르면, 1950년에서 2016년 사이에 2백 7십 2만 톤

이상의 미세 섬유가 옷에서 떨어져 나가 바다로 들어갔다고 했다. 이는 70억 개의 플리스 자켓과 같다.[76] 그 수치의 절반이 지난 10년 동안 만들어낸 것이다. 2050년이 되면 세탁기는 연간 6십 8만 톤의 플라스틱을 만들어낼 것이다. 과학자들이 바닷물이나 해안에서 시료를 채취하면 옷에서 나온 미세 섬유가 가득하다는 사실, 그리고 그 중에서 몇 백 개는 모래에 있는 발자국을 덮고 있다는 사실은 놀라운 일이 아니다.

이 문제를 해결하기 위해서는 지금부터 제조되는 모든 세탁기에는 미세 섬유 필터를 의무적으로 부착해야 한다. 프랑스는 이를 선도하고 있는데, 프랑스는 2025년부터 새로 나오는 모든 세탁기에 필터를 달아야 한다고 명시했다.[77] 또한 환경적 비상사태이므로, 정부 차원에서 현재 있는 세탁기에 설치할 수 있는 필터를 제공해야 한다. 필터는 개당 약 45달러인데, 미국에는 약 1억 대의 세탁기가 있으니 45억 달러면 가능하다. 캘리포니아에 사는 사람들이 모두 세탁기 필터를 쓰면 캘리포니아에서 방출되는 미세 섬유를 79퍼센트 줄일 수 있다는 것을 발견한 연구 결과가 있다.[78]

그러나 필터를 사용한다고 해도 이 필터를 처리하는 문제가 생긴다. 다 쓴 필터를 쓰레기통에 버리면 이 필터를 폐기하는 과정에서 걸러진 미세 섬유들이 공중으로 올라가게 될 것이다. 방법은 플래닛케어(PlanetCare)라는 회사가 만드는 카트리지가 달린 필터를 사용하는 것이다. 이 카트리지를 교환하는 방식으로 미세 섬유를 처리하면, 회사는 카트리지를 모아 건축용 단열재로 만들 수 있다.

플라스틱 섬유는 옷이 되기 전부터 미세 섬유를 만들어내고 있다. 제조업체들은 작은 플라스틱 덩어리로 합성 방적사를 만드는데, 이것이 합성 직물이 되고, 직물이 합성 의류가 되는 것이다. 네이처 컨저번시(The Nature Conservancy)가 행한 조사에 따르면, 염색과 엄청나게 휘젓는 세척과 같은 "습식 공정"이 미세 섬유 딸린 폐수를 만들어내고, 이 폐수를 통해 매년 12만 톤의 미세 플라스틱이 자연으로 흘러들어간다. 5백 장의 셔츠를 만들 때마다 셔츠 한 장이 미세 섬유가 되어 바다로 나가게 되는 꼴이다. 이런 식의 오염이 아무런 제지 없이 계속 일어난다면 패스트 패션 업계의 암세포 같은 빠른 성장을 고려할 때, 2030년이 되면 미세 섬유의 양은 지금보다 50퍼센트 이상 증가할 것이다. 자주 바꾸지 않아도 되는 좋은 품질의 옷을 사야 하는 또 하나의 이유가 바로 이것이다.[79]

패션 업계는 직물에서 미세 섬유가 떨어져 나가는 것을 예방하는 방법을 연구하기 시작했다. 2018년 제조업체에서부터 브랜드, 소매점에 이르는 패션 업계에 종사하는 많은 종류의 관련 기업이 이에 효율적으로 대응하기 위해 미세 섬유 컨소시엄(Microfibre Consortium)이라는 비영리단체를 결성했다. 지금까지 나이키, 갭, 타겟을 포함한 약 70개 기업이 서명을 했고, 2030년까지 이 숫자를 세 배 이상 높인다는 목표를 갖고 있다.[80] 이 컨소시엄은 직물에서 떨어져나가는 미세 섬유 측정 방식에 관한 표준화된 가이드라인을 만들었다. 각 브랜드는 자신의 상품들이 어떻게 미세 섬유를 배출하는지를 정량화해서 이 데이터를 익명으로 컨소시엄과 공유한다. 이렇게 모아진 데이터는 업계 전체 상태를 보여준다.

소매점, 제조업체, 그리고 정책입안자들은 온라인 허브를 이용하여 이 데이터에 접근할 수 있다. 새로운 직물을 사용하기 위해, 각 회사가 모두 따로 연구하는 것이 아니라 다른 기업들의 연구 결과를 이용할 수 있다. 미세 섬유 컨소시엄의 상임 이사 소피 매더(Sophie Mather)는 "이것은 데이터 보급 플랫폼입니다. 사람들은 이곳에서 자신들이 새롭게 시도하고자 하는 섬유에 관한 아주 자세하면서도 과학적인 정보를 얻어갈 수 있습니다."라고 말한다. "사람들은 다른 방적사에 대해, 다른 직물에 대해, 그리고 새로운 재료를 만드는 데 관해 공급업체들과 이를 어떻게 소통해야 할지에 대한 정보를 얻습니다."

긍정적인 시도 중 하나로, 필라멘트 방적사가 있다. 필라멘트 방적사는 길고 가닥이 계속 이어져서 쉽게 벗겨져 나가지 않는다. 이것을 폴리에스테르 플리스에 비교해보자. 플리스는 제조 공정에서 더 부드럽고 보풀거리도록 솔질을 하여 표면을 들어 올리는데, 그러면 공기를 잘 잡을 수 있게 되어 입는 사람이 따뜻함을 유지하게 된다. 그러나 그런 식으로 문지르다 보면 미세 섬유가 나오는 것은 당연하다. 37가지의 직물을 테스트해보았는데, 물로 세척할 때 엄청난 양의, 의복 당 수 천개에서 수백만 개의 미세 섬유가 방출되는 것을 발견할 수 있었다. 위에서처럼 처리된 플리스는 필라멘트 방적사로 짜인 나일론보다 평균적으로 6배 더 많은 미세 섬유를 방출했다.[81] (참고로 미세 섬유를 가장 많이 뿜어낸 옷은 4백만 개의 입자를 방출한 "소프트 더블 벨루어 재활용 플리스"였다.)

이 실험을 한 실험실, 그리고 그 어떤 미세 섬유 컨소시엄의 실험실도 집이 아니라는 점을 분명히 하자. 세탁은 복잡한 일이다. 온도, 세제, 세탁의 강도가 다르다. 특정 기관의 테스트를 잘 통과한 의복이라고 해도 우리 집에 있는 세탁기에서는 미세 섬유를 방출할 수도 있다는 말이다. 그리고 한번 세탁에서 빠져나오는 수백조 개의 나노 플라스틱을 잊어서는 안 된다. 하지만, 다양한 옷감에서 방출되는 미세 섬유의 수많은 가변성을 연구자들이 발견하고 있다는 사실, 미세 섬유가 덜 방출되는 옷감으로 패션 업계가 이동하고 있다는 사실은 희망이 있다.

사람들은 플리스를 좋아한다. 따뜻하고 부드럽고 착 안기는 느낌이다. 기업이 환경을 위해 올바른 일을 하려면 플리스를 필라멘트 방적사로 바꾸면 되고, 이는 그리 어려운 일이 아니다. 그러나 회사 입장에서는 수지가 맞지 않기 때문에 문제가 된다. 매더는 "재료 개발팀이 할 일이 많아요. 제품의 성능을 떨어뜨리지 않으면서도 섬유 조각을 줄이거나 아예 없앨 수 있도록 변화를 하려면 어디서부터 시작해야 하는지 고민해야 하니까요."라고 말한다. "목적에 맞지 않는 제품은 아무도 원하지 않고, 그런 제품은 구닥다리가 되고 쓰레기가 되지요."

만약 한 기업이 미세 섬유를 뿜어내는 플리스 만들기를 중단한다면 다른 브랜드사도 여기에 동참할 것이다. 특히나 패스트 패션 산업이 커지고 있으니까 말이다. 미세 섬유 공해를 규제하는 법안이 없으므로, 문제를 고칠 해결책을 문제를 발생시킨 곳에서 찾아야 하는 것이다. 이제 미세 섬유 유입을 늦추기 위해 시장과 규제를 활용할 때가 되었다. 소비자에게 각각의 옷이 얼마나 많은 미세 섬유 조각을 만들어내는지 보여주어야 한다. 포츠머스 대학교에서 환경오염을 연구하는 페이 쿠세이로(Fay Couceiro)는 "일종의 신호등 시스템이지요. 초록색은 미세 플라스틱 조각을 그리 많이 만들지 않는다는 것을 보여주고, 노란색은 어느 정도 만든다는 것을, 빨간색은 이 상품을 사가면 당신은 당신 집에 엄청나게 많은 입자들을 가져가게 될 것이라고 알려주는 것이에요."라고 말한다. "우리가 이런 것을 알아야 이론적으로 플라스틱의 양이 줄어든다고 생각하고 싶습니다."

한편, 미세 플라스틱 증가에 큰 원인이 되는 또 다른 것은 욕실에서 사용하는 물티슈이다. 이를 바로잡는 일은 의류보다 쉽다. 물티슈 역시 플라스틱이나 레이온 같은 합성 섬유로 만들어진다. 레이온은 일종의 가공 셀룰로스다. 유아용 물티슈와 생리대도 같은 물질로 만들어진다. 합성 물질에 관한 자세한 내용을 성분 라벨에서 확인하기는 어렵지만, 합성 물질은 이 제품이 사용 전에 분해되는 것을 방지하는 역할을 한다. 그리고 이로 인해 사용 후에도 분해되지 않는다.

다 쓰고 물에 "흘려버릴 수 있는" 물티슈의 인기는 2000년대 중반 치솟았는데, 이 시기 하수 쓰레기에 신경을 쓰는 사람들이 하수구 배관이 아주 강하게 막히는 것에 불평을 하기 시작했다. 2019년에는 이에 격분한 캐나다 도시 하수도 사용자 연대(Municipal Enforcement Sewer Use Group of Canada)가 티슈, 종이 타월, 물티슈, 그리고 기저귀, 라이너처럼 다 쓰고 변기에 버리는 물건에 대한 보고서를 의뢰했다.[82]

라이어슨 대학교(Ryerson University) 공학자들은 101개의 물품을 "슬로쉬 박스"에서 실험했다. 이 박스는 하수도에서 일어나는 일을 인위적으로 발생시키는 장치인데, 30분 동안 각각의 제품이 앞뒤로 11도씩(이 각도가 중요하다) 기울어지며 섭씨 15도의 온도의 물에서 요동치게 만든다. 캐나다 도시 하수도 사용자 연대의 분노에 충분히 공감할 수 있는 결론이 나왔다. 공학자들은 시험 대상 제품 중 단 17가지 제품만이 분해된다는 결론을 내놓았다. 이 17가지 제품 중에서도 11가지만이 완전히 분해되었는데, 이 11개는 모두 일반 화장실용 티슈였다. 반대로 23가지의 물품 중에서 2가지는 명확히 물에서 분해된다고 적혀 있었음에도 부분적으로만 분해가 되었고, 나머지는 전혀 분해조차 되지 않았는데 주로 레이온, 폴리에스테르, 혹은 폴리프로필렌을 포함한 합성 제품이었다.

물에 녹는다고 한 제품들이 하수구를 따라 이동할 때 미세 플라스틱이 방출되는지를 알아보기 위해서 과학자들은 아일랜드 연안을 따라서 퇴적물 시료를 채취하여 그 안에 있는 미세 섬유 숫자를 비교했다. 폐수처리시설 근처에 있는 곳에서 가져온 시료와 대조군으로 16킬로미터 떨어진 곳의 시료 하나, 또 100킬로미터 떨어진 곳에서 시료 하나를 가져와서 비교했다.[83] 또한 이들은 각기 다른 브랜드의 물티슈와 생리대에 사용된 섬유를 분석했다. 그 결과, 가장 흔한 폴리머가 폴리에틸렌 테레프탈레이트 줄여서 PET라는 부르는 물질이라는 것을 알아냈다. 이 물품들은 모두 흰색이었기 때문에 연구자들이 퇴적 샘플을 체로 걸렀을 때 흰색을 찾아볼 수 있었고 환경 섬유의 화학적 특징은 동일하다는 것을 확인할 수 있었다.

이 조사 과정에서 연구자들은 해안가로 쓸려 나간 물티슈와 생리대가 온전한 형태를 유지하고 있었다는 것을 발견했고, 해안가 퇴적물 28그램 당 78개의 흰색 섬유를 발견했다. 이는 시료에 포함된 전체 미세 플라스틱의 91퍼센트를 차지했다. 반면에 가장 가까운 대조군 장소에서 그들은 28그램 당 11개의 섬유를 발견했고, 더 먼 곳에서는 그 숫자가 훨씬 줄어들었다. 흰색 섬유는 실험실에 있는 제품에서 취한 원래 섬유와 모두 일치했고 부식도 거의 일어나지 않았다. 물티슈는 하수도에서 작은 조각으로 찢어졌는데, 이는 세탁기에 돌린 옷감이 보여주었던 것과 상당히 흡사한 모습을 보였다. 이 물질은 분해되지 않고 조금씩 잘려 나가 자연 속으로 스며들고 있었다. 이런 재료를 사용한 것들의 사용은 금지되어야 한다. 사용 후 변기에 그냥 버리도록 만들어진 물건에 플라스틱 성분을 사용하는 것은 그 무엇이라도 금지해야 한다. 그 물건들로 인해 매 순간 바다는 점점 더 미세 플라스틱으로 채워지고 있기 때문이다.

미세 플라스틱은 해양 먹이 사슬에서 중요한 한 부분을 차지한다.
표면 해수에서부터 해저의 깊은 바다에 이르기까지, 유기체들이
이 입자들을 먹고 또 다른 포식자에게 먹히면서 먹이 사슬이 만들어진다.
그리고 우리는 그 사슬의 가장 위에 있다.

2장

플라스틱의 바다로
항해하기

1971년 가을, 신예 해양학자 에드워드 카펜터(Edward Carpenter)는 사르가소해를 찾았다. 이곳은 대서양 연안에서 멀리 떨어져 있는 곳으로, 그는 연구 선박에 수표 생물 끌개를 설치했다. 수표생물 끌개는 바다의 표면을 걸러내는 촘촘한 그물이다. 이 과정을 통해 그는 이 바다의 이름의 기원이 된 바닷말(사르가소)을 긁어모았다. 바닷말은 주름진 해초의 일종이다. 첫 수집 과정에서는 예상대로 바닷말이 상당히 많이 나왔다. 소량의 작은 플라스틱을 발견하기도 했지만, 그리 신경 쓸 일이 아니라고 생각했다. 그러나 바닷물을 한 번 더 건져내니 더 많은 플라스틱이 나왔다. "세 번째로 수표생물 끌개를 들어 올린 순간, 플라스틱은 모든 곳에 존재하고 있다고 느꼈습니다." 카펜터는 회상했다. "플라스틱은 땅에서 정말 멀리 떨어진 여기까지 온 거에요. 정말 놀랐습니다."

카펜터는 이를 기록한 논문을 〈사이언스〉에 투고했다. 1972년 3월 17일자에 그가 발견한 내용이 게재되었는데, 이 논문은 환경 속에 있는 미세 플라스틱에 관한 첫 번째 문서이다.[1] (카펜터는 그의 글에서 미세 플라스틱이라는 용어를 사용하지 않았는데, 이 용어가 2004년이 되어서야 만들어졌기 때문이다.[2]) 그가 발견한 입자들은 대부분 흰색이었으나, 파란색, 빨강색, 초록색, 투명한 색깔도 있었다. 많은 입자들은 잘 부스러졌는데, 이것은 가소제가 풍화 작용으로 사라졌다는 뜻이다. "플라스틱의 생산이 늘어나면 지금의 폐수 처리 방식을 타고 바다 표면에 엄청난 플라스틱의 집적이 발생할 것이다." 카펜터가 작성한 논문은 미래를 정확히 예측했다.

업계 협회 중 한 곳인 플라스틱 산업 협회가 이 논문에 반응을 보였다. (하지만 이 협회는 이 책에 대한 코멘트 요청에는 응하지 않았다. 플라스틱 업계의 또 다른 주요 단체인 미국 화학 협회는 그저 질문을 적당히 받아 넘겼을 뿐, 역시 응답하지 않았다). "그쪽에서 저에게 사람을 한 명 보냈어요." 카펜터가 말한다. "저를 조금 겁박하려고 왔어요. 이 연구를 덜 심각한 것처럼 만들어보려고요." 카펜터는 그가 한 말들을 정확히 기억하지는 못했지만, 격려하는 말은 아니었다고 회상했다. "이야기를 하는 내내 그가 얼굴을 찌푸리고 있었던 것이 기억나네요."

카펜터는 이 일을 전혀 신경 쓰지 않았다. 카펜터는 두 번째 논문을 〈사이언스〉에 게재하였는데, 그는 이 논문에서 어떻게 뉴잉

글랜드의 연안 바다에서 그렇게 많은 플라스틱 소(小)구체들을 모았는지 상세히 밝혔다.[3] 카펜터는 14종의 물고기 중 8종이 플라스틱 입자들을 먹었다는 것을 알아냈다. "이 작은 물고기들의 크기를 고려한다면, 이건 마치 우리가 몸 안에 볼링공이나 수박 하나를 넣고 있는 셈입니다. 물고기들이 소화기관을 통해 그렇게 큰 것을 삼키려 하지 않았겠지요."

카펜터는 두 번째 논문 말미에 "연구에 협조해주시고 미국 내 모든 폴리스티렌 제조사에게 연안 바닷가에 있는 플라스틱 소(小)구체의 존재를 알려주신 하딩(R. Harding)에게 감사드립니다."라고 썼다. 업계는 미세 플라스틱 문제가 있다는 것을 알고 있었고, 카펜터의 발견은 뉴욕 타임즈의 논평 기사를 포함한 꽤 많은 언론을 통해 알려졌다.[4] 결과적으로 대중이 이 일을 인식하게 되었다. 그러나 70년대에는 비닐봉투와 플라스틱 병 같은 대형 플라스틱 오염에 대한 관심이 더 컸다. 그래서 카펜터는 플라스틱에서 관심을 돌려, 해양 생물학의 다른 부분을 연구하는 경력을 이뤘다. 미세 플라스틱 연구가 활기를 띠게 되는 데에는 그로부터 30년이 걸리지 않았다. 이 30년 동안, 사르가소해와 다른 바다의 곳곳은 훨씬 많은 미세 플라스틱 조각에 몸살을 앓게 되었다.

카펜터는 바다에 흘러 다니는 미세 플라스틱의 큰 덩어리를 우연히 발견했다. 사르가소해는 대서양을 시계 방향으로 도는 주요 해류에 둘러싸여 있는데, 그래서 북쪽으로 도는 해류를 타면 동쪽으로 돌아 유럽으로, 남쪽 해류를 타면 미국 대륙으로 가게 된다. 배가 이 해류를 이용하는데, 플라스틱도 마찬가지이다.

　해류를 일으키는 가장 확실한 방법은 바람을 이용하는 것이다. 바람은 바다 표면을 문지르며 물을 끌어당긴다. 이렇게 난류(暖流)가 만들어지는데, 바다 위를 떠다니던 플라스틱은 이를 타고 바닷속으로 들어가게 된다. "플라스틱 조각들을 물컵에 넣고 위 아래로 섞으면 플라스틱은 컵 전체로 퍼지게 됩니다." 워싱턴 대학교에서 미세 플라스틱의 이동을 연구 중인 미셸 디베네데토(Michelle DiBenedetto)가 말한다. "그러나 시간이 가면 다시 표면으로 올라옵니다. 바람은 바다를 뒤섞이게 하는 에너지가 됩니다." 이 에너지가 물의 최상층을 움직이고, 움직여진 물은 바로 아래에 있는 물을 또 끌어당긴다. 그 사이에 생긴 공간을 채우기 위해 아래에 있던 물이 위로 올라간다. 이렇게 바람은 물을 사방으로 움직이게 한다.

　물의 밀도 역시 해류를 일으키는 역할을 한다. 예를 들어, 해류가 북극을 향해 북쪽으로 흐르면 표면이 얼 수 있다. 그러나 바닷물 속 소금은 얼지 않는다. 대신 더 깊은 물속으로 침전한다. 이로 인해 아래에 있는 물이 눌리게 되고, 결과적으로 물을 북극에서 적도 방향으로 흐르게 한다. 해저를 따라 흐르는 해류는 지형에 따라 천천히 가기도 하고 빨라지기도 한다. 반면에 표면의 해류는 해안과 상호작용한다.

조수의 움직임을 지속적으로 살펴보면, 끊임없이 돌고 도는 바다가 사람들이 많이 거주하는 해안가에서부터 바다 저 끝까지 미세 플라스틱을 멀리 널리 퍼뜨린다는 것을 알 수 있다.[5] 대서양의 상황을 계산한 어떤 연구는 최대 2억 8천 7백만 톤의 미세 플라스틱이 대서양 위쪽 198미터 구간에 떠 있다는 것을 발견했다.[6]

대서양의 평균 깊이는 3,658미터이다. 그러니 이 연구는 전체 대서양의 일부만을 대상으로 한 연구이며, 미세 섬유를 제외한 미세 플라스틱만을 다룬 연구이다. 성공적인 자연 보호 사례로 언급되는 미국 몬터레이만(Monterey Bay)에서 채취한 시료 역시 플라스틱 입자들을 잔뜩 가지고 있었다.[7] 북대서양을 대상으로 한 다른 연구는 바닷물 1리터 당 평균적으로 8,300개의 미세 플라스틱이 있다고 보고했다.[8] 바다를 끼고 있는 지역들은 해류와 인구라는 요소들을 고려해 보았을 때, 미세 플라스틱 오염도가 서로 다를 것으로 보인다. 그러나 2000년부터 2019년까지 전 세계 바다에서 채취한 8,000개가 넘는 시료를 종합해보면, 바다 표면에만 24조 개의 미세 플라스틱이 떠다닌다는 결론에 도달한다.[9]

이 숫자는 계속 증가하고 있다. 연구를 통해 발표된 수치는 나오는 즉시 최신이 아닌 것이 되어버린다. 천문학자가 하늘에 얼마나 많은 별이 있는지를 그저 추정으로만 알 수 있는 것처럼, 해양학자 역시 얼마나 많은 미세 플라스틱이 바다에 있는지를 추정할 수밖에 없다. 우주는 이제 거의 새로운 별을 만들지 않지만, 인류는 미세 플라스틱 만들기를 멈추지 않았다는 것이 차이점이라면 차이점이다.

플라스틱 입자들은 연안가로 쓸려 들어오기도 한다. 오아후 (Oahu)의 6개 해변에서 채취한 시료에서는 모래 0.1제곱미터 당 최대 160개의 미세 플라스틱이 나왔다.[10] 미세 플라스틱은 머나먼 이스터섬과 갈라파고스 군도에 있는 해변에도 있다.[11] 더 멀리 뉴질랜드와 남아메리카 사이에 있는 핸더슨섬(Henderson Island)의 모래에서도 과학자들은 0.1제곱미터 당 400개 이상의 플라스틱 조각을 찾아냈다.[12] 과학자들은 이 입자들이 태양 에너지를 흡수해서 모래의 온도를 2도 이상 높인다는 사실도 알아냈다.[13] 이는 두 가지의 엄청난 결과를 가져온다.

첫째로 바다거북들은 해변 모래에 알을 낳는데, 모래의 온도가 부화되는 새끼들의 성별을 결정한다. (온도가 뜨거우면 암컷이 된다) 생물학자들은 부화되는 바다거북이 이미 거의 모두 암컷이 되고 있음을 발견했다.[14] 기후 변화 때문이다. 전 세계의 바다거북 서식지는 열을 흡수하는 미세 플라스틱으로 가득 차 있다.[15] 두 번째로 미세 플라스틱으로 인한 표면 온도 상승은 지구상에 뜨거운 지역을 더 많이 만든다. 그러므로 플라스틱 입자들이, 바다에 떠있는 대형 플라스틱으로부터 쪼개진 입자들이 자연으로 흘러가면 해변은 오염될 뿐 아니라 점점 뜨거워지기도 하는 것이다.

미세 플라스틱은 해저 퇴적층에도 쌓인다. 해저를 시골에 있는 언덕이나 계곡이라고 생각해보자. 그 사이로 강도 흐른다. 땅 위에는 모랫둑이 생긴다. 모랫둑을 만난 강은 굽어져 물의 유속이 줄어들고, 결국 에너지를 잃게 되어 퇴적물이 쌓인다. 해저에서도 이와 마찬가지다. 해류의 유속이 줄어드는 곳에서 부유하고 있던 입자들이 떨어져 나와 시간을 두고 퇴적물로 쌓인다. 그래서 과학자들은 지중해 바닥에서 유속이 줄어드는 곳에 더 많은 미세 플라스틱이 쌓여 있는 것을 발견했다. 미세 플라스틱 176,000개가 0.1제곱미터 속에 2인치 두께로 쌓여 있었다.[16] 이 입자들 상당수가 섬유들이었고 사실 몇몇 샘플은 100% 미세 섬유로 판명되었다.[17]

이 사태의 주범은 폐수다. 지중해는 1억 5천만 명 사람들이 살고 있는 4만 7천 킬로미터의 해안으로 둘러싸여 있다.[18] 이전에 언급했던 토론토 수치를 기억해보자. 미세 섬유 오염에 얼마만큼의 사람들이 관련되어 있었는가? 3,600억 개의 입자들이 3백만 명이 사는 도시에서 나온다. 이 연구는 한 번의 세탁에서 수천 개의 미세 섬유가 빠져나온다고 추정했다. 후속 연구들은 수천 개가 아니라 수백만 개일 수도 있다는 점을 발견했다. 심지어 나노 플라스틱은 셈하지도 않았는데 말이다. 그리고 그 연구들은 폐수처리가 99%의 입자들을 제거한다는 것을 가정한 것이었다.

이 아주 보수적인 측정값을 지중해 연안 인구에 적용하면 18조 개의 미세 섬유가 매년 바다로 들어간다고 볼 수 있다. 물론 어디까지나 옷 세탁의 방법이나 폐수처리기술 등과 같은 다양한 변수가 있기도 하다. 하지만 이것은 폐수처리시설들이 가능한 최대한의 플라스틱을 잡아내는 경우에 근거한 추정이기도 하다. 지중해 연안 도시들의 5분의 1에는 이런 시설이 없다.[19] 지중해는 지브롤터 해협을 통해서 대서양의 물과 교류가 생기는데, 대부분은 지중해로 유입되고 빠져나가지는 않는다. 따라서 지중해로 해류가 들어오면서 쌓인 쓰레기는 태평양 거대 쓰레기 지대보다 더 많은 미세 플라스틱으로 오염되어 있다.[20] (마치 우리가 걸어 다닐 수 있는 쓰레기 섬이 있다는 말이 아니다. 미세 플라스틱은 훨씬 넓게 퍼져 있고 대부분은 눈에 보이지 않는다.)

옷에서 나오는 섬유는 세계 어느 바다에나 있다. 하지만 그것만이 미세 플라스틱 오염의 주범은 아니다. 어선이 사용하는 거대한 플라스틱 그물과 다른 장비들도 오염에 한 몫을 담당한다. 어선에서 떨어지는 플라스틱 그물과 다른 장비의 양은 전 세계적으로 연간 무려 4만 5천 톤에 달한다.[21] 이렇게 분리된 것들은 태양빛에 잘게 부서지거나, 다른 그물망에 얽혀 부식되거나, 스스로 부식되기도 한다. 이 과정에서 미세 플라스틱이 떨어져 나오게 된다.[22]

어부들이 플라스틱 그물을 수 킬로미터에 걸쳐 끌어당기면, 마치 세탁기에서 옷감이 잘게 찢어져 나오듯이 미세 플라스틱이 찢어져 나온다.[23] 플라스틱 관이나 그릇도 마찬가지다. 어부들이 장비들을 배 위로 다시 끌어당길 때 일어나는 마찰에서는 더 많은 미세 섬유가 생긴다. 한 실험에서는 로프가 30.5센티미터 당 230개의 입자들을 배출하는 것을 발견했는데, 152미터짜리 로프라면 배가 이것을 끌어당길 때마다 116,000개의 입자들이 만들어진다는 말이다. 연구자들은 영국에서만 매년 4,500대의 현역 어선이 최대 170억 개의 미세 플라스틱을 방출하고 있다고 추정하는데, 이는 밧줄 길이를 49미터라고 추정한 수치이다.[24] 이 실험은 단지 2.5킬로그램의 바닷물을 이용했기 때문에 측정 결과 값이 보수적이기도 하다. 실제 어선들은 무거운 짐을 운반하기 위해 훨씬 더 긴 밧줄을 사용하고, 훨씬 더 많은 마찰을 일으키기 때문에, 훨씬 더 많은 미세 플라스틱을 방출한다.

또 어떤 경우는, 배에서 떨어져 나온 플라스틱이 섬유보다 더 많은 미세 플라스틱을 만들기도 한다. 바다용 페인트(해양 생물이 배에 들러붙는 것을 방지하도록 만들어진 플라스틱의 얇은 막)의 작은 조각들이 "스키드 마크(타이어가 미끄러진 자국)"를 남긴다. 이 안에는 가소제, 납과 같은 중금속, 그리고 화염지연제가 들어있다.[25] "이 미세 플라스틱 안에는 살생물제가 정말 많은데, 그것은 배의 표면에서 동식물들이 자라는 것을 막기 위한 물질입니다." 영국 플라이머스 해양실험실(Plymouth Marine Laboratory)의 해양생태학자 겸 생태독물학자인 매튜 콜(Matthew Cole)은 말한다. "그래서 과학자들이 진짜 염려하는 것은 전통적인 플라스틱만이 아닙니다. 다른 형태들도 많아요." 과학자들은 어마어마한 양의 페인트 입자들이, 특히 항구에서, 퇴적층과 그 지역에서 서식하는 물고기 종에 쌓이고 있다는 사실을 계속 밝혀내고 있다.[26] 항구에 정박한 배에서 페인트를 벗겨 내기 위해 선원들이 사용하는 미세 플라스틱 연마제가 이 상황을 더 악화시키고 있다. 이로 인해 발생하는 미세 플라스틱은 두 배가 된다.

전 세계에서 가장 복잡하게 배들이 교차하는 독일과 덴마크 주위의 바다를 연구 중인 해양학자들은 이곳의 페인트 플라스틱이 다른 바다보다 4배 많다는 점을 발견했다. 약 5,500대의 컨테이너 선박들이 현재 운항 중이고[27], 바다를 통한 운송은 빠른 속도로 늘어나고 있다. 지난 30년 동안 전체 교역량은 세 배가 되어, 2018년에 120억 톤에 도달했다.[28]

게다가 요트, 유조선, 군함 등의 다른 배들도 바다를 누비고 있다. 다리, 부두, 석유 시추선들도 있다. 이곳에서는 마치 비듬처럼 미세 플라스틱이 떨어져 나온다. 남극 부근의 웨델해의 연구 선박에서 임무를 수행중인 과학자들이 시료에서 발견한 미세 플라스틱의 절반은 사실상 페인트 쪼가리였고, 그 중 많은 것은 자신들이 탄 배에서 나온 것이었다.[29] 모든 선박은 '검은 물'이라고 알려진 샤워, 주방일, 세탁할 때 나오는 묽은 회색 물을 방출한다. 한 조사에 따르면, 유람선에서 나오는 검은 물 속 미세 플라스틱만 해도 11만 3천 톤이 될 수 있다.[30]

게다가 페인트는 지상에도 널려있다. 셀 수 없을 정도로 많은 구조물들이 태양빛에 구워지며 미세 플라스틱을 내보낸다. 매년 얼마나 많은 입자들이 건물에서 떨어져 날아다니는지 알아내기란 쉽지 않다. 이를 위해서는 페인트의 종류와 해당 지역의 기후 등 모든 변수를 고려해봐야 한다. 그러나 미세 플라스틱 방출에 있어 건물의 역할이 상당하다는 점은 분명하다. 몇몇 과학자들은 환경 속으로 들어가는 미세 플라스틱의 3분의 1이 페인트 입자라고 생각한다.[31] 새로 출시되는 페인트에서는 납이 점점 없어지는 추세지만, 오래 전에 나온 페인트가 부식된다면, 납은 여전히 미세 플라스틱을 통해 생태계 속으로 들어간다.

페인트 폴리머, 그물 입자, 미세 섬유는 심각한 생태학적 결과를 초래하고 있다. 해류가 미세 플라스틱과 유기체를 바닷속의 모랫둑에 해당하는 곳에 침전시킨다. 이로 인해 석유입자들은 생명체에 가장 큰 해를 가할 수 있는 곳에 도달하게 된다. 그곳은 먹이가 모이는 곳, 생명체의 생존을 위해 필요한 곳이기 때문이다. 불가사리, 성게 같은 생물이 유기체에서 떨어져 나온 것들을 먹으며 미세 플라스틱도 먹는다. 해면 같은 비유동종은 해류에서 먹이를 낚아챈다. 해삼 같은 동물들은 퇴적물을 빨아들였다가 먹이를 걸러내는데, 이제는 합성 물질 또한 많은 양을 먹게 된다. 육식 동물들이 이런 종들을 먹을 때, 그 속에 있는 미세 플라스틱을 또 먹게 되는 것이다.

이는 이미 20세기 중반부터 시작된 일이다. 남캘리포니아 연안에서 채취한 핵심 시료는 1945년에서 2009년까지 15년마다 미세 플라스틱 농축도가 두 배 씩 늘고 있음을 보여준다.[32] 매년 퇴적되는 미세 플라스틱을 계산하여 그래프에 표시하면, 그래프의 곡선은 지난 80년 동안 벌어진 전 지구적인 플라스틱 생산의 기하급수적 가속과 완벽하게 일치한다. "이것은 우리의 화석 기록이 될 겁니다." 이 연구를 이끌었던 해양학자 제니퍼 브랜든(Jennifer Brandon)이 말한다. "그리고 플라스틱이 찾아낼 수 있는 완벽한 지표인 이유는 플라스틱이 영원히 지속한다는 점 때문이지요. 플라스틱은 정말로 분해되지 않습니다. 플라스틱은 기본적으로 이미 화석화되었습니다." 다른 과학자들은 아시아 근처의 퇴적물과 사우디아라비아 연안의 맹그로브 늪지에서 이와 유사한 신호를 감지했다.[33] 전 세계적으로 1천 4백 5십만 톤의 미세 플라스틱이 퇴적물 최상부의 얇은 몇 인치 속에 있을 것이다. 연안이 아닌 심해에서 가져온 시료를 아주 보수적으로 측정했을 때의 결과이다. 아마 연안은 사람이 사는 곳에 가깝기 때문에 오염이 더 심할 것이다.[34]

정확히 얼마나 많은 석유입자들이 우리의 후손이 찾아낼 수 있을 만큼 보존되는가에 대해서는 아직 누구도 말할 수 없다. 차가운 온도와 자외선의 폭격에 노출되지 않기 때문에, 해저 퇴적물 속 미세 플라스틱은 영원히 남아있을 수 있다. 그럼에도 플라스틱이 퇴적물 속에서 분해된다면, 플라스틱은 그 주변을 고체로 만들어 마치 "플라스틱이 여기에 있었노라."하는 표식 같은 거푸집 형태를 만들게 될 것이다. 지질학자들이 쓴 2016년 논문은 이같이 말했다. "플라스틱 그 자체는 사라질 수 있지만, 볼펜, 플라스틱 병, 콤팩트디스크(CD)의 윤곽이 퇴적층 암반 화석에서 발견될 수도 있다."[35] 오염이 만들어 낸 새롭고도 창피한, 그런 종류의 돌인 것이다. "플라스틱은 가장 중요한 '기술 화석' 유형으로 인식되기에 이미 충분한 양이 존재한다. 이 '기술 화석'은 자구에 영원히 인간의 흔적을 남길 것이다."

북극이 멀리 있다고 해서 예외는 아니다. 과학자들은 치밀한 조사 끝에 어떻게 미세 플라스틱이 북극해로 흘러들어가 쌓이게 되는지 발견했다.[36] 북극해로는 두 군데에서 물이 들어온다. 한 곳은 그린란드와 노르웨이 사이의 대서양 유역이고, 알래스카와 러시아 사이에서 태평양 물이 들어온다. 연구자들은 북극을 가로 질러서 북극해 물을 샘플로 채취했다. 1,005미터 깊이에서 채취했는데 모든 물이 미세 플라스틱으로 가득한 것을 발견했다. 입자들의 90% 이상이 미세 섬유였고 이중 4분의 3은 여러 가지 색깔의 폴리에스테르였다. 그것들은 합성 의류에서 나온 게 분명했다.[37]

플라스틱의 종류를 확인하기 위해서 과학자들은 FTIR을 이용했다. 이를 통해 미세 섬유의 나이에 대한 단서를 발견했고, 미세 섬유가 북극해에서 어떻게 움직이는지도 알 수 있게 되었다. 연구팀은 대서양에서 유입되는 물이 태평양보다 3배 더 많은 미세 섬유를 갖고 있다는 사실을 알아냈다. 전자의 미세 섬유가 후자의 미세 섬유보다 3배 더 길었다. 이는 미세 섬유가 부식되고 분해될 시간이 충분치 않았다는 말이다. 게다가 대서양의 입자들이 합성 섬유의 원래 특징에 더 가깝다는 것도 알게 되었다.

종합해보면 미국, 캐나다, 유럽 연안을 따라 있는 폐수시설이 막대한 양의 미세 섬유를 방출하고 있는 것을 알 수 있다. 이 폐수가 대서양으로 들어가면 미세 섬유는 해류를 따라 북극해로 가게 되고, 이와 같은 일이 태평양 연안에서도 일어난다. 태평양이 북극해로 들어가는 양이 적다는 것은 더 적은 양의 섬유가 북쪽 바다에 도달한다는 것을 의미한다. 과학자들이 발견한 짧은 섬유들은 태평양 연안에 사는 사람들로부터 나온 새로운 것들이 아니며, 원래는 대서양에서 만들어져서 부식된 것들이다. 이 섬유들은 마치 커다란 눈덩이에 있는 눈송이들처럼 북극해에서 소용돌이치다가 알래스카까지 오는 길에 닳게 된 것이다.

북극에서 과학자들이 찾아내는 섬유들이 모두 합성 섬유인 것은 아니다. 파이브 자이어스 연구소의 리사 어들(Lisa Erdle)이 지적하듯이, 면조차도 염료와 다른 화학물질들로 처리된다. 이것은 '인류발생론적으로 변형된 셀룰로스'라고 알려져 있다. 어들은 대서양 심해와 5대호, 토론토 근방 호수에서 가져온 퇴적물을 나누어 살펴보았는데, 각 퇴적물 454그램당 각각 875, 353개와 1,130개의 미세 섬유를 발견했다.[38] 미세 섬유의 최대 절반이 인

류발생론적으로 변형된 셀룰로스였다. 그리고 그 중에서 절반은 데님이었다.[39]

그러나 이러한 오염의 결과는 각각의 수역마다 독특할 것이다. 5대호는 매일 거의 1백 9십억 리터의 폐수를 받아들인다. 그러나 이 폐수 중에서 어떤 것도 밖으로 흘러 나가지 않는데, 5대호는 기본적으로 닫혀 있기 때문이다. 그러므로 섬유는 그 물 속과 퇴적물과 동물들에 쌓이게 된다.[40] 어들은 "이 물고기들에게서 발견되는 미세 섬유의 양은 바다에서 보고되는 최고 농축도의 미세 섬유보다 높습니다. 심지어는 태평양 거대 쓰레기 지대의 한 가운데 있는 물고기에서보다도 높아요. 5대호의 미세 섬유 농축도가 아주 높기 때문이에요."라고 말한다. 이와 달리 북극해는 더 개방된 공간이다. 해류가 끊임없이 돌고 돈다.

그러나 북극해에 있는 미세 섬유가 문제를 일으키지 않는다는 것은 아니다. 독일 알프레드 베게너 인슈티투트(Alfred Wegener Institut)의 생물학자 멜라니 베르크만은 조사를 위해서는 많은 퇴적물이 필요하다고 생각했기 때문에, 북극해에서 가져온 퇴적물 시료에서는 미세 플라스틱을 찾는 것이 어려울 것이라 생각했다. 그러나 초기 시료에서는 퇴적물 454그램 당 2,700개의 조각이 나왔고, 다른 시료에서는 두 배 이상이 나왔다. "연구를 위한 퇴적물의 양이 부족할지도 모른다는 걱정할 필요가 없었던 거죠. 사람들은 북극이 정말 깨끗한 곳이라고 생각하지만, 절대 그렇지 않아요." 베르크만이 말한다.

흔히 사람들은 북극해에 생명체가 없다고 생각하지만, 그렇지 않다. 우리에게는 퇴적물인 것이 해저에서 먹이를 긁어 먹는 생물체에게는 양식이 된다. 이 생물들은 퇴적물을 걸러내어 위쪽의 물로부터 떨어지는 작은 유기체를 먹으며 근근이 살아간다. 미세 플라스틱이 문제가 되는 이유는 북극해 아래에 생명체가 있기 때문이다. "미세 플라스틱은 이미 먹이가 부족한 유기체에게 전혀 에너지원이 되지 않습니다." 베르크만이 말한다. 예를 들어, 해삼이 합성 물질을 한 입 가득 먹게 되었을 때의 최고의 시나리오는 아무 일도 없는 것이고, 최악의 경우는 미세 플라스틱이 해삼을 해치는 것이다.

미세 플라스틱의 홍수는 북극의 유기체들이 겪고 있는 문제를 더 복잡하게 만든다. 이 지역은 지구상의 다른 곳들보다 4배는 빠르게 더워지고 있으며[41], 이 악순환 고리에서 빠져나오지 못하고 있다. 북극은 하얗기 때문에 태양 에너지를 반사한다. 다시 말하면 반사율(달·행성이 반사하는 태양 광선의 비율)이 높다. 하지만 얼음이 녹으면서 그 아래쪽 어두운 바다가 노출되면, 반사율이 낮아지며 많은 에너지를 흡수한다. 이로 인해 바닷물과 주변 지역이 점점 더 뜨거워진다. 동시에 대기 중의 과도한 이산화탄소가 물을 만나서 발생하는 화학적 반응으로 인해 바다는 산성화되어 간다. 이런 상황에서 북극의 동물들은 미세 플라스틱을 먹고 있는 것이다.

"종종 어떤 연구들은 동물들의 소화에 끼치는 영향에만 집중합니다. 소화와 화학물질, 소화와 온도 변화, 그리고 소화, 온도 변화, 바다의 산성화의 영향은 보지 않는 것이죠. 그러나 환경 속에서 동물들은 이 모든 영향을 전부 겪고 있어요."

베르크만과 다른 과학자들은 미세 플라스틱이 북극의 반사율을 바꿀지도 모른다고 걱정하고 있다. 그들은 이 물질이 얼음에 뿌려져 있는 것을 발견했는데, 색깔이 어두운 입자들이 뭉쳐 있게 되면, 그 입자들은 태양 에너지를 더 많이 흡수할 것이기 때문이다. 이는 미세 플라스틱이 해변의 온도를 올려 빠르게 얼음이 녹아버리는 결과로 이어진다. 그리고 이렇게 녹은 얼음 사이에 플라스틱이 들어간다. 마치 바다 표면에서 결정체가 만들어질 때처럼, 이 결정체는 물속으로부터 미세 플라스틱 같은 입자성 물질을 긁어모은다.[42] 베르크만은 북극 얼음 28리터에서 340,000개의 미세 플라스틱을 발견했다.[43]

얼음이 녹는 속도를 보면 북쪽 얼음이 상당한 수의 석유입자, 8에 0이 스무 개 붙는 수의 석유입자를 매년 방출한다는 것을 알 수 있다. 몇몇 미세 플라스틱은 북극해 근처에서 얼고 녹기를 반복하며 눈으로 만들어질 것이다. 다른 미세 플라스틱은 남쪽으로 가는 해류를 타고 미세 플라스틱의 시작점인 해안가 도시들로 돌아갈 것이다.

메뉴 속의 플라스틱

　확실히 나는 2,682미터 높이의 산을 하이킹할 때보다 바다에서 균형 잡는 것이 더 힘들다. 떠들썩한 어느 11월의 아침, 연구 선박 레이첼카슨호 의 갑판에서 나는 안개에 가려진 수평선을 보려고 노력하고 있었다. 이 배는 자신의 고전적 작품에서 살충제의 위험을 세상에 경고했던 저명한 생물학자, 작가, 보존운동가인 레이첼 카슨의 이름을 따서 지은 선박이다. 배는 캘리포니아 연안에서 1시간 떨어진 거리에 도착했고, 이곳에서 몬테레이만 아쿠아리움 연구소의 연구원들은 SUV 사이즈의 로봇을 488미터 깊이 아래로 내려 보냈나. 그들은 로봇을 운진하는 조종실에 있었고, 나는 밖으로 나왔다. 멀미약이 별로 도움이 되지 않았기에, 나는 30분 간격으로 조종실에서 관찰을 하다가 밖으로 뛰쳐나오기를 반복했다.

　저 멀리에서 작동하는 잠수정에서 보내오는 실시간 화면은 안 보고는 못 배길 정도로 매력적이다. 우리가 탄 배 아래에서 부드럽게 움직이는 이 로봇은 은하계를 날아다니는 듯했다. 은하계와 해저의 유일한 차이는 별 대신 바다의 눈이라고 알려진 작은 유기물 조각들이 가득하다는 것뿐이다. 이따금씩 이 로봇의 윙윙거리는 모터와 불빛에 놀란 나머지 작은 생물체가 운석처럼 휙 날아갔다. 그렇게 사라지는 것이 당연한 일이다. 평소의 바닷속은 암흑이기 때문이다. 이 로봇은 자유롭게 떠다니는 갑각류와 빗해파리로 불리는 생물체 무리를 가로 질러 움직였다. 빗해파리의 퍼덕거리는 머리카락 같은 구조체는 로봇이 쏘는 불빛에 무지갯빛을 번쩍였다.

이후 로봇은 거대 유형류(幼形類)가 존재하는 세계를 만났다. 유형류는 올챙이와 비슷하게 생긴 거대한 모습을 하고 있었는데, 사실 유형류 자체는 단 몇 인치밖에 되지 않는다. 거대해 보이는 나머지는 사실 유형류가 자신의 점액으로 만든 91센티미터 너비의 집이다. 유형류는 꼬리를 이용해 시간당 최대 80리터의 물을 집으로 밀어 넣는데, 이 과정에서 커다란 유기물들은 집에 걸려서 못 빠져나가고 작은 것들은 빠져나온다. 이후 집이 끈적한 것으로 흠뻑 젖으면 유형류는 이전 집을 버리고 새로운 집을 짓는다. 바다 488미터 아래에는 이렇게 버려진 집들이 하나의 도시를 이루고 있다. 이는 잠수정의 불빛에 반사되어 반짝이는 쓰레기가 박힌 둥둥 떠다니는 거대한 침 덩어리처럼 보인다.

시간이 지나면 이 집들은 무게에 못 이겨 아래로 내려간다. 하루에 약 800미터 정도 이동하는 것으로 보인다. 이렇게 아래로 가라앉은 유형류의 집은 바다 더 깊은 곳에 사는 청소동물들에게는 아주 잘 포장된 뷔페음식과 같을 것이다.

내가 이 울렁거리는 여행을 하기 4년 전, 해양생물학자 아넬라 초이(Anela Choy)도 레이첼카슨호를 타고 같은 로봇을 이용하여 미세 플라스틱이 지구상에서 가장 큰 생명체 서식지인 해저로 이동하고 있는 모습을 보여주었다. 과학은 이 깊은 바다에 관해 그다지 많이 알고 있지 않다. 그러나 확실히 아는 것 한 가지가 있다면, 해저에는 석유입자들이 가득하다는 사실이다. 그리고 이는 상당 부분 앞서 언급한 유형류의 가라앉는 집들 때문이라고 할 수 있다. 바다마다 깊이가 모두 다르지만, 오염된 바다 표면과 해저는 밀접하게 연관이 되어 있다. 초이는 "해수 표면에서 일어나는 일이 없다면 해저에는 어떤 생물체도 살지 못합니다. 거기에 미세 플라스틱도 섞여 있고요."라고 말한다.

2017년 레이첼카슨에 탑승했을 때도 초이는 ROV를 사용했다. 그리고 각각 다른 깊이에서 큰 유형류를 건져내어 얼마나 많은 미세 플라스틱이 있는지를 관찰했다. 유형류의 내장과 집에는 확실히 미세 플라스틱이 있었다. 미세 플라스틱 농도는 건져낸 물 깊이의 미세 플라스틱 오염도와 맞아떨어졌다. 또 다른 실험에서 초이는 다른 크기의 미세 플라스틱을 자연 상태의 큰 유형류의 주변에 뿌려보았는데, 작은 입자들은 큰 유형류의 집을 통과해 빠져나간 반면 큰 입자들은 집에 달라붙는다는 것을 확인했다.[44]

초이는 큰 유형류 견본을 몇 개 수집하여 배에 있는 오수 탱크에 넣어두고 미세 플라스틱을 어떻게 배설하는지 관찰했다.[45] 이 실험을 통해 전 세계에 있는 거대 유형류가 미세 플라스틱을 집 안에 넣으면, 온갖 해저 생물들이 이를 먹는다는 사실을 알게 되었다. 이것이 해저 생태계가 염려되는 이유이다. 초이는 "먹이 사슬 내에서의 플라스틱 섭취는 잠재적으로 먹이 사슬 그 자체만큼이나 복잡합니다만, 어쨌든 아주 널리 퍼져 있어요. 그 유기물질의 양과 질이 정말로 해저의 생명체를 지배하는 것입니다."라고 말한다.

해양 생물들은 매일 무리 지어 이동하는데, 이는 새나 순록 무리를 무색하게 할 정도이다. 해가 뜨면 이 해양 생물들은 더 깊고 으슥한 곳에 숨어서 천적들이 자신들을 발견할 수 없게 한다. 그러나 밤이 되면 떼를 지어 물의 표면 쪽으로 이동한다. 그곳에 먹을 게 더 많기 때문인데, 먹이로 오해할 수 있는 미세 플라스틱 또한 더 많이 있다.

미세 플라스틱의 모양, 크기, 색깔의 다양함으로 인해, 서로 다른 먹이를 먹는 생물 종들은 이를 각자가 먹을 것으로 인식한다.[46] 실제로 2009년 태평양에서 실시한 원정 연구는 수직 이동을 하지 않는 물고기 종 중 4.8%에서 미세 플라스틱이 발견되었다고 보고했다. 그러나 이동하는 종의 경우는 11.6%에서 미세 플라스틱이 나왔다.[47]

이는 이동하는 종들이 더 많은 입자들을 표면 가까이에서 더 많이 먹고 있음을 의미한다. 반면 이동하지 않는 종들은 미세 플라스틱이 많지 않은 해저에서 먹이를 먹는다. 연구자들은 태평양 거대 쓰레기 지대를 만드는 198~1005미터 깊이의 중층표영대(中層漂泳帶)에서만 물고기들이 최대 2만 4천 톤에 달하는 플라스틱 파편을 매년 먹는다고 측정했다. 이동하는 종들은 미세 플라스틱을 더 아래쪽으로 퍼뜨리는 운송수단의 역할을 한다. 이 물고기들이 해저 깊은 곳으로 가서 배설하면 입자들이 나오게 되고, 이 배설물과 미세 플라스틱이 큰 유형류의 집에서 나온 다른 유기물 조각, 썩어가는 유기물과 섞인다. 그리고 바다 바닥에 떨어져 퇴적물이 되는 것이다.

그렇기에 가장 깊은 해저의 해양 생물들 역시 미세 플라스틱을 먹고 있다. 2008년에서 2017년 사이, 해양학자들은 마리아나 해구의 챌린저 해연(바다에서 가장 깊은 지점) 7천 미터에서부터 1만 미터에 이르는 지점 아홉 곳에서 새우처럼 생긴 갑각류인 단각류(端脚類)를 수집했다.[48] 모든 단각류가 미세 플라스틱을 먹었고, 적어도 절반이 위장에 미세 플라스틱을 가지고 있었다. 단각류가 먹은 입자들의 대부분은 섬유였다. 또 다른 연구에서는 마리아나 해구의 퇴적물 1리터당 2,200개까지의 미세 플라스틱이 발견되었다고 보고했다. 아주 깊은 바다 밑에 있는 생물들까지 오염되었다는 사실은 놀라운 일이 아니다.[49]

대서양 한복판에서 벌어진 또 다른 조사에서, 포획된 심해 어종의 4분의 3이 뱃속에 미세 플라스틱을 가지고 있었다.[50] 한 송곳니 물고기의 위장에는 잡아먹힌 두 마리의 생물체가 있었는데, 사팔뜨기 오징어(딸기 오징어라고도 한다)와 수염 아귀 한 마리였다. 먹힌 이 생물의 내장에도 미세 플라스틱이 있었다. (비공식적으로, 과학자들은 해저 동물들에게 환상적이면서도 정확한 묘사가 가능한 이름을 부여한다. 송곳니 물고기는 거대한 이빨이 가득한 입을 갖고 있고, 사팔뜨기 오징어는 눈이 위쪽에서 오는 희미한 빛이라도 모을 수 있도록 확대되어 있다. 수염 아귀는 턱 쪽에 발광하는 하늘거리는 수염 같은 부분이 있다.) 이러한 발견은 영양(營養) 전송이라고 불리는 역학구조를 보여준다. 작은 종들이 미세 플라스틱을 먹고, 포식자가 그 작은 종을 먹고, 더 큰 포식자가 그 포식자를 잡아먹는 과정을 통해 미세 플라스틱의 끊임없는 생물학적 순환이 일어난다.[51] 만약 어떤 방법을 사용해서 바닷물과 퇴적물로부터 모든 미세 플라스틱을 즉시 없애버렸다고 해도, 미세 플라스틱들은 생명체의 내장에서 내장으로 옮겨 다니면서 살아남게 될 것이다. 먹고 먹히는 모든 과정에 미세 플라스틱이 있다.

미세 플라스틱은 먹이 사슬에만 있는 것이 아니다. 미세 플라스틱은 먹이 사슬을 기반으로 침투한다. 표면 해수에는 플랑크톤으로 알려진 작은 생물이 가득하다. 이 플랑크톤은 두 가지로 나뉘는데, 하나는 박테리아이고, 다른 하나는 식물성 플랑크톤으로 알려진 바닷말이다. 바닷말은 태양으로부터 에너지를 만들어낸다. 개개의 식물성 플랑크톤은 아주 작지만 이것이 번성하면 거대한 띠를 이뤄 전 세계의 바다 위를 둥둥 떠다닌다.

땅 위의 식물들처럼 이 식물성 플랑크톤은 해수에 용해된 이산화탄소를 빨아들이고 산소를 내뱉는다. 엄청난 양의 산소인데, 전체 대기의 산소 함유량의 3분의 2를 이 식물성 플랑크톤이 뿜어낸다.[52] 식물성 플랑크톤이 흡수하는 탄소는 또 다른 방법으로 이동하는데, 식물성 플랑크톤이 죽을 때 해저로 가라앉는 것이다.

또, 이 생명체는 탄소 순환에 중요한 역할을 하는데, 이산화탄소를 분리시켜서 해저에 가둬 버린다. 식물성 플랑크톤은 또 다른 플랑크톤인 동물성 플랑크톤에 중요한 먹이의 원천이다. 동물성 플랑크톤은 갑각류, 해파리, 해양 연충류 같은 작은 동물의 종들을 포함한다. 넓은 바다에서 생식하기 위해서 암컷 물고기는 상당히 많은 난자를 방출하고 수컷은 정자를 방출한다. 이것들은 모두 플랑크톤이 만드는 띠 주위에 떠다닌다. 이 난자들이 유생 어류로 부화하면 명실 공히 이 생태계의 일원이 된다. 새끼 고기들은 식물성 플랑크톤을 먹거나 서로를 잡아먹는다. 이어서 더 큰 물고기와 바다 새가 이것들을 잡아먹는다.

이처럼 지구의 바다 여기저기에서 반짝이는 넓고 넓은 이 플랑크톤 세계에 미세 플라스틱이 제3의 역할을 담당하게 될지 모른다. 일부 과학자들이 지금까지 보관해둔 많은 플랑크톤 시료를 분석했는데, 이 시료는 1960년대부터 스코틀랜드 연안에서 채취한 것들이었다. 이들은 수십 년 동안 미세 섬유 오염이 아주 크게 늘어난 것을 발견했다.[53] 또 다른 과학자들은 남극의 해수를 시료로 연구했는데, 여기에서 미세 섬유에 엉켜 있는 동물성 플랑크톤을 발견했다.[54]

생물학자들은 각기 다른 깊이의 해수 시료 속에 석유 플랑크톤과 생물학적 플랑크톤이 서로 엉켜 있는 것을 찾았을 뿐만 아니라 잡아온 동물성 플랑크톤 위장에 입자들이 섞여 있는 것도 알아냈다. 생각해보자. 연어는 (결국) 곰과 인간에게 먹힌다. 물고기와 새들은 갑각류를 먹고, 고래는 크릴새우를 먹고 산다.[55]

남중국해에서 행한 물고기 유생, 해파리, 새우, 포식충을 대상으로 한 실험 결과, 모두에게서 미세 플라스틱을 발견했다.[56] 동물성 플랑크톤이나 동물성 플랑크톤을 먹은 작은 물고기를 먹으면 미세 플라스틱을 먹게 되는 것이다. 저 멀리 남태평양에서 가져온 샘플에서 만새기, 붉돔, 창꼬치 등의 태평양 물고기 종의 97%에서 미세 플라스틱이 발견되었다.[57] 길이 1피트짜리 처브(잉어의 일종)는 내장에 104개의 플라스틱 조각을 가지고 있었다. 가장 오염된 물고기들이 이스터섬 주위 같은 가장 멀리 떨어진 해역에 산다는 것에 주목해야 한다. 이곳에서는 태평양 거대 쓰레기 지대를 만드는 북태평양 소용돌이와 같이, 남태평양 소용돌이가 플라스틱을 쌓아간다.

미세 플라스틱은 우리가 생각할 수 있는 모든 크기, 모양, 색깔을 갖는다. 그래서 한 사냥꾼에게 너무 큰 플라스틱이 다른 사냥꾼에게는 쉬운 표적이 된다. 너들은 꼭 영양가 있는 생선 알처럼 생겼기 때문에 특히 매력적이다. 큰 해양 생물은 비닐 봉투로 인해 질식할 위험이 많지 않다. 그러나 오히려 아주 작은 많은 생물체는 미세 플라스틱을 먹이로 오해하여 먹었다가 질식할 가능성이 있다. 어떤 실험에서는 몇몇 동물성 플랑크톤이 새 플라스틱보다 낡은 플라스틱을 아주 더 많이 선호한다는 결과를 내놓았다.[58] 동물성 플랑크톤은 늘 먹는 미생물을 냄새를 따라 사냥을 하는데, 그래서 미생물이 아니라 미생물이 옅게 덮인 미세 플라스틱을 먹게 된다.

에릭 제틀러(Erik Zettler)와 린다 아마랄 제틀러(Linda Amaral-Zettler)같은 과학자들은 이를 '플라스틱스피어'라고 부른다. 이곳은 지구상에 나타난 새로운 종류의 미생물 서식지다. 표면 해수에서 해저수로 옮겨가고 다시 해저에서 표면으로 자리를 바꾸며, 대서양에서 북극으로, 산호초에서 대양으로 이동하면서 미세 플라스틱은 여권에 도장 받듯이 돌아다닌다.[59]

린다는 말한다. "기본적으로 여긴 작은 세상이에요. 광합성을 통해 스스로 양분을 만들어내는 생물이 있고, 육식 동물도 있어요. 잡아먹히는 먹이 동물도 있고요. 공생 생물이 있고 병원균도 있어요. 적어도 우리가 동물의 몸에 있고, 잠재적으로는 인간의 몸에서 살 수 있는 것으로 알고 있는 병원균 말이죠."

현미경으로 보면 이 작은 세상은 바삐 돌아간다.[60] 박테리아에 의해서 만들어지는 것 같은 성긴 필라멘트는 규조류(珪藻類)라고 알려진 카약처럼 생긴 광합성 생물 주변을 덮는다.[61] 섬모충으로 알려진 단세포 생물은 표면에서부터 버섯처럼 자라난다. 현미경 줌을 조금 더 당겨보면 다른 녀석도 볼 수 있다. 이 녀석은 딱 봐도 관모양의 형체를 하고 있는 박테리아인데, 더 신기한 것은 줄기가 아니라 구근을 덮고 있다는 점이다.

합성 물질의 위생적인 조각과 거리가 먼 각각의 미세 플라스틱은 생명체와 함께 움직인다. "이 3차원 구조체야말로 1차 생산자, 소비자, 분해자, 기생충, 육식 동물, 초식 동물, 그리고 다른 모든 것을 위한 모든 종류의 다양한 틈새를 제공합니다." 에릭의 말이다. 박테리아와 바이러스는 마치 유충들이 따개비와 엉켜 붙듯이 동물과 뒤섞인다. "이런 동물들 각각은 딸려 오는 부가적인 미생물이 만드는 자신만의 마이크로바이옴(미생물 생태계)을 가집니다. 그러니 이곳은 정말로 복잡한 작은 세계가 되는 것이지요."[62]

이 미세 플라스틱은 바다에 뒹굴면서 작은 조각으로 부서진다. 어떤 생명체는 이것을 잡을 것이고 또 어떤 생명체는 잡지 않을 것이다. 미생물은 이 플라스틱을 스스로 분해할 수도 있다. 린다와 에릭은 미세 플라스틱의 표면 위 구멍 속에 있는 구형 세포를 발견했다. 이는 이 종이 어떤 것이든 간에 그것이 폴리머를 소화할 수 있었음을 의미한다. "어떤 지점에서는 나노 플라스틱 범위까지 내려가게 되면 미생물에 플라스틱이 붙는 게 아니라 이 미생물에 플라스틱이 붙기 시작할 거예요."

에릭과 린다가 이 작은 세상을 이해하기 시작한 것은 얼마 되지 않았다. 그들은 미세 플라스틱에 어떤 종류의 박테리아가 있는지 알아내기 위해서 미세 플라스틱에 있는 DNA를 테스트할 수는 있지만, 어떻게 이 물질들이 서로 상호작용을 하는지는 알 수 없다. 그들의 시료에는 비브리오 박테리아가 지배적이었는데, 다른 연구에서 그 미생물이 미세 플라스틱을 타고 발트해에서 중국과 브라질의 연안에 이르기까지 여기저기를 돌아다니는 것을 발견했기 때문이다.[63]

비브리오 박테리아는 잘 익히지 않은 해산물에서 발견되며, 심각한 위장병을 일으킨다. 그러나 에릭과 린다는 비브리오가 있다고 해서, 무조건 바다 생물과 인간의 건강에 위협이 된다는 것은 아니라고 한다. 그러나 확실한 것은 해양 생물은 아직 플라스틱스피어와 같은 것을 만나보지 못했다는 점이다.

폴리에스테르 미세 섬유의 여정을 떠올려보자. 스웨터에 있을 때는 입은 사람의 피부나 공기 중에 있는 미생물이 폴리에스테르에 붙는다. 이후 폐수처리시설로 보내지면 이 섬유는 인간의 배설물과 접촉하게 되면서 새로운 미생물을 얻는다.[64] 플라스틱스피어는 농사에서 흘러나온 지표수(地表水)에 오랫동안 고여 있는데, 살아갈 기회를 포착한 미생물은 여기서 번성할 수도 있다.[65] 하지만 광활한 바다로 흘러간 이 입자는 훨씬 생경한, 박테리아, 바이러스, 동물의 유생들로 이루어진 마이크로바이옴을 만난다.

이 입자는 표면에 떠다니면서 햇빛을 좋아하는 생물체를 끌어들인다.[66] 그 후 끌어들인 생명체에 붙은 후, 불어난 무게로 인해 가라앉기 시작한다.[67] 어두운 해저에 가면 빛에 의존하는 미생물들은 소멸된다. 그러나 새로운 서식지의 다른 생물들이 죽은 미생물들을 아주 잘 대체한다.[68] 해류는 입자를 수백만 킬로미터 떨어진 곳으로 데려가고 섬유는 무수히 많은 독특한 해양 마이크로바이옴을 맛볼 것이다. 이 과정에서 입자의 마이크로바이옴은 대대적으로 변화한다.[69] 이는 마치 새로운 해양 서식지에 미생물을 소개하는 정기 왕복선의 역할을 하는 것이다.

그리고 나면 재앙이 닥친다. 플라스틱스피어에 대규모 멸종이 일어나는 것이다. 갑각류 유생은 미세 플라스틱과 그 주변에 있는 것들을 빨아들이기 때문이다. 그러나 이 과정에서 많은 미생물이 소멸된 이후에도, 섬유는 빠져나온다. "플라스틱에 남아서 생존할 수 있는 정말 강한 녀석들이 있겠지요. 이 녀석들이 바다에 남습니다." 에릭 제틀러는 말한다. "완전히 새로운 세상에서 고농축의, 영양가 있는 맛있는 부분을 만나게 되는 거지요. 플라스틱이 처음 바다로 흘러나왔을 때 만난 세상과는 완전히 다른 세상일겁니다."

바닷말을 먹는 동물성 플랑크톤은 바닷말이 아니라 바닷말에 덮인 미세 플라스틱으로 배를 채울지도 모른다. 이렇게 되면 보통은 억제되던 바닷말의 띠가 성장하게 된다. 바닷말의 띠는 죽을 때 물에서 산소를 빨아들인다. 그 결과 바닷말이 자라던 곳의 물고기와 다른 수중 생물이 죽는다. 이렇게 미세 플라스틱은 그 자체의 화학물질과 이것저것이 뭉쳐진 오염물질과 함께 식물성 플랑크톤의 확산에 직접적으로 영향을 끼칠 수도 있다.[70]

몇몇 연구는 이 입자들이 작은 바닷말의 성장을 억제한다는 것을 밝혀냈는데, 이와 반대의 결과를 보여주는 연구도 있다. 이러한 실험들은 실험실에서 고농축 미세 플라스틱을 사용하여 행해지는데, 실험실은 바다와 다르다. (이는 과학에서 흔한 일이다. 하지만 아무리 현실과 다르다고 할지라도, 연구자들은 유기체에서 어떤 답을 끌어내려고 실험을 한다.[71]) 그러나 더 많은 '석유 플랑크톤'이 바다로 유입되어 소멸되지 않는 상황을 가정한 (플라스틱은 애초에 내구성을 위해 만들어진 것이다!) 한 조사에 따르면, 미세 플라스틱의 농축도는 2100년경에는 지금보다 50배는 더 높아질 것이다.[72]

"이 시뮬레이션 예측은 지금의 상황이 변하지 않는다면 앞으로 50년에서 100년 안에 자연 환경에서의 미세 플라스틱 농축도가 실험실 실험에서 보게 되는 농축도를 상회하게 된다는 것을 보여줍니다." 플리머스 대학의 해양생물학자인 리처드 톰슨이 말한다. 그는 바로 이 미세 플라스틱이라는 용어를 만들어 낸 사람이다. "우리가 사는 방식을 바꾸지 않는다면 우리는 정말 큰 생태적 해악을 목격하게 될 것입니다."

그 파급효과는 정말 거대할 수 있다.[73] 미세 플라스틱이 식물성 플랑크톤의 성장을 촉진하면 바닷말은 대기 중의 탄소 분리와 산소의 방출을 촉진한다. 산소를 들이쉬는 육지 동물에게는 좋은 소식일지 모르지만, 식물성 플랑크톤이 죽으면서 수중 산소 수준이 떨어지므로, 이는 물고기들에게 좋은 소식이 아니다. 혹 미세 플라스틱은 식물성 플랑크톤의 성장을 위축시킬 수도 있는데, 이 경우 동물성 플랑크톤의 중요한 먹이 원천을 줄일 뿐만 아니라 탄소와 산소의 순환에 반대 영향을 끼치게 된다. (바다는 인류가 생존하는 데 있어 상당한 도움을 준다. 우리가 대기로 밀어내는 탄소의 3분의 1을 분리시켜 주기 때문이다. 이를 생각해본다면, 우리는 지금 정말 중요한 과정에 관해 이야기하고 있는 것이다.[74]) 이 입자들이 바닷말의 광합성 효율을 줄이기도 한다는 몇몇 실험실 연구도 있다. 과학자들은 식물성 플랑크톤과 석유 플랑크톤이 계속해서 만난다는 점을 알고 있지만, 그들은 이 둘이 어떻게 상호작용하는지는 아직 모른다. 하지만 분명한 것은 플랑크톤의 세상에 점점 더 미세 플라스틱이 가득해지고 있다는 점이다.

배설물들

생물학자들은 줄무늬를 가진 동물성 플랑크톤이 미세 플라스틱으로 오염된 물속에서 작은 팔다리 같은 것을 빠르게 움직이면서 입자들을 입속으로 넣는 것을 현미경을 통해 보았다.[75] 음식을 단순한 소화계에 집어넣도록 진화된 해파리의 수면 박동은 이제 석유 플랑크톤을 옮기는 역할을 한다. 단세포 와편모충(渦鞭毛蟲, dinoflagellate)은 더 적극적으로 폴리스티렌 비즈를 편모라고 불리는 채찍 비슷하게 생긴 기관으로 낚아챈다. 몇 시간 후, 이 플랑크톤이 입자들을 분립(糞粒)에 배설하는 것을 볼 수 있다.[76] 이걸 보면서 미세 플라스틱의 여정이 끝난 것이라고 생각할 수 있겠지만, 그렇지 않다. 지구적 차원에서 말해보면 이 때가 가장 중요한 순간이다.

중요한 것은 배설물이 바다에 가라앉는 속도이다. 요각류(橈脚類, copepod)를 예로 들어보자. 이 작은 갑각류는 몸집보다 커다란 더듬이를 뽐내는데 그것은 마치 수영하는 'T'자처럼 생겼다. 전 세계 바다 어디에나 있다. 요각류는 식물성 플랑크톤을 먹고 배설물을 아래로 떨어뜨리고, 작은 물고기 같은 재활용 종들이 이를 받아먹는다. 남은 것은 해저에 퇴적되어 더욱 많은 재활용 종들의 먹이가 된다. 이렇게 식물성 플랑크톤이 최초로 잡아냈던 탄소는 수만 피트 아래에 갇히게 된다.

참 아이러니하게도, 인류는 이 방법으로 처음 플라스틱을 얻었다. 먼 옛날의 플랑크톤이 죽어서 해저에 깔리고 묻혀 기름과 가스층이 만들어졌고, 엄청난 압력과 온도 아래서 탄소 가득한 화석연료로 바뀌었는데, 우리가 그것을 폴리머로 변화시킨 것이기 때문이다. 하지만 이제는 과학자들이 바다에서 끄집어낸 요각류에서 미세 플라스틱을 찾아내고 있다.[77] 실험실에서 폴리스티렌을 먹은 이 동물은 현저히 밀도가 덜한 배설물을 만들어 내고, 이 배설물은 오염되지 않은 배설물보다 두 배 더 늦게 가라앉는다.[78] 만약 요각류와 해저 사이가 3,657미터라면 요각류가 미세 플라스틱이 들어간 배설물을 떨어뜨릴 때 그렇지 않은 보통 배설물보다 바닥에 도달하는 시간이 53일 더 걸릴 것이다.

더 나아가서 배설물 속 알갱이의 숫자가 늘어날수록 구조적인 응집력은 줄어드는데, 이것은 배설물을 잡아당기는 유기물이 줄어들기 때문이다. 이렇게 균열이 생기면 배설물은 더 천천히 하강한다. 그러나 이건 어디까지나 요각류가 먹은 플라스틱의 종류에 따라서 달라진다. 밀도 높은 폴리머를 먹은 요각류의 배설물은 더 빠르게 하강할 것이다.[79]

요각류 배설물의 하강 속도에 이렇게 신경을 쓰는 이유가 무엇인가? 배설물이 가라앉는 데 걸리는 시간이 더 걸릴수록(과학자들은 이런 하강을 "분변 특급"이라고 부른다.) 이 배설물을 긁어 먹는 생물체가 이를 먹어 치우는 데 많은 시간이 걸리기 때문이다.

요각류가 자신의 배설물을 더 가볍게 만드는 미세 플라스틱을 먹으면, 이 배설물을 먹이로 의지하는 해저 생물들에게 도달할 가능성이 낮아진다. 반대로 밀도 높은 폴리머가 배설물의 무게를 증가시키면, 중간 깊이에 사는 생물들이 일용할 양식을 잃게 된다. 그리고 상층부와 하층부의 생명체들이 이 배설물을 먹으면, 이것들은 독성 플라스틱에 노출된다.

생리학적으로 중요한 결과를 보여주는 또 다른 실험이 있다. 미세 플라스틱을 먹은 요각류는 실제 먹이를 덜 먹는다는 것이다.

결국 이는 에너지 결핍으로 이어지고, 성장이 부진했다. 요각류의 알은 더 작아졌고, 부화 확률도 낮아졌다. 아마도 번식에 써야할 에너지가 모자랐기 때문일 것이다.[80]

미세 플라스틱은 요각류의 하루를 망치는 데에 만족하지 않고 배설물 속에 섞여 아래로 내려가고, 거대 먹이 사슬을 돌아다닌다. 미세 플라스틱은 어떤 것에 의해 먹히고, 배설되고, 또 다시 먹힌다. 이 입자는 아마도 150미터, 300미터, 1500미터 깊이에서 배설물로부터 떨어져 나올 것이다. 그리고 다시 표면으로 올라와 새로운 배설물에 들어갈 것이다.[81] 이런 일은 계속 반복된다. 물의 흐름이 미세 플라스틱의 고속도로가 되는 셈이다. 석유 플랑크톤은 이를 따라 양방향으로 끊임없이 오간다.

어떤 것들은 해류를 타고 다른 바다로 넘어가 새로운 생태계에서 새로운 플라스틱스피어가 되어 새로운 동물성 플랑크톤의 입으로 들어갈 것이다. 운 좋은 미세 플라스틱은 결국 은퇴할 시기를 맞이해서 해저에 영원히 안착하게 될 것이다. 그 유명한 마리아나 해구로 들어갈지도 모른다. 그곳에서 화석 기록을 남기면서 말이다.

석유 플랑크톤과 유기 플랑크톤은 둘 다 해류에 따라 운명이 좌우된다. 그래서 이것들은 생물학적 다양성이 강한 곳에서 뭉친다. 입자들이 생물들이 모이는 곳에서 영양분과 함께 퇴적물에 섞이듯이 말이다. 해류들이 표면에서 만나는 곳에는 '띠'가 만들어진다. 이것은 그 속에서 벌어지는 생태학적 광란을 감추고 있는 부드러운 물 떠다. 이 안에서는 물고기 유생 떼는 플랑크톤을 먹고, 바다 새들과 더 큰 물고기들은 바닷말을 먹는다. 그러나 하와이 연안에서 건져간 물 시료들은 이 떼에 주변 물보다 126배의 미세 플라스틱 농축도를 갖는다는 사실을 보여주는데, 미세 플라스틱의 수는 물고기 유생의 일곱 배이다.[82]

이곳의 석유 플랑크톤은 태평양 거대 쓰레기 지대에서 소용돌이치고 있는 것보다 13배가 더 많았다. 어떤 해양학자들은 이를 더 따져보았는데, 이 떼는 하와이 섬들 주변 바다 표면 서식지의 8%에 불과하지만, 떠다니는 플라스틱의 92%를 담고 있다는 사실을 알게 되었다. 물고기 유생은 이 플라스틱을 먹이로 오인하고 먹는다. 연구팀은 떼에 사는 유생 어류의 9%에서 입자들을 발견했다. 이는 떼가 없는 바닷물에서 건져온 물고기 유생보다 2배 많은 수치였다. 9%라고 하면 그리 나쁘지는 않아 보이지만, 실제로는 엄청난 숫자다. 이 떼들은 유생들로 가득 차 있고, 그러므로 지금 우리는 오염된 물고기 떼에 대해 말하고 있는 것이다.[83] 모든 종류의 천적들이 이것들을 다시 먹게 된다.

이런 방식으로 석유 플랑크톤은 먹이 사슬의 위쪽으로, 먹이 사슬의 꼭대기로 계속 올라간다. 해양 포유류는 여러 가지 먹이를 먹는데, 대왕고래는 아주 작은 크릴새우를 먹고, 물개나 돌고래는 오징어와 물고기를 먹는다. 그래서 포식자들은 좋은 지표 역할을 하는 종이 된다. 만약 오염물질이 해양 생태계에 계속 쌓이게 되면 이것은 이 포유류들이 먹는 먹이에도 쌓인다. 이 포유류들은 오래 살기 때문에 생물학자들은 이들의 조직 속에 오염물질들이 쌓이는 것을 볼 수 있고, 이는 결국 자연 환경 속에 전반적으로 문제가 있다는 점을 알려준다.

그러나 생물학자들은 미세 플라스틱 연구를 위해 고래, 돌고래, 쇠돌고래 같은 고래류를 잡아올 수 없다. 그래서 이들은 해안으로 밀려온 사체들을 부검하는 방법을 이용한다. 한 연구팀이 영국 주위에서 해양 포유류 10종을 대표하는 50마리의 사체를 분석했는데, 모두가 미세 플라스틱을 먹긴 먹었지만 놀랍게도 그 양은 매우 적었다.[84] 이와는 별도로 아일랜드로 밀려온 세 마리의 부리고래를 부검해보았더니 소화기관에 미세 플라스틱이 얼마 없었다.[85] 이는 아마 이 동물들이 입자들을 잘 배출하기 때문일지도 모른다. 생물학자들이 바다코끼리와 물개의 배설물에서는 많은 미세 플라스틱을 발견한 사실이 이를 뒷받침한다.[86]

조금 더 나아가, 한 실험에서는 야생에서 잡아온 고등어를 재활보호구역에 있는 회색물개에게 먹였다.[87] 평균적으로 고등어 한 마리 당 0.58개의 입자가 있었고 이 대부분은 합성 고무 에틸렌 프로필렌이었다. 고등어를 먹은 물개에게서 나온 배설물 속에서도 대부분 이와 같은 숫자의 입자가 나왔다. 400킬로그램의 수컷 회색물개는 하루에 자기 몸무게의 4%~6%를 먹는다는 점에 주목해볼 필요가 있다.[88] 고등어 한 마리 당 1 미세 플라스틱도 안 되는 정도라면 큰 것이 아니지만, 이 물개의 먹이에 맞게끔 숫자를 다시 환산해보면 입자들의 수는 크게 늘어난다.

수염고래는 물을 빨아들인 후 먹이를 골라내기 때문에, 훨씬 더 많은 미세 플라스틱을 먹는다. 30미터 길이의 대왕고래는 50만 칼로리를 공급하기에 충분한 크릴새우를 한 입에 먹어 치운다. 대왕고래는 하루에 도시 버스 한 대 무게의 갑각류를 먹는데, 고래가 먹는 갑각류는 이미 미세 플라스틱을 먹어왔다.[89] 두 번째로 큰 고래인 긴수염고래는 이런 식으로 매일 최대 77,000개의 석유 플랑크톤을 먹는다는 연구 조사도 있다.[90] 한해 2,800만 개의 입자를 먹는 셈이다.

뉴질랜드 근처의 수염고래 배설물을 분석한 또 다른 연구 결과는 수염고래가 하루에 35만 개의 미세 플라스틱을, 연간 10억 개가 넘는 입자들을 먹는다고 분석했다.[91] 게다가 이 고래들은 먹고 싸고를 반복하면서 수백 미터의 물을 오르고 내린다. 이 고래들이 얕은 물과 깊은 물 사이의 움직이는 또 하나의 미세 플라스틱 운반선인 셈이다.

몸집이 더 크다는 것은 미세 플라스틱을 섭취할 기회가 더 많다는 뜻이기도 하지만, 그 외에도 크기는 해양 포유류의 생존에 영향을 준다. 고래나 물개에게는 피해를 주지 않고 그냥 통과하는 입자가 유생 어류의 몸속에서 내장 폐색이나 다른 물리적인 상해를 일으키기도 한다. 예를 들어, 미세 플라스틱을 씹은 금붕어는 입 안에 깊은 자상이 생기고 간과 내장에도 염증이 생겼다.[92] 브라인 슈림프(Brine Shrimp)는 미세 플라스틱을 먹고 죽었다. 미세 플라스틱이 심각하게 내장을 손상하기 때문이다.[93]

망둥어는 미세 플라스틱에 노출되면 사냥의 효율성이 떨어진다. 망둥어 또한 입자와 먹이를 혼동하는 것으로 보이는데, 이것은 미세 플라스틱으로 배를 채운 물고기들이 진짜 먹이에 대해서는 식욕을 잃는다는 과학자들의 우려를 반영한다.[94] 오레곤 주립대학에서 미세 플라스틱을 연구하는 환경 독물학자인 수잰 브랜더(Susanne Brander)는 "미세 플라스틱 섭취는 성장에 영향을 끼칩니다.[95] 다 성장한 물고기에게도 성장은 중요한 문제이지만, 정말 더 큰 문제는 성장이 빠르게 진행되는 유생어 시기입니다. 태어나서 초기에 성장이 더디게 되면 이것은 장기적인 영향을 끼칩니다. 이것은 생존의 확률에도 영향을 줍니다. 번식을 할 수 있는 시점까지 성장하게 해주는 제대로 된 먹이 공급원을 얻을 수 있느냐에 대한 문제입니다.""라고 말한다.

브랜더는 '먹이 희석'이라고 알려진 현상을 실험실에서 보여주었다. 그는 유생어를 고농도의 미세 플라스틱에 2시간 동안 노출시켰다. 2주 후 브랜더는 이 물고기와 미세 플라스틱에 노출되지 않은 물고기와 비교했다. "우리는 플라스틱을 먹은 물고기가 대조군보다 훨씬 작다는 사실을 발견했습니다. 하지만 이것은 고작 2

시간을 노출시킨 결과입니다." 그의 말처럼, 자연에 사는 물고기들은 석유 플랑크톤에 지속적으로 노출되어 있다는 사실을 잊어서는 안 된다.

이는 유생 어류의 문제만이 아니다. 과학자들은 7종의 어린 바다거북 모두에게서 미세 플라스틱을 발견했다.[96] (다 자란 바다거북은 비닐 봉투를 해파리로 오인하고 먹는다. 이것이 소화기관에서 분해되고, 미세 플라스틱으로 배출된다. 새들과 같은 다른 동물들도 대형 플라스틱 제품을 먹이로 오인하여 먹는 경우가 있는데, 이 경우도 마찬가지다.) 섭취된 미세 플라스틱은 포만감을 가져다줄 뿐 아니라 섭취한 동물을 낯선 플라스틱스피어에 노출시키거나 좋은 박테리아의 성장을 억제하는 화학물질을 침출시켜 체내 마이크로바이옴을 교란시킨다.[97]

설상가상으로, 유생 어류는 면역력이 완전히 발달되지 않은 상태에서 플라스틱스피어에 올라탄 병원균에 맞서 싸워야 한다.[98] 자유롭게 헤엄쳐보기도 전에 물고기는 바다를 떠다니다가 미세 플라스틱이 침출하는, 아직 그 효과가 알려지지 않은 화학물질을 빨아들일 수도 있다.[99]

한 연구는 고농도의 침출수가 성게 배아에 독성을 가져 비정상적인 발생률을 3분의 2만큼 증가시킨다는 것을 발견했다.[100] 어린 성게, 해파리, 제브라피시(zebrafish)를 캐리비안의 과들루프 군도 해변에서 수집한 미세 플라스틱에 노출시킨 실험이 있었다.[101] 자연 환경 속에서 이 입자들은 비소, 납, 살충제 같은 많은 오염물질을 축적했다. 입자들은 성게의 성장에는 상당한 영향을 주었으나, 제브라피시는 거의 영향을 받지 않았다. 그리고 어린 해파리의 박동을 증가시켰다. 이것은 어린 해파리가 더 많은 에너지를 쓰고 있다는 것을 의미한다.

유생 바다 생물이 미세 플라스틱을 단지 먹기만 하는 것이 아니라는 점에도 주의해야 한다. 바다 생물은 미세 플라스틱을 호흡을 통해 마시기도 한다. 예를 들어, 바닷가재는 다 자라면 바다 바닥에서 살지만, 유생일 때는 다른 동물성 플랑크톤들과 바다 표면에 모여 산다. 이 표면은 미세 플라스틱이 많은 곳이다. 한 실험에서 생물학자들은 바닷가재의 유생을 메인만(the Gulf of Maine)에서 얻을 수 있는 실제 수준의 입자들에 노출시켰다.[102] 결과적으로 다른 동물성 플랑크톤에서 볼 수 있던 것처럼 바닷가재들도 내장과 몸, 특히 아가미가 발달하는 부위에 미세 플라스틱이 쌓였다. 이로 인해 산소를 충분히 소비할 수 없게 된다.

소화계와 아가미에 쌓이는 미세 플라스틱은 실험 대상이 입자들에 노출되었을 때 치사율이 극적으로 높아진 것을 설명해준다. 연구자들은 물고기와 갑각류가 소화계에 쌓인 입자들을 밀어 보내는 것보다 아가미에 걸려 있는 입자들을 없애는 데 더 어려움을 겪을 수 있다는 것을 알아냈다. 이는 요각류에서도 보았듯이, 미세 플라스틱이 배설물이 되기까지는 하루에서 이틀 정도가 걸리지만, 아가미에 쌓인 것은 쉽게 떨어지지 않는다는 말이다.

물론 내장 속에 있는 미세 플라스틱이 문제를 만들지 않는다는 것은 아니다. 동물성 플랑크톤과 물고기들은 일종의 불쾌한 공장의 조립 라인 역할을 하고 있다고 할 수 있다. 아니, 더 정확히 말하면 분해 라인이다. 새로운 입자가 들어가면 내장은 화학물질과 미생물을 흡수하고, 깨끗해진 플라스틱 입자는 배출된다. 이 과정은 한 개체의 일생 내내 지속된다.

미세 플라스틱은 특히나 아가미의 주름 잡힌 구조에 달라붙기 쉽다. 과학자들은 특정한 종의 물고기들이 미세 플라스틱에 노출되면 산소 소비가 늘어나는데, 이것이 결코 좋은 현상이 아님을 발견했다. 아가미에 미세 플라스틱이 엉켜 붙으면 물고기들은 산소를 얻기 위해서 더 애쓰게 되는데, 결국 생존을 위해 더 많은 에너지를 쓰게 된다는 의미이기 때문이다. 브랜더는 "석면 같은 물질이 폐에 초래하는 독성을 생각해 보세요. 아가미에서는 조금 다르긴 하지만, 그래도 전반적으로 끼치는 영향은 같습니다. 아가미 섬유에 많은 양의 미세 플라스틱이 달라붙으면, 숨을 쉬기 위해 물고기가 더 몸부림치거나 잠재적으로 산소를 덜 들이 마시기 위해서 호흡률을 낮추거나 둘 중에 하나입니다."라고 말한다.

이는 어린 물고기에게는 좋지 않은 소식이다. 특히 빨리 성체가 되기 위해 온 힘을 쏟아 부어 먹이를 찾는 갑각류에게는 더욱 그렇다. 약한 놈들을 낚아채려는 육식동물은 어디에나 도사리고 있다. 미세 플라스틱으로 배가 이미 가득 차서 더 먹지 않거나 폐가 막힌 개체, 면역체계에 석유 플랑크톤이 묻어 있어 미생물과 싸울 수 없는 개체들은 쉽게 약해진다. 먹이 희석 때문에 성장을 제대로 못했지만 번식할 수 있는 시점까지 생존한 물고기들조차도 상황은 비슷하다. 암컷 물고기가 커야 더 많은 난자를 생산하여 번식할 기회를 더 많이 가질 수 있지만, 그렇지 못하기 때문이다. "이를 고려해보면, 플라스틱에 화학물질이 들어가 있다는 사실보다 번식 불가의 문제가 더 큰 걱정입니다." 브랜더는 염려한다.

성장이 제대로 되지 않은 물고기는 영양분을 덜 가지고 있는 물고기이다. 만약에 물고기의 아가미에 미세 플라스틱이 있다면 숨을 쉬려고 더 많은 에너지를 써야 한다. 아마 이 에너지를 호흡에 쓰지 않았다면 더 성장할 수 있었을 것이다. 만약에 미세 플라스틱이 물고기 내장에 자리를 차지하고 있지 않았다면, 물고기는 많은 칼로리를 흡수할 수 있었을 것이다. 미세 플라스틱에서 나온 침출수가 물고기의 몸을 괴롭히기 때문에 물고기는 에너지를 몸을 방어하기 위하여 사용할 수밖에 없다. 그리고 이 물고기를 잡아먹는 물고기는 수척해진 먹이를 먹게 될 것이고, 이것은 배를 채우기 위해 또 다른 먹이를 잡아야 한다는 의미이며, 곧 더 많은 에너지를 써야 함을 의미한다. 이처럼 미세 플라스틱은 먹이 사슬에 미묘한 방식으로 파문을 일으킨다.

산호초 생태계에는 이미 문제의 조짐이 보인다. 도시 가까이에 있는 산호초에서 특히 그렇다. 그레이트 배리어 리프(the Great

Barrier Reef)를 포함한 전 세계의 산호초를 조사해본 결과 강, 선박 페인트, 대형 플라스틱에서 나온 미세 플라스틱이 산호초에 걸려 썩고 있었다.[103] 한 연구는 인도네시아 산호초 퇴적물의 미세 플라스틱 농도가 근처에 있는 북적거리는 해변의 농도보다 훨씬 높다는 것을 발견하기도 했다.[104]

산호는 많은 개체의 다발인데, 이 개체들은 달걀 껍질과 동일한 재료인 탄산칼슘이 골격이 되는 아주 작은 생물이다. 이 개체들은 바닷말과 공생관계를 잘 유지하는데, 바닷말은 산호에게 에너지를 만들기 주기 위해서 햇빛을 빨아들이고, 촉수가 있는 개체는 양분을 얻기 위해 동물성 플랑크톤을 낚아챈다. 이 과정에서 당연히 산호도 미세 플라스틱을 낚아채 간다. 실험을 통해 산호가 이 입자를 자기 세포 조직에 넣어[105] 골격의 성장률이 급속히 줄어들고, 결과적으로 바닷말과의 공생 관계가 파괴된다는 것을 알게 되었다. 이렇게 되면 바닷말의 광합성 활동이 줄어들고 에너지 생산도 줄어든다.[106] 미세 플라스틱에 노출된 개체는 동물성 플랑크톤을 거의 잡지 않는다. 촉수에 미세 플라스틱이 가득하고 소화기도 이 입자들로 가득하기 때문이다. 미세 플라스틱은 또한 산호의 탈색에도 한 몫 한다. 산호의 탈색은 개체가 스트레스를 받아 공생하고 있는 바닷말을 떨어내는 반응이다. 이 사이에 산호의 면역력은 해를 입게 된다. 산호 탈색 때문에 과학자들의 시름이 더해진다. 미세 플라스틱이 그 안에 있는 모든 화학물질 뿐 아니라 병원균도 개체 안에 슬그머니 집어넣기 때문이다. 독성 플라스틱 첨가제들이 몰디브 열도에서 채취한 산호 개체 시료 중 95%에서 발견되었다.[107]

또한 산호는 미세 플라스틱을 자신의 골격의 일부로 만든다. 어린 산호를 18개월 동안 상당히 오염된 연안 서식지에서 얻을 수 있는 농도의 입자에 노출시킨 결과[108], 16.4세제곱센티미터의 골격 당 거의 1,400개의 미세 플라스틱을 발견했다. 이 수치를 전 세계의 산호초에 맞게 조정해보면 산호들이 매년 2만 톤의 석유 입자들을 분리해간다는 결과가 나온다. 이것은 미세 플라스틱이 오랜 기간 동안 살아서 가라앉는다는 것에 관한 최초의 문서 기록이나. 북극 얼음 속에서나 해저 퇴적층에 플라스틱이 쌓이듯이 산호의 골격 속에도 쌓이고 있는 것이다. 이것이 산호초에 어떤 결과를 미칠지는 알 수 없다. 예를 들어, 이 입자들은 산호의 원래 구조를 바꿔 놓을 수도 있는데, 누구도 아직 이에 대한 연구를 시작하지는 않았다.

산호초와 전 세계의 플랑크톤도 군락지에 상당히 많은 종의 생물이 살고 있기 때문에, 어떤 종이 미세 플라스틱에 노출되어 고통을 겪고 있고, 어떤 종이 잘 살아 남고, 어떤 종이 농도가 높아질 때만 고통을 겪는지를 알아내는 것은 중요한 일이 될 것이다. 수중 생물학자인 퍼듀 대학의 캐롤린 폴리(Carolyn Foley)는 "미세 플라스틱을 먹으면서 각 생물이 정말 각기 다른 반응을 보일 수 있다는 점이 우리를 어렵게 만듭니다."라고 말한다.[109] 많은 플랑크톤 종들은 이미 수온 상승과 해수 산성화, 플라스틱 외의 다른 많은 오염물질 때문에 고통을 겪고 있다. 플랑크톤 입장에서는 1 더하기 1이 3, 혹은 4, 5, 6이 되는 셈이다. 플랑크톤들은 기후 변화의 스트레스와 미세 플라스틱의 스트레스가 합해져 만드는 고통의 극치를 겪고 있다.

치어들은 이미 망망대해에서 보금자리 없이 살아남기 위해 힘든 시간을 보내고 있다. "치어에게 이 때는 정말 중요한 시기입니다. 치어는 첫 해에 살아남아야 합니다."라고 폴리가 말한다. "치어는 정말 미친 듯이 잡아먹힙니다. 그래서 생존을 위협하는 또 다른 스트레스 유발체가 있다면, 그건 잠재적으로 문제가 됩니다."

날마다 더 많은 석유 입자들이 바다로 흘러 들어가고, 문제는 커지고 있다. 제니퍼 브랜든이 바다 퇴적물에서 폭발적으로 늘어나는 미세 플라스틱을 발견한 이후 또 다른 연구진이 이와 같은 종류의 타임라인을 그려냈다. 실험간 차이가 있다면, 이 연구진은 죽은 생선으로 실험을 했다는 점이다. 생물학자들이 현장에서 가져간 견본들은 자연사 박물관에 보관된다. 벌레들은 트레이에 박혔고, 새들은 박제되었고, 생선은 알코올 단지에 담겼다. 박물관 큐레이터들은 대개 다른 과학자들이 이 견본을 꺼내 보는 것을 달가워하지 않는다. 그러나 로욜라 대학의 생태학자 티모시 횔라인 (Timothy Hoellein)은 특별한 경험을 했다. 그는 미세 플라스틱이라는 단어를 누구도 쓰지 않았던 그 오래 전부터 생선 내장에 미세 플라스틱이 쌓여왔는지 알고 싶었다. 그래서 휠라인은 시카고 필드 박물관 어류 큐레이터인 칼렙 맥마한(Caleb McMahan)에게 연락해서 몇몇 생선의 소화기관 내부를 볼 수 있을지 간절히 물었다. 맥마한은 1900년부터 만들어진 네 개의 아주 평범한 종들의 견본을 가지고 나타났다. 큰입 배스(북미산(産) 송어의 일종), 잉어과의 작은 물고기(sand shiner), 얼룩메기, 그리고 둥근망둥이였다. 실제로 휠라인이 필요로 한 것은 이것들의 소화 기관이었다. 그것이 필요하지 않았다면 이 물고기들은 다치지 않고 알코올 단지로 다시 들어갈 수 있었을 것이다.

연구 결과, 휠라인은 브랜든이 남캘리포니아 연안에서 발견한 것과 다른 연구자들이 스코틀랜드에서 채취한 플랑크톤 시료에서 발견한 것과 소름 끼치게 똑같은 패턴을 발견했다.[110] 1950년 이전에 수집된 생선 견본에서는 그 어떤 입자들도 발견되지 않았다. "시간은 종들을 막론하고 생선 안에 있는 미세 플라스틱의 양에 영향을 끼치는 가장 강한 요인입니다." 휠라인은 말한다. 종마다 플라스틱 양에 있어 차이가 있었는데, 이는 충분히 이해할 수 있는 일이다. 둥근망둥이는 바닥에서 먹이를 찾아 먹는 종이고, 큰 입 배스는 최상위 포식자이므로 큰 입을 가지고 있다.

그러나 휠라인은 "일반적인 패턴은 20세기 중반에 미세 플라스틱이 등장하고, 그 이후에는 증가한다는 점입니다."라고 덧붙인

다. 휠라인은 그가 발견한 점을 논문에 서술하면서 수십 년 동안
의 생선 속 미세 플라스틱 숫자와 브랜든의 퇴적물 속 숫자와 플
라스틱 생산의 급속한 증가가 겹치는 그래프를 그렸다. 이 세 가
지는 완벽하게 맞아 떨어졌다.

접시 속의 플라스틱

미세 플라스틱은 해양 먹이 사슬에서 중요한 한 부분을 차지한
다. 표면 해수에서부터 해저의 깊은 바다에 이르기까지, 유기체들
이 이 입자들을 먹고 또 다른 포식자에게 먹히면서 먹이 사슬이
만들어진다. 그리고 우리는 그 사슬의 가장 위에 있다.

2021년의 한 포괄적 연구는 17만 마리가 넘는 개별 물고기들
에게서 데이터를 수집했고, 전체적으로는 샘플에 채취된 종의 3
분의 2가 체내에 미세 플라스틱을 갖고 있었음을 알아냈다.[111] 하
지만 상업적으로 잡히는 생선의 4분의 3이 석유 입자 조사에서
양성 반응을 보였는데, 이 수치는 아마 낮게 측정된 것이라고 논
문 저자들은 말했다. 이들은 2010년과 2019년 사이에 물고기 속
플라스틱 발생 건수가 2배가 되었고, 동아시아와 남아시아의 최
고로 오염된 바다가 미세 플라스틱 최고치를 경신했다고 덧붙였
다. 약 20억 명의 사람들이 이를 먹고 있다.

우리가 심각하게 봐야 하는 사안은 전좌(轉座, translocation)라고 하는 것이다. 물고기 한 마리가 한 개의 미세 플라스틱을 먹으면 이 물체는 소화기관을 돌고 돌다가 아무 탈 없이 배출된다. 그러나 문제는 아주 작은 입자들이 내장의 벽을 뚫고 들어가 피 속이나 다른 세포 조직에 들어간다는 것이다. 만약 연어가 미세 플라스틱을 먹었는데, 이 입자들이 내장 주변에만 있다면 연어를 좋아하는 사람에게 문제될 것이 없다. 내장이야 갈라서 빼 버리면 되고, 우리는 주로 살과 알을 먹기 때문이다. 그러나 만약 이 입자들이 내장을 통해 세포 조직으로 이동하게 된다면, 우리의 위장에도 해양 미세 플라스틱이 들어온다는 이야기가 된다.

과학자들은 야생에서 잡은 물고기의 간과 근육 조직에서 실제로 미세 플라스틱을 발견했다.[112] 그리고 실험실에서는 물고기에게 미세 플라스틱을 먹이고 이 입자들이 내장 기관과 근육으로 옮겨가는 것을 보았다.[113] 한 연구진은 시장에서 신선한 굴, 새우, 오징어, 게, 정어리를 사다가 실험을 했는데, 각각에서 입자들을 발견했다.[114] 특히 정어리는 다른 해산물보다 훨씬 더 오염되어 있었다. 작은 것들 몇 마리를 먹으면 쌀 한 톨만큼의 미세 플라스틱을 먹게 될 것이다. 하지만 물고기 속 전좌에 관한 논문 132편을 다룬 2021년의 연구는 미세 플라스틱이 인간이 먹는 물고기의 살코기 부분을 오염시킨다는 것에 관한 제한적 증거만을 찾을 수 있다고 정리했다.[115] 시료가 바다와 실험실 사이를 이동하는 과정에서 오염될 수 있고, 실험을 진행한 연구진들이 그들만의 시험 기법을 사용했으며, 가장 작은 입자들은 추적을 빠져나간다는 기본적인 가정이 여기에도 적용된다.

이론적으로 나노 플라스틱은 생선의 소화기관을 통과하여 혈류로 들어가기도 쉬운데, 이것은 두뇌를 포함한 온 몸의 기관에 입자들을 퍼뜨리게 된다. 과학자들은 이런 일이 실제로 일어나는 것을 관찰했다. 한 연구팀이 바닷말에 53나노미터와 180나노미터의 폴리스티렌 입자를 달았다. 그리고 이것을 민물 갑각류에게 먹였고, 이 갑각류를 민물 잉어에게 먹였다. 대조군과 비교했을 때 180나노미터의 입자들에 오염된 갑각류를 먹은 잉어가 훨씬 움직임이 많았고 빨리 먹었다. 53나노미터의 입자들에 노출된 잉어는 늦게 먹었고 먹이를 먹기 위해서 긴 거리를 헤엄쳐야 했다. 이것은 이 잉어가 공개된 장소에 스스로를 노출시키면서 더 많은 에너지를 사냥하는 데에 써야 했다는 의미한다. 나노 플라스틱에 노출된 두 잉어의 뇌를 갈라보니 당연히도 나노 플라스틱이 있었다. 이 두 잉어는 몸무게가 줄었고 뇌에는 수분이 부족했다.[116]

이 실험은 실제로 일어나고 있는 영양분의 이동을 기록한 것이다. 초목에서 초식동물로, 다시 초식동물에서 육식동물로 입자들이 옮겨가듯이 나노 플라스틱이 생선의 내장에서 생선의 피로, 그리고 다시 뇌로 옮겨가는 것을 실험은 보여주었다. 이는 입자들이 혈액-두뇌장벽(박테리아나 바이러스 같은 위해물질을 들어오지 못하게 하는 일종의 보이지 않는 힘이 작용하는 구역)을 피해서 들어갔다는 말이고, 잉어가 보인 갑작스러운 행동의 변화는 뇌에 손상을 입었다는 것을 뜻한다.

하지만 이 실험에서 잉어는 자연에서 만나게 되는 것보다 훨씬 높은 수준의 나노 플라스틱에 노출되었고, 이 실험은 단지 2개월 동안만 진행되었다. 잉어는 10년을 살 수 있다. 다시 말해서, 잉어는 이렇게 많은 나노 플라스틱을 매일 만나지는 않지만 매년 잉어의 뇌 속에 나노 플라스틱이 축적될 수는 있을 것이다. 세탁물 한 번을 세탁하면 수 백 조개의 나노 플라스틱이 방출되고 그래서 바다가 점점 이 입자들을 떠안게 된다는 것을 기억해야 한다.

또한 연구자들은 이 실험의 전반부에서만 이상 행동을 감지했다. 이는 처음에 투여한 양 말고 축적된 입자들이 문제였다는 뜻이 될 수 있다. (물론 과학자들은 아주 적은 농도의 미세 플라스틱에 아주 짧은 시간 동안 노출된 동물에서도 우려할 만한 행동의 변화를 발견하기도 한다. 소라게를 예로 들면, 5일 동안 리터 당 25개의 입자를 갖고 있는 물속에 있었던 소라게는 자신을 보호할 소라 껍데기로부터 경쟁자들을 쫓아내는 데 훨씬 더 오랜 시간이 걸렸다.[117])

과학자들은 갓 만들어진 플라스틱으로 실험을 했지만, 바다를 누비고 다닌 플라스틱은 오염물질과 미생물을 끌어당기는 자석과도 같은데, 이것들은 뇌에 끼치는 영향을 더욱 악화시킬 수도 있다. 앞에 나왔던 감자의 예를 떠올려보자. 나노 플라스틱은 너무도 작아서 부피에 비해 표면적이 넓고, 그것은 자연 속에서 입자들이 생선의 뇌에 침투하면 환경 속에서 나노 플라스틱이 무엇을 축적했든 그 상당히 많은 양을 전달하게 될 것이다.

이와 유사한 실험에서 과학자들은 나노 플라스틱에 오염된 바닷말을 앞에서와 같이 민물 갑각류에게 먹였고 이를 중국 쌀 물고기에게 먹였다. 그리고 중국 쌀 물고기를 포식 물고기인 갈겨니에게 최종적으로 먹였다.[118] 그들은 나노 입자들이 갑각류의 내장 벽을 손상시킨 것을 발견했고, 플라스틱이 쌀 물고기로 그리고 갈겨니로 옮겨진 것을 확인했다. 이것이 개체에서 개체를 거쳐 계속 발생하는 영양 이동이다.

또한 이 연구자들은 각각의 종을 나노 플라스틱이 들어있는 물에 노출시켰는데, 잉어 연구에서와 비슷한 행동 변화를 발견했다. 쌀 물고기와 갈겨니 둘 모두 수조에서 훨씬 적은 지역을 돌아다녔다. 이들은 24시간 동안 나노 플라스틱 물속에 쌀 물고기의 수정란을 푹 담갔고 배아가 자라나는 것을 보았다. 이 입자들은 배아의 벽을 통과했고 여기서 태어난 어린 물고기들은 이 입자들에 오염되었다. 이것은, 적어도 고농도에서는, 나노 플라스틱이 심지어는 태어나지도 않은 물고기들을 오염시킨다는 것을 보여준다.

불행하게도 생물학적 과정들은 몸에 있는 장벽을 뚫고 들어가지 못하는 미세 플라스틱을 장벽을 뚫을 수 있는 나노 플라스틱으로 바꾸어 놓는다. 한 연구에서 연구자들은 미생물을 크릴새우에게 먹이고 배를 갈라보았다.[119] 들어갈 때 입자들은 지름이 31마이크로미터였다. 그러나 내장 속에서 입자들은 평균 지름이 5마이크로미터인 조각으로 분해되었으며, 어떤 것들은 1마이크로미터도 되지 않았다. 크릴새우의 내장에 있던 미세 플라스틱은 너무 커서 다른 세포 조직으로 들어가지 못할 수도 있지만, 나중에는 이것이 더 작은 입자들로 분해된다는 것이다. 더 범위를 확장해서 설명하면, 크릴새우 같은 동물성 플랑크톤들이 공장처럼 일을 해서 미세 플라스틱을 전 세계의 바다에 자기들이 배설한 나노 플라스틱으로 바꿔 놓을 수 있다는 말이다. 그렇게 배출한 것을 다른 생물체들이 먹고 호흡한다. 이처럼 플라스틱을 분해하는 건 햇빛과 마찰만이 아니며, 생물도 분해의 역할을 한다.

물고기 체내의 미세 플라스틱과 나노 플라스틱의 축적은 연안의 양식장들에서 길러지는 생선 종들과 연관이 깊다. 양식업은 지금 전 세계 어류 생산의 절반을 차지한다.[120] 이 엄청난 산업을 먹여 살리고 있는 것은 어류는 멸치와 정어리처럼 작고 통으로 갈아먹는 물고기들, 혹은 내장이나 사람들이 대개 먹지 않는 부분으로 구성되는 어류의 부산물이다. 연간 대략 5천만 톤의 물고기 사료가 생산된다.[121]

확실한 것은 물고기의 내장에 미세 플라스틱이 있고, 한 연구가 밝혔듯이 상업적으로 잡히는 생선에는 454그램 당 56개의 입자가 들어가 있다는 점이다.[122] 생물학자들은 양식된 생선이 그 아가

미와 내장에 먹이 속에 들어있는 양만큼의 미세 플라스틱을 축적하고 있다는 사실을 확인했다. 사료의 플라스틱 농도가 높을수록 생선 속의 오염도도 높아진다.[123] 물고기들은 입자들을 배설하고, 그것들이 양식 울타리를 통과하여 떠다니다가 수중 환경으로 들어간다. 또한 이 물고기들은 계속 미세 플라스틱 조각을 만들어내는 플라스틱 그물 속에 갇혀 있다.

우리는 일반적으로 물고기의 내장을 먹지는 않으므로, 이로 인한 미세 플라스틱 노출도는 낮다. 그러나 정어리처럼 아주 작은 생선들은 내장이든 뭐든 다 먹게 되는데, 대합, 홍합, 굴 같은 조개도 마찬가지다. 이 여과 섭식(攝食) 동물은 물을 빨아들이고 유기물을 짜내서 먹는다. 이 과정에서 미세 플라스틱도 먹는다. 과학자들은 계속해서 단 한 종의 동물에서 수백 개의 입자들을 발견하고 있다.[124] 영국 플리머스 해양 연구소의 매튜 콜(Matthew Cole)은 300개의 홍합이 매시간 물에서 25만 개의 입자들을 제거할 수 있다는 것을 보여주었다. 이것들은 홍합 배설물로 나온다.

콜은 항구나 강의 어귀, 혹은 처리시설이 오수를 배출하는 곳처럼 미세 플라스틱에 특히 오염된 지역에서 홍합을 더 자라게 하는 방식을 시험하고 있다. 또한 홍합의 배설물을 제거하기 위한 시스템을 설계하고 있다. 콜은 말한다. "이상적인 곳에서라면 홍합을 이런 식으로 사용할 거란 생각을 할 필요도 없어요. 그런데 불행히도 플라스틱이 너무나 많아요. 그리고 플라스틱이 해양 생태계로 들어올 수 있는 입구도 정말 많아요. 모든 누출 지점들을 막는 건 진짜 어려워요."

조개가 모든 미세 플라스틱을 배설한다면 우리는 조개가 죽고 나서 그 내장 안에 있는 것들만을 먹게 될 것이다. 그러나 한 연구팀이 산(acid)에 용해시키기 전 홍합과 굴의 소화관을 세척했는데, 여전히 미세 플라스틱이 남아 있는 것을 발견했다. 이것은 내장에서 다른 소화 기관으로 전좌(위치 이동)가 일어났다는 뜻이다.[125] (우리는 가리비의 살만 먹는다고는 하지만, 미세 플라스틱은 가리비 살에서도 발견되었다.[126]) 이 수치에 근거해서 연구자들은 유럽인 한 명이 홍합과 굴에서만 최대 11,000개의 미세 플라스틱을 해마다 먹는다고 계산했다.

그렇게 미세 플라스틱은 흘러흘러 우리에게 돌아온다. 좀 더 정확히 말하면, 우리가 미세 플라스틱을 먹고 있다. 아주 작은 플랑크톤에서 정말 커다란 고래에 이르기까지 석유 입자들은 먹이 사슬 속으로 완전히 침투해버렸다. 좋은 소식은 폐수처리가 많은 양의 미세 섬유를 자연으로 흘러가지 못하게 막는다는 것이지만, 동시에 나쁜 소식은 폐수처리시설은 농부들이 비료로 뿌리는 사람의 배설물을 걸러내지는 않는다는 것이다. 미세 플라스틱은 바다를 오염시키는 것처럼 땅도 오염시키고 있다.

여러분이 여과 처리된 물을 마시고 있다면, 그것은 축복받은 것이다.
여전히 인류의 3분의 1은 안전한 식수 공급원에 접근조차 하지 못하고 있다.
이들은 거의 모든 종류의 질병에 노출되어 있고,
잠재적으로 더 많은 미세 플라스틱에도 노출되어 있다.
만약 플라스틱에 오염된 호수나 강에서 물을 끌어온다면 이 사람들은
플라스틱 수프를 마시는 것이다.

3장

오염된 땅

비는 세상 모든 곳에 생명을 가져오지만, 워싱턴 주에 내리는 비는 죽음도 몰고 온다. 1980년대에 워싱턴 주의 사람들은 은연어가 주의 하천 곳곳에서 떼로 죽어 나가는 것을 목격하기 시작했다. 과학적 수사로 표현하자면 "설명이 안 되는 급작스런 죽음"이었다. 해를 거듭하면서 지금까지도 연어는 집중 호우가 있고 나면 죽어서 떠다닌다. 오로지 은연어만이 죽어가고 있다. 은연어의 친척인 백연어를 포함하여 같은 하천에 사는 다른 물고기들은 잘 살아가고 있다.

워싱턴 대학의 과학자 팀은 산성비 그 자체가 원인이 아니며, 인간 거주지역에 흐르는 하천으로 흘러들어간 폭풍우가 문제의 원인이라는 느낌을 받았다. 실제로 하천 가까이에 교통량이 많은 곳일수록 물고기들은 더 많이 죽어갔다. 연구원들이 예상 용의선상에 있는 몇 가지를 살펴보았다. 이를테면 엔진 오일, 부동액, 타이어 입자들이었다. 심지어는 워셔액도 원인이 될 것으로 보았다. 이 각각의 잠재적 살생 물질은 여러 가지 화학물질의 혼합물이다. 하지만 그 혼합물을 만드는 방법은 제조사만이 알고 있다. "타이어는 구성 성분이 적혀 있지 않습니다." 워싱턴 대학교에서 환경공학자 겸 화학자로 근무하는 에드워드 콜로지에이(Edward Kolodziej)가 말한다. "신발도 구성 성분 목록이 없고, 엔진 오일이나 부동액에도 없어요. 구성 성분을 기록하지 않는 정도가 아니라, 영업 기밀이라며 더 감춥니다. 이는 자연 환경에 무엇이 배출되는지, 그리고 어떻게 그것이 생명체와 사람들에게 영향을 끼치는지를 이해하는 것에 있어 거대한 장벽입니다."

콜로지에이와 그의 동료들은 은연어를 죽인 것이 무엇인지를 힘들게 찾아내야 했다. 개천 시료에서 그들은 타이어의 화학적 흔적을 찾았고, 어린 연어를 이 입자들의 침출수에 넣어봤다. 아니나 다를까 은연어는 죽었지만, 백연어는 죽지 않았다. 용의선상을 좁혀 나가기 위해서 그들은 특정한 타이어 화학물질을 제거한 침출수를 만들었다. 그리고 각각의 침출수에 연어를 다시 노출시켰다. 2년 반이라는 시간 동안 하나씩 용의선상을 좁혀가며 연구자들은 N-(1,3-디메틸부틸)-N'-페닐-p-페닐렌디아민에 집중했다. 이를 6PPD라고 부른다. 이것이 은연어를 죽인 주범이었다.[1]

자동차가 나온 초창기, 타이어는 천연고무로 만들어졌다. 고무나무 껍질을 얇게 베면 그것은 라텍스를 뿜어내는데, 그 자체로 천연 폴리머인 하얀 색의 물질이다. 이 라텍스에서 고무를 추출해 내는데, 고무는 신축성이 있으면서 강한 물질이다. 이 물질의 이런 탐나는 성질로 인해 고무는 부츠에서 전기 절연기, 자동차 타이어에 이르기까지 20세기 초기에 만들어진 모든 종류의 제품에서 재료로 사용되었다. 그러나 2차 세계 대전으로 인해 그 수요가 크게 늘면서 동남아로부터 제공되던 천연 고무의 공급이 끊겼고, 화학자들은 이를 대체하기 위해 화석 연료에서 얻은 폴리머들을 섞어 고무를 만들 수밖에 없었다.[2]

오늘날 타이어는 천연고무와 합성고무 모두로 만들어진다. 충전제나 염료, 항산화제가 더해지고, 모양을 지탱하기 위하여 강철 와이어, 나일론, 폴리에스테르 등도 더해진다.[3] 그러므로 타이어는 플라스틱이며, 특히나 복잡한 플라스틱이다.[4]

타이어 제조사들은 처음에는 오존을 막기 위해 타이어를 왁스로 코팅했다. 오존은 잔류성 지상 오염물질이다. "오래된 타이어에 이렇게 크고 깊은 균열이 생긴다면 그것은 오존 때문입니다."라고 콜로지에이가 말한다. 1950년대에 미 육군은 왁스를 대신할 더 효율적인 것을 찾다가 6PPD를 개발했다. 이것은 타이어보다 더 빨리 오존에 반응했다.[5] "6PPD는 고무 안에서 용해되지 않아서 좋았어요. 6PPD는 수년간에 걸쳐 표면으로 분산됨으로써 문자 그대로 고무를 '떠나가려고' 애쓰지요. 그래서 이 물질은 마치 보호 필름처럼 타이어를 보호하면서 스스로를 다시 채웁니다." 오존은 6PPD를 6PPD-퀴논으로 바꾸는데, 이것은 이마리 워커 (Imari Walker)가 경고했던 것이다. 과학자들이 조사해야 하는 것은 플라스틱 제품들의 구성 성분만이 아니며 이 구성 성분이 자연 환경으로 들어갈 때 어떻게 변화하는지 또한 조사해야 한다.

실제로 자동차 타이어만큼 미세 플라스틱을 만들기 좋은 물질은 없다. 폴리머가 열과 마찰이라는 두 가지 스트레스를 받아 약해지기 때문이다. 타이어는 1.6킬로미터를 갈 때 약 750번 회전하는데, 이 때 도로가 타이어를 마모시킨다. 이 과정에서 입자들이 갈려 나온다.[6] 또한 이 마찰로 인해 열이 발생하게 되는데, 고속도로를 30분 주행하면 타이어의 온도는 섭씨 10도 상승한다. 이렇게 되면 폴리머는 더욱 마모되게 된다. 노면 상태가 좋지 않고, 지역의 온도가 높다면 타이어는 더 많은 미세 플라스틱을 만들어낸다.

나라별로 다르지만, 1년간 1인당 타이어 미세 플라스틱의 배출은 230그램에서 4.5킬로그램에 이른다. 전 지구적으로 보면 그 평균은 약 910그램이다.[7] 이 계산에 따르면 스웨덴처럼 인구가 작은 나라에서조차 차량의 타이어가 배출하는 미세 플라스틱의 양은 연간 1만 3천 톤에 이른다. 중국에서는 72만 톤에 달하고, 자동차에 열광하는 미국에서는 1억 4천만 톤에 이른다. 한 조사에 따르면, 전 세계에서 연간 버려지는 타이어는 5백 8십만 톤에 달한다. 이는 402미터짜리 커다란 컨테이너를 31대 채울 수 있는 분량이다.

그러나 타이어에서 만들어내는 미세 플라스틱은 컨테이너에서 끝나지 않는다. 워싱턴 주의 개천과 같은 지표수에 흘러든다. "특히 담수에서는 타이어 미세 플라스틱이 어디에서나 발견됩니다. 우리가 가장 주의를 기울여야 할 미세 플라스틱입니다." 콜로지에이가 말한다.

그러나 콜로지에이와 그의 동료들은 아직까지 왜 6PPD-퀴논이 은연어에게는 독성이 있지만 백연어에게는 독성이 없는지를 아직 말할 수 없다.[8] 이에 대한 후속 연구에서 캐나다 과학자들은 이 물질이 무지개송어와 민물송어를 죽인다는 사실을 알아냈다. 그러나 용상어나 북극곤들매기는 더 높은 농도에서도 죽지 않았다.[9] 그러므로 6PPD-퀴논은 우리 생각보다 훨씬 많은 종에게 위협이 되고 있을 수 있다. 다만 인간이 모를 뿐이다. 콜로지에이는 "독극물 연구에서는 화학물질들이 종에 따라 아주 다른 결과를 보인다고 알려져 있습니다."라고 말한다. 또한 6PPD-퀴논은 떼죽음과 같이 매우 눈에 잘 띄는 사건들과는 다른 방식으로 생명체에 해를 끼칠 수도 있다. 선천적 장애를 일으키거나, 생식 합병증을 발생시키는 것이 그 예이다. "굳이 죽이지 않고도 해를 끼칠 수는 있지요." 콜로지에이의 말이다.

날도래의 예를 보자. 이것은 유충일 때 강바닥에 살면서 몸을 보호하기 위한 원뿔꼴을 만들기 위해 퇴적물 조각들을 실 모양의 분비물로 감는다. 생물학자들이 발견한 바로는 이 유충도 보호를 위한 구조물을 만들 때 미세 플라스틱을 이용하며, 건설의 초기 단계에서는 퇴적물보다는 미세 플라스틱을 더 선호한다고 한다. 미세 플라스틱이 광물보다 가볍기 때문이다.[10] 그러나 미세 플라스틱이 많아질수록 이 구조물은 약해진다. 날도래 유충이 미세 플라스틱을 먹어서 죽는 것은 아니지만, 미세 플라스틱으로 만든 구조물로 인해 천적들에 대한 방어력이 떨어지게 되고, 이는 간접적으로 이 동물의 생존에 문제를 일으킨다. 게다가 침전물이 원뿔꼴의 주요 재료인 경우는 강바닥과 색깔이 비슷해서 눈에 잘 띄지 않지만, 다양한 색깔의 미세 플라스틱으로 만들어지면 눈에 확 들어온다. 이 경우에서의 미세 플라스틱의 영향은 미미할지 모르지만, 그 영향은 생태계 전체로 퍼져나갈 수도 있다. 수중 식물을 먹는 이런 생물들이 없으면 강은 수중 식물로 과도하게 넘쳐나게 될 것이기 때문이다.

폭풍이 몰고 온 물은 강으로 흘러오면서 강의 생태계에 엄청난 양의 미세 플라스틱을 채워 넣는다.[11] 영국 북서부의 연구자들은 강 퇴적물의 약 0.1제곱미터 당 최대 5만 개의 입자들을 발견했다.[12] 암스테르담의 유명한 도심 운하 또한 이와 비슷하게 오염되어 있다.[13] 로스앤젤레스의 강 두 곳은 3일마다 20억 조각이 넘는 플라스틱을 바다로 흘려보낸다.[14] 갠지스강에 대한 또 다른 조사는 벵갈만으로 매일 들어가는 미세 플라스틱이 최대 30억 개는 된다고 한다.[15] 갠지스 연구를 이끌었던 플라이머스 대학의 미세 플라스틱 과학자 이모겐 나퍼(Imogen Napper)는 "이는 강이 바다로 들어가는 거대한 미세 플라스틱 컨베이어 벨트라는 사실을 보여줍니다."라고 말한다. 그러므로 미세 선유가 애초에 짐을 떠나지 않도록 우리는 세탁기 필터를 써야 하고, 품질 좋은 옷을 입어야 한다. 일단 강에 도착하면 바다로 흘러 들어가는 것을 막을 수는 없기 때문이다.

하지만 하류로 떠내려가는 큰 플라스틱은 잡을 수 있다. 볼티모어의 '바지선 가족'이 그 역할을 한다. 트래시 휠, 트래시 휠 교수, 트래시 휠 대위, 그리고 서쪽의 '좋은 휠 그윈다'는 실제 바지선들의 이름인데, 플라스틱을 건지는 데 매우 큰 역할을 하고 있다.[16] 이들 바지선은 방재 펜스를 강의 수심 약 60센티미터 깊이에 펼쳐서 쓰레기를 컨베이어 벨트로 몰아넣고, 벨트는 그 쓰레기를 한곳에 모은다. 컨베이어 벨트는 수차에 의해서 동력을 얻으며, 마치 만화 같은 눈이 달려 있다. (웹사이트에 나온 소개에 따르면, 이 바지선들은 피자 박스와 야생 조류 관찰하기를 좋아한다. 그리고 미스터 트래쉬 휠은 오리를 싫어하지만 "잡아먹은 적은 없다." 당연히 그윈다는 살렘의 마녀 재판을 좋아하지 않는다.)

2014년 이래로 이 바지선들은 볼티모어에서 83만 개의 비닐 봉투와 150만 개의 플라스틱 병을 포함해서 1천 5백 톤의 쓰레기 조각들을 모았다. (그리고 맥주통, 기타, 비단 구렁이 하나씩도 건져냈다. 내가 꾸며낸 얘기가 아니다.) 만약 이 바지선들을 전 세계에 있는 오염이 심한 강에 설치하면, 대형 플라스틱이 바다로 흘러 들어가는 것을 막아내는 데 아주 유용할 것이다. 그러나 문제는 교통이다. 방재 펜스를 설치한 곳은 보트가 다니기 어려워지기 때문이다. 그러나 교통량이 많은 곳일수록 사람도 많고 쓰레기도 많다. 그렇기에 바지선을 설치하는 것이 오염을 줄이는 것에는 도움이 될 수 있다.

다시 미세 플라스틱 이야기로 돌아가자. 2019년 과학자들은 샌프란시스코만 주변에 있는 퇴적물에 높은 농도의 검은 입자들이 박혀 있는 것을 발견했다. 과학자들은 이것이 타이어 조각임을 확인했다.[17] 그들은 또한 엄청난 양의 미세 플라스틱을 발견했는데, 이것들은 폐수처리시설에서 나온 폐수에서, 그리고 사람들이 일상적으로 사용하는 물건에서 나온 것이었다. 우리가 흔히 입는 합성수지 옷과 신발에서 떨어져 나오는 조각들이다.

인간은 가는 곳마다 미세 플라스틱 먼지를 일으킨다. 에베레스트산의 눈 1리터에는 등반가들이 입는 기능성 옷에서 나온 최대 120개의 입자가 들어있다.[18] 바깥 활동을 하는 것이 문제가 있다고 말하려는 것이 아니다. 그러나 우리가 아무리 세심하게 청소를 한다고 해도, 우리의 발이 닿는 곳은 깨끗하게 남을 수 없다.

담배꽁초도 플라스틱이다. 담배꽁초는 화학 합성물로 채워진 1

만 5천개의 초산 섬유소 미세 섬유로 만들어진다. 담배꽁초가 40개 이상 모이면 수중 생물에게 독이 될 수 있다고 알려져 있다.[19] (존 웨슬리 하얏트의 플라스틱 당구공이 고도 화염성의 질산섬유소로 만들어진 것이다. 당연히 사람들은 담배에 이것이 들어있다는 것을 알고 싶지 않을 것이다.) 매년 전 세계에서 피우는 6조 개비의 담배 중에서 4조 5천억 개비기 쓰레기가 된다. 이는 수역(水域)에 미세 섬유 30만 톤을 가져다 붓는 것과 같다. 게다가 흡연자들이 담배꽁초를 짓이기는 과정에서 미세섬유는 더 잘게 분해된다.[20] 담배꽁초는 해변 청소를 할 때마다 항상 가장 많이 모아지는 조각이다.[21] 흡연이 얼마나 건강에 해로운지를 생각해보고, 또 담배꽁초의 미세 섬유가 얼마나 자연에 해로운지도 생각해야 한다. 앵글리아 러스킨 대학에서 오염물질을 연구하는 생태학자 다니엘 그린(Dannielle Green)은 "그것들은 양날의 검이에요. 단지 물리적인 플라스틱 입자의 문제만이 아니라, 담배를 피우고 나면 수백 가지의 화합물질이 남는다는 것도 문제입니다."라고 말한다. "담배꽁초가 쓰레기가 되면, 그 자체로 잠재적으로 독성 폭탄이에요. 흡연이 사회적으로 수용되는 것도 정말 이상한 일입니다. 매일 사람들이 담배꽁초를 튕겨버리는 것을 보면서도 말이죠."

샌프란시스코에 비가 내리면, 빗물은 타이어 입자들과 옷에서 나오는 미세 섬유, 그리고 담배꽁초를 샌프란시스코만으로 흘려보낸다. 한 조사에 따르면, 이는 매년 무려 7조 개의 미세 플라스틱이다. (나는 공학자들이 플라스틱 쓰레기를 다른 도로 포장 물질과 섞어 '플라스틱 길'을 만든다는 계획에 회의적이다.[22] 물론 그 계획대로라면 플라스틱 병 같은 것이 자연 환경으로 들어가는 것을 막을 수는 있다. 그러나 길이 훼손되면 그 플라스틱 조각들은 어쨌든 자연 속에서 미세 플라스틱으로 남는다. 사실 플라스틱은 이미 차들이 남겨놓은 자국의 형태로 길 위에 존재한다. 이는 끊임없이 페인트로 덧칠해야 한다.[23]) 2021년에 실시된 연구는 빗물 1리터 당 25개의 입자가 있으며, 이들이 샌프란시스코만 근처로 흘러 들어간다는 사실을 밝혀냈다. 입자들은 대개 섬유와 고무 조각들이었다.[24] 이는 폐수처리시설에서 나오는 것보다 훨씬 높은 수치이다.

타이어 입자는 길에서만 나오지 않는다. 축구장에서도 나온다.[25] 인조잔디에는 잔디의 탄력성을 주기 위해 폐타이어 분말을 섞는다. 축구장 하나만 해도 이런 물질이 약 118톤 정도라는 계산이 나온다.[26] 선수들이 인조잔디 위를 달리면 입자들을 공중으로 날아가게 되는데, 이를 보충하기 위해 주기적으로 더 많은 폐타이어 분말을 다시 도포해야 한다.

매년 경기장 한 곳에서만 이 물질 수천 톤이 발생하고, 이렇게 만들어진 미세 플라스틱은 빗물 속으로 들어간다. 미세 플라스틱이 얼마나 많이 빗물에 흘러 들어가는지에 대한 추정치는 다양한데, 유럽에서만 대략 5만 개 이상의 인공잔디가 매년 7만 2천 톤의 폐타이어 분말을 뿜는 것으로 보인다.[27] (우리가 마당에 사용하는 폐타이어 분말이 없는 인공 잔디가 얼마나 주기적으로 미세 플라스틱을 만드는지 연

구한 것은 많지 않다.[28])

일반적인 미세 플라스틱과 마찬가지로, 이미 자연에 흡수된 타이어 입자 역시 제거할 수 없다. 은연어를 살리기 위해서는 집수 장치를 만드는 게 더 나을 지도 모른다. 현실적으로 생각해보자. 각각의 자동차 타이어는 화학물질 뭉치이다. 이 화학물질들이 많은 생물을 이미 위험에 빠뜨리고 있을 수도 있다. 콜로지에이는 "일반적으로 화학물질들이 조직적인 오염물질이 되고 나서야, 그것들이 모든 곳에 퍼진 후에야 우리는 그것들이 해롭다는 것을 알아냅니다. 그렇게 되면 해결하는데 엄청난 비용이 들어가는 거대하고 널리 퍼진 오염 문제를 가지게 되는 것이지요."라고 말한다.

타이어 문제를 줄일 수 있는 방법이 없는 것은 아니다. 대중교통을 강화하면 된다. 대중교통을 이용하면 길 위에서 타이어 입자를 뿌리는 차들이 줄어든다. 그리고 작은 빗물 정원을 만드는 것도 좋다. 길 가장자리에 흙과 나무 혹은 꽃으로 채워진 움푹 들어간 곳을 만드는 것이다. 그 이름에 걸맞게 빗물 정원은 길의 가장자리에 빗물을 모아 근처로 넘치지 않으면서 땅으로 흡수되게 한다. 샌프란시스코만 지역에서 이루어진 빗물 정원 연구에서는 실제로 빗물 정원으로 흘러 들어온 미세 플라스틱의 95%가 걸러졌다는 것이 밝혀졌다.[29]

빗물 정원은 미세 플라스틱 감소에 도움이 될 뿐만 아니라, 도심 경관을 아름답게 한다. "식물에는 장점이 참 많아요. 그래서 저는 식물을 정말 좋아합니다." 이 연구를 이끌었던 샌프란시스코 협회 소속 환경과학자인 알리시아 길브레스(Alicia Gilbreath)의 말이다. "문제가 있다면, 빗물 정원을 만드는 비용이 비싸다는 점입니다. 그리고 아무 곳에나 만들 수는 없어요." 시간이 흐르면 빗물 정원이 오염되므로 누군가가 이 정원을 관리해야 한다는 점도 간과해서는 안 된다.[30]

도심지의 미세 플라스틱이 모두 수역(水域)으로 흘러 들어가는 것은 아니다. 미세 플라스틱은 공원과 도심지 내의 녹지를 모두 오염시킨다. 사람들은 도심의 나무를 자동차가 내뿜는 배기가스와 같은 오염물질 폭격을 맞아가면서도 견뎌내는 강한 생명체라고 생각한다. 하지만 과학자들은 이 나무들 또한 미세 플라스틱에 노출되어 있고, 미세 플라스틱이 나무의 건강에 미치는 영향이 아직 밝혀지지 않았다고 말한다. "빗물이 녹지로 흘러 들어오면서 미세 플라스틱도 결국 토양으로 스며들어가게 됩니다." 캘리포니아 산타 바바라에서 미세 플라스틱을 연구하는 환경과학자 팀닛 케펠라(Timnit Kefela)는 말한다. "이는 오염물질이 하나로 합쳐져서 생태계로 들어오는 것과 같습니다. 우리는 이 물질이 나무에게 어떤 잠재적 영향을 끼치는지에 관해서 신경 쓰지 않고 있지요. 이 물질로 인해 토양 속의 미생물 개체 수가 줄어들고 있을까요? 이 나무들에게 해를 끼치는 방식으로 미생물의 역학이 변화하는 것일까요?"

이를 큰 문제가 아니라고 생각할 수 있다. 우리가 도시의 녹지에서 식량 등을 얻지 않기 때문이다. 그러나 알게 모르게 우리가 이 나무들에게 얻고 있는 것들이 많다. 길, 보도, 건물 등 인위적으로 만들어진 건축물은 낮 동안 태양 에너지를 흡수하고 밤이 되면 서서히 에너지를 방출한다. 그래서 도시 지역의 여름은 주변의 시골 지역보다 6도정도 더 뜨겁다.[31] 반면 시골은 풀과 나무 덕분에 시원한 온도를 유지할 수 있다. 최근 지구온난화로 인한 열섬 현상을 약화시키기 위해서 초목의 존재가 훨씬 더 중요해지고 있다. 인간은 지금까지 점점 도시로 이주해왔다. 그 결과 현재 전 세계의 인구 중에 절반이 도시 지역에서 산다. UN 조사에 따르면 2050년경 그 비율은 68%로 늘어날 것이다.[32] 도시 인구가 늘어나는 만큼 도시의 나무들도 늘어나야 한다. 이런 상황에서 빗물 정원은 두 가지 역할을 하게 될 것이다. 온도를 낮추는 역할, 그리고 빗물이 바다로 들어가기 전 미세 플라스틱을 잡아내는 역할이다. "이러한 도심 환경, 특히 이런 도심의 초록 공간에 주목하다 보면 모두에게 건강한 훨씬 더 포괄적인 환경의 미래를 보장할 기회를 갖게 될 것입니다." 케펠라는 말한다.

미세 섬유로 오염된 들판

우리는 미세 플라스틱으로 둘러싸인 대도시에서 멀리 떨어진 곳에 있는 곡물이 오염되지 않기를 바란다. 그러나 사실 곡물은 최악의 상황에 놓여 있다. 이상적인 상태라면 폐수처리시설들이 폐수에서 미세 섬유와 미세 플라스틱을 안전하게 처리할 것이다. 하지만 실제로 시설은 '슬러지'라고 알려진 부산물 속에 있는 입자들을 의도치 않게 섞어 넣는다. 슬러지는 인간의 배설물과 다른 유기물이 합쳐진 것인데, 농부들은 이를 비료로 사용한다. 미국에서는 매년 약 1천 2백만 톤이 넘는 바이오 고형물이 만들어진다. 그 중에서 질반은 토양에 뿌려지고, 나머지는 매립되거나 소각된다.[33] 한 조사에 따르면, 북미에서는 거의 32만 톤, 유럽에서는 45만 톤에 가까운 미세 플라스틱이 밭에 뿌려진다.[34] "우리는 폐수에서는 플라스틱을 제거하고 있지만, 그것을 땅 위에 뿌리기도 합니다." 노르웨이 물 연구학회의 수석 연구자인 루카 니제토(Luca Nizzetto)가 말한다.[35] "실제로 우리가 식량을 생산하는 곳에 뿌린다는 말이죠."(이는 부유한 도시 사람들이 말 그대로 자신들이 만든 플라스틱 오염물질을 돈 없는 시골 지역으로 옮긴다는 뜻이다.)

문제의 심각성을 확인하기 위해 니제토는 노르웨이의 폐수처리시설 8곳의 슬러지 시료를 검사했다.[36] (이를 위해 쓰레기를 뒤져야 했다. 니제토는 "아주 지저분한 일이에요. 그렇지만 누군가는 해야 하는 일이지요."

라고 말했다.) 분석 결과, 1리터의 슬러지에는 1천 개가 넘는 입자들이 있었고, 가장 많은 것은 3천 4백 개까지도 있었다. 입자들 중에 38%는 비즈, 32%는 플라스틱 조각, 29%는 섬유, 나머지는 행사 등에서 사용하는 글리터였다. (그렇다. 글리터는 그 자체로 미세 플라스틱이다. 쓰지 않아야 한다.) 이 자료를 슬러지 사용률과 함께 분석한 결과, 매년 5천 8백 4십억 개의 미세 플라스틱 입자들이 5백 4십만 명이 살고 있는 노르웨이의 토양으로 들어가고 있다고 추산했다.

노르웨이의 이웃국가들 사정도 마찬가지였다. 노르웨이와 비슷한 인구가 사는 아일랜드의 7개 시설에서 나온 슬러지에도 거의 비슷한 양의 미세 플라스틱이 있다고 조사되었다.[37] 스웨덴 환경보호국에서 나온 보고서는 매시간 3백만 개가 넘는 입자들이 한 곳의 폐수처리시설로 흘러 들어가고 있다는 것을 밝혀냈는데, 이 입자들 중 99%는 슬러지 속에 있었다.[38] 이곳은 1만 4천 명에게서 나오는 폐수를 처리하는 시설이었다. 독일의 한 연구는 니제토가 찾은 숫자의 4배에 달하는 미세 플라스틱을 슬러지에서 찾아냈고[39], 또 다른 연구는 수만 배가 더 나왔다고 보고했는데, 이것은 0.5마이크로미터의 입자들까지 계산했기 때문이었다.[40] 다시 말하지만, 과학자들이 조사할 수 없다는 말이 존재하지 않는다는 것을 의미하지는 않는다. 모든 슬러지 분석 실험에서 나온 수치는 실제 자연에 있는 입자의 숫자보다 적다. 우리가 한 번 세탁할 때 나오는 나노 플라스틱이 수조 개라는 것만 생각해봐도 금방 알 수 있는 사실이다.

생성의 기원과는 관계없이, 모든 슬러지는 미세 섬유, 마이크로비즈, 그리고 다른 형태의 미세 플라스틱으로 가득 차 있다. 1950년 이래로 수역에 들어간 미세 섬유가 270만 톤 이상이라는 점을 밝혀냈던 연구원들은 180만 톤의 미세 플라스틱이 슬러지를 통해 땅 속으로 흡수되었다고 추정했다. (캘리포니아의 과학자들은 캘리포니아 지역에서 장난감을 통해 얼마나 많은 미세 플라스틱이 나오는지를 계산했다 결과는 최대 4천 톤, 즉 8천만 개의 고무 오리들이었다.[41] 이것은 꽤 유용한 관점을 제공했다. 만약 인류가 450만 톤의 미세 섬유만 땅과 물에 배출한다면 이는 9백억 마리의 고무 오리의 양과 같다는 말이기 때문이다.) 이 모든 입자들은 농경지를 망가뜨리고 있다. "우리는 이와 관련된 연속적인 생태학적 영향들을 예상할 수 있어요." 니제토가 말한다. "아주 많은 영향을 받은 땅에서는 이런 종류의 연속적인 영향이 이미 일어나고 있을 수도 있어요."

요점을 정리해보자. 플라스틱은 오래 가는 성질을 갖는다. 뉴욕의 연구자들은 슬러지가 뿌려진 토양에서 미세 섬유가 적어도 15년은 존재한다는 사실을 발견했다.[42] 칠레는 슬러지 사용을 아주 까다롭게 기록하는데, 생산자들은 매번 슬러지를 비료로 사용할 때마다 정부에 보고해야 한다. 덕분에 과학자들은 10년 사이에 한 번에서 다섯 번까지 슬러지를 사용한 30곳의 인접한 농경지가 있는 지역을 찾을 수 있었다.[43] 그들이 발견한 바에 따르면 슬러지를 뿌릴 때마다 미세 플라스틱 농도는 상승했고, 이것은 연속적인 사용이 오염을 축적시킴을 보여주었다.

이 과정에 대기가 어떤 영향을 미치는지는 명확하게 밝혀지지 않았다. 건조한 농경지는 바람에 쓸려가기도 하는데, 이 바람이 먼지 입자들을 멀리 그리고 널리 운반한다. 건조지대(Dust Bowl)를 생각해보면 된다. 이 과정에서 미세 플라스틱은 훨씬 멀리 날아갈 것이다. 합성 물질은 자연 물질보다 덜 조밀하기 때문이다. 농경지 유거수(流去水)의 영향 또한 아직 확실하지 않다. 니제토와 그의 동료들은 캐나다에서 토양의 상층부에 쌓인 미세 플라스틱이 시간이 흐를수록 더 아래층으로 내려간다는 것을 발견했다.[44]

그러나 또 다른 농경지에서는 미세 플라스틱이 더 깊은 층으로 내려가지는 않은 것을 확인했다. 이는 비가 입자들을 쓸어내렸기 때문인 것으로 보인다. 이는 농경지가 미세 플라스틱의 축적지에서 미세 플라스틱의 원천으로 변화함을 의미한다. 농경지가 입자들을 근방에 있는 수역으로 보내는 것이다. 홍수라도 나면 일은 더 악화된다. 홍수는 보통 때 강으로 흘러가는 대형 플라스틱 쓰레기의 양을 40배까지 늘리는데, 늘어나는 쓰레기만큼 미세 플라스틱도 많아질 것이다.[45]

농부가 슬러지 속 미세 플라스틱으로 농경지를 오염시키고 싶어 하지 않는 것은 당연한 일이다. 하지만 이를 위한 대안 역시 플라스틱으로부터 자유롭지 않다. 유기농 비료를 만드는 재료는 가정이나 식당, 식품제조사에서 나오는 생물 폐기물이다. 우리가 먹고 나서 퇴비통에 던져버리는 사과 속 부분 같은 것을 말한다. 그러나 이렇게 모아지는 과정에서 주로 비닐 봉투에 담겨 수거되는데, 퇴비 공장이 비닐 봉투를 제거할 수 있는 만큼 제거한다고 해도 어쩔 수 없이 몇몇 조각은 씹혀 들어가 비료에 담긴다. 독일의 연구자들이 이런 생물폐기물 처리 공장에서 나온 시료로 실험한 결과, 독일에서만 매년 2조 개 이상의 미세 플라스틱을 농경지에 뿌리고 있다는 사실을 알아냈다. 이 수치는 단지 1밀리미터가 넘는 크기의 입자만을 센 것이다.[46]

슬러지와 생물폐기물은 병원균 또한 담고 있을 가능성이 있다. 과학자들은 슬러지 미세 플라스틱에서 박테리아 군을 발견했는데, 이것은 하수와 폐수처리시설에서 흘러 들어가는 오염수에서 바로 가져온 입자보다 훨씬 다양한 병원균을 가지고 있었다.[47] 과학자들은 또한 처리 공장의 하류에 있는 미세 플라스틱에서 인간의 장기에 감염을 일으킬 수 있는 많은 박테리아를 발견하기도 했다.[48] 또 다른 실험은 미세 플라스틱이 모래 입자에서 보다 더 많은 미생물을 자라나게 한다는 사실을 발견했다. 이 과정에서 항생물질 내성균과 연관되는 유전자는 최대 30배나 축적되었다.[49]

연구자들은 문제의 원인을 입자에 특히 많이 붙어있는 노보스핑고비움 포칼리(Novosphingobium pokkalii)라는 박테리아라고 생각했다. 이 박테리아는 접착제 같은 물질을 분비하는데, 여기에 다른 박테리아가 들러붙고, 슬러지에서 모래 같은 자연적인 입자보다 훨씬 더 효율적으로 눈덩이처럼 미생물을 모은다.[50] 우리가 또 염려해야 하는 것이 있는데, 박테리아가 '수평적 유전자 이동'이라는 행위를 한다는 것이다. DNA가 수평적 유전자 이동을 하게 되면 부모에서 자식으로 이동하지 않고 개체 간에 교환된다. 이 현상은 심지어는 다른 박테리아 좀 사이에서도 일어난다. 이런 식으로 항생제에 대한 내성이 강화된 유전자가 플라스틱스피어 속으로 빠르게 퍼지면, 입자가 수역으로 흘러갈 때 이 입자는 새로운 생태계에 있는 미생물들 사이에 이 유전자가 순환되도록 할 수도 있다.[51]

사람들은 "그래, 슬러지는 인간이 만든 폐기물이야. 미세 플라스틱이 예쁘고 깨끗할 리가 없지!"라고 말할 수도 있을 것이다. 우리는 입자들이 농경지에 뿌려지고 난 후에 어떻게 되는지에 대한 서로 다른 예측을 한다. 입자들의 낮은 밀도와 다양한 모양새 덕분에, 미세 플라스틱은 자연 환경의 여기저기를 유기체 슬러지 입자와 다른 방식으로 돌아다닌다. 바람에도 실려 나가기도 하고, 농경지에서 벗어나 유거수(流去水)로 흘러들 수도 있다. 만약 가뭄이 들어 슬러지가 말라붙으면 어떤 일이 벌어질까? 계속해서 먼지 폭풍이 불어오면 병원균과 항생제 내성 박테리아의 매개체가 된 미세 플라스틱은 어떤 영향을 줄까?

미세 플라스틱은 슬러지와 생물폐기물을 통해서만 농경지로 흘러들지 않는다. 농부가 사용하는 코팅 비료(프릴이라고도 알려진 플라스틱 캡슐에 싸인 식물용 영양분)를 통해서도 농경지에 흘러들어간다.[52] 이 미세 캡슐은 식물에 더 일정하게 영양분을 공급하기 위해 천천히 영양분을 방출한다. 농부는 이 비료를 반복적으로 뿌리는 데, 들어가는 노동력에 비해 비용을 아낄 수 있기 때문이다. 하지만 이 코팅된 비료는 너들의 크기만큼이나 작아서 눈으로는 전혀 찾아낼 수 없으며, 토양 속에서 분해되도록 남겨질 뿐이다.[53]

한편, 일본의 이시카와현에서는 코팅 비료가 농경지에서 씻겨 나가 바다로 흘러간다. 테도리강이 태평양을 만나는 지점에는 거대한 '선상지'가 생기는데, 여기에 논이 있다. 물을 대는 계절 동안 농부들은 모내기를 위해 이 논에 엄청난 양의 물을 쏟아 붓는다. 구획된 논들이 태양에 반짝이면 마치 스테인드글라스처럼 보인다. 이곳의 농부들은 코팅 비료를 수십 년 동안, 그것도 집중적으로 사용해오고 있다. 1976년에서 2016년 사이에 일본이 수입하고 제조한 코팅 비료는 거의 220만 톤에 달한다.[54] "코팅 비료는 농민 인구가 줄어들고 있고 그 연령이 높아지고 있는 일본에게 아주 큰 이점을 줍니다."라고 현립 이시카와 대학교의 환경과학자 나오야 카츠미의 말이다.

문제는 이시카와현의 논과 주변 환경에 이 코팅 비료, '프릴'이 널려있다는 것이다. "프릴은 회수가 안 됩니다. 토양에 계속 쌓이거나 아니면 바다로 흘러 들어갑니다." 슬러지를 뿌린 토양이 미세 섬유와 마이크로비즈를 축적하는 것과 같은 방식으로 논에도 미세 캡슐이 쌓여간다. 미세 캡슐은 속에 있던 것을 다 써버리면 마치 비어 있는 작은 거북이 등딱지 같이 쪼그라든다.

카츠미는 프릴을 한 번도 사용하지 않은 논에서도 미세 캡슐이 발견된다는 것을 알아냈다. 아마도 농업용수를 댈 때 다른 곳과 물을 공유하기 때문이었을 것이다. 이 물은 결국 바다로 흘러 들어가는데, 많은 양의 플라스틱도 바다로 함께 가져간다. 테도리 강의 선상지 해안 8곳에서 가져온 시료를 대상으로 카츠미는 연도별 미세 캡슐의 퇴적이 어떻게 변화하는지 보여주었다. 농부들이 용수를 끌어오지 않았을 때는 해변 0.1제곱미터 당 최대 140개의 프릴이 나타난 반면, 물을 대는 시기에는 7천 개까지 올라갔다.[55] 카츠미는 일본 전역에 있는 논이 45만 톤의 미세 캡슐을 축적했을 것으로 생각한다. 농업 기술의 발전으로 인해 환경이 치러야 할 대가다.

비닐하우스 농법의 성장

에머리 에머트(Emery Emmert)라는 이름은 이미 언어학적으로 특이하지만, 그는 이보다 더 특이한 단어를 만들어냈다. 켄터키 대학교의 원예학자였던 에머트는 세계를 먹여 살려야 하는 사

명을 맡았다. 그가 살았던 시기는 그런 시기였다.[56] 1950년대
는 팽창주의의 시기였고, 전쟁을 위해 앞다투어 개발된 폴리머
들이 인간 삶의 여기저기에 침투했다. 타파웨어, 플라스틱 가구,
홀라후프 같은 것들이 등장했다. 에머트는 이 기적의 물질을 농
업에 활용할 수 있는 방법을 찾아냈다. 마치 마법처럼 농작물을
더 빨리 더 크게 자라게 할 수 있는 방법이었다. 그 방법이 바로
'Plasticulture', 비닐하우스 농법이었다. 이 방법이 세상에 알려
졌을 때, 이를 염려하는 사람은 아무도 없었다.[57]

에머트는 가벼운 목재 틀을 비닐로 둘러 싼 "농업용 비닐하우
스"을 만들어냈다.[58] 이 구조물은 농작물을 해충과 추위로부터 보
호하여 계절의 영향을 덜 받게 만들었고, 결과적으로 생산량을 증
가시켰다. 이 간단한 기술은 전세계로 빠르게 퍼져 나갔다. 전쟁
의 폐허 속에서 다시 일어서는 유럽과 아시아의 국가들에게 이 농
업용 비닐하우스는 저렴하고 효과적일 뿐만 아니라 더 많은 인구
에게 먹을거리를 공급했다. 에머트는 고랑 씌우기(row cover)라고
불리는 간소화된 비닐하우스도 개발했는데, 이것은 고랑을 그 길
이만큼의 아치형 비닐로 씌우는 마치 격납고 같은 구조를 말한다.
물론 여기에는 비행기 대신 식물이 들어가 있다. 이것 역시 해충
이나 악천후로부터 농작물을 지켰다. 농부들은 싼 비닐에 투자하
면 더 많은 농작물을 생산할 수 있다고 단순하게 계산했다.

더 나아가, 에머트는 플라스틱 뿌리 덮개를 개발했다. 농업용

비닐하우스와 고랑 씌우기가 농작물에게 집과 같은 역할을 했다면, 이 폴리머 깔개는 마치 침낭 같은 것, 더 정확히는 흙에게 침낭이 되어 주었다. 기계가 흙더미에 플라스틱 깔개를 단단하게 펼쳐놓으면, 농부는 이 깔개에 구멍을 내고 씨를 그 속에 눌러 넣는다.[59] 앞서 말한 비닐하우스와 고랑 씌우기만큼이나 플라스틱 뿌리 덮개도 생산력을 높였다.[60] 뿌리 덮개는 식물의 전반적인 건강을 향상시키면서 토양에 영양분을 묶어둔다는 점에서 독특했다.

곡물에 따라 달라지겠지만, 기본적으로 흰색 뿌리 덮개는 태양에너지를 반사해서 땅의 온도를 낮추기 위해, 검은 뿌리 덮개는 이와 반대의 효과를 위해 사용한다. 투명 덮개는 태양이 방사하는 에너지를 반사하거나 흡수하지는 않지만, 여전히 필름과 토양 사이에 수분과 열을 잡아 둔다.[61] 이 열기는 상당히 높기 때문에 비닐 뿌리 덮개 안쪽에 잡혀 있는 벌레와 잡초는 말라 죽게 되는데, 이를 토양 솔라리제이션이라고 한다.[62]

이미 눈치 챈 독자도 있을 것이다. 자동차 타이어를 제외하면 이 방법이 가장 플라스틱으로 인한 오염에 가장 큰 영향을 준다. 농부들은 땅에 비닐을 설치하기 위해 비닐을 팽팽하게 당기는데, 이로 인한 물리적 변형은 자외선 폭격이 폴리머 사슬을 분해하게 한다. 이 필름은 농지에서 멀쩡하게 제거하기가 악명 높을 정도로 어렵다.[63] 플라스틱 뿌리 덮개는 설치와 제거 과정 외에도 많은 이유로 인해 손상된다. 강한 바람에 의해서 쓸리고 폭우에 의해 찢긴 플라스틱 누더기들이 버려진다. 심지어는 농장의 동물들이 플라스틱을 씹는 경우도 있다. 한 연구는 양들이 플라스틱 뿌리 덮개에서 자란 농작물을 섭취하면 배설물 450그램 당 거의 500개의 미세 플라스틱이 나온다는 것을 밝혀냈다.[64] 추수가 끝난 농경지는 상당히 많은 부스러기들로 덮이는데, 이는 마치 플라스틱 폭탄이 터진 것처럼 보인다. 농부들이 경작지에서 뽑아낸 뿌리 덮개는 흙과 비료와 살충제로 범벅이 되어 재활용이 불가능하다. 그래서 농부들은 이 뿌리 덮개를 태워버리는데, 이는 자기들의 토양뿐만 아니라 인근 땅들과 대기에 석유 화학물질과 석유 입자들을 뿌리는 행위이다.

중국은 1982년에 대략 1,200제곱킬로미터의 농경지를 덮기 위해서 5,900톤의 플라스틱 뿌리 덮개를 사용했고,[65] 2011년에는 약 20만 제곱킬로미터의 농경지에 12만 톤의 뿌리 덮개를 사용했다. 이는 네브라스카를 덮을 만큼의 양이다. 현재 전 세계적으로 약 1천만 톤의 뿌리 덮개가 사용되고 있다.[66] 폴리머의 종류와 날씨에 따라 다르겠지만 농장 토양의 상층부에는 4,000제곱미터 당 45킬로그램의 잔여 플라스틱이 있다고 볼 수 있다.[67] 더 오랜 시간 농지에 뿌리 덮개를 사용할수록 더 많은 입자들이 축적된다.[68] 연속적인 슬러지 사용으로 인해 쌓이는 미세 플라스틱처럼 말이다.

플라스틱 뿌리 덮개가 땅 깊숙이 들어갈수록 햇빛에는 노출되지 않게 된다. 그렇기에 얇은 비닐 한 장이 농지에서 완전히 사라지는 데에는 3백년이 걸릴 수도 있다. 사실 사라지는 것이 아니다. 우리가 더는 볼 수 없는 미세 플라스틱으로 분해되는 것이다.[69] 플라스틱 뿌리 덮개는 단기적으로는 농작물의 생산량을 높이지만, 장기적으로는 농부들에게 해악을 끼친다. 중국 남서부에서 진행된 한 연구는 흙 450그램 당 최대 1만 8천 개의 미세 플라스틱을 발견했다.[70] 또 다른 연구는 45만 톤 이상의 플라스틱 뿌리 덮개가 전국의 농경지에 쌓였을 것으로 추정했는데, 이로 인해 목화 산출량이 6~10% 줄었다고 했다. 연구자들은 즉각적인 조치가 필요하다는 입장을 내놓았다. "농경지의 지속가능성을 유지하기 위해서 플라스틱 필름 뿌리 덮개를 확실히 수거하고 필름 잔여물이 더는 늘어나지 않게 해야 합니다."[71]

프릴과 마찬가지로 비닐하우스 농법 역시 미세 플라스틱을 바다로 흘려보낸다. 스페인 남부 해안의 약 315제곱킬로미터 땅에는 '플라스틱 바다'(Mar de Plástico)로 알려진 온실 단지가 펼쳐져 있다.[72] 매년 이곳에서는 거의 317만 톤의 과일과 채소가 생산되어 유럽 곳곳으로 수출된다. 그리고 이곳은 놀라울 만큼 많은 양의 미세 플라스틱을 지중해로 흘려보낸다. 이미 예상했겠지만, 비닐하우스를 덮고 있는 이 플라스틱 필름은 바람과 자외선에 의해 찢어지고 있다.

연구자들은 이 연안을 따라 자라는 해변 식물 군락의 퇴적물 시료를 관찰하여 이곳의 온실 농사 성장에 관한 실제적인 그래프를 그릴 수 있었다.[73] 1970년대 중엽부터 이곳의 미세 플라스틱 농도가 가파르게 상승했고, 지금은 매년 최대 800개의 입자들이 해저 0.1제곱미터에 쌓인다. 시간의 흐름에 따라 계산하면 지난 50년간 이 플라스틱 바다에서의 온실 표면 지역의 증가와 맞아 떨어진다. 제니퍼 브랜든의 퇴적물 샘플과 티모시 휠라인의 물고기가 플라스틱 생산을 전반적으로 드러내는 것처럼 말이다.

비닐하우스 농법, 프릴, 그리고 슬러지 더미는 유례없이 많은 미세 플라스틱을 방출하여 세계의 토양과 바다를 독성화하고 있다. 미세 플라스틱 조각은 사라지지 않고 계속 쌓인다. 과학자들은 미세 플라스틱이 농작물에 해를 끼친다는 다양한 증거들을 발견하고 있다. 2021년 UN 식량농업기구의 발표는 "조직적이고 단호한 조치가 시급하다는 것은 아무리 강조해도 지나치지 않습니다."라고 말했다.[74] "농업으로 인한 플라스틱 오염에 의해 초래되는 직접적인 환경의 피해와, 석유에서 나온 플라스틱 사용과 연관된 온실가스 방출이라는 간접적인 영향을 모두 줄이는 조치가 우선적으로 시행되어야 합니다." 이 기구의 보고서를 충분히 고려해야 할 것이다.

흙을 파 보자

해양 포유류가 바다 환경의 지표 역할을 하는 것처럼, 지렁이는 땅의 건강 상태를 알려주는 지표 역할을 한다. 흙은 지렁이의 사는 곳이자 동시에 먹이다. 지렁이는 유기 물질을 먹고 배설물을 비료로 남기는데 이것이 지렁이 분변토다. 지렁이는 이런 활동을 통해 흙에 공기를 순환하도록 한다. 지렁이가 행복해야 땅의 생태계도 행복한 것이다. 과학자들은 땅에 퍼진 석유 입자들로 인한 오염이 이 생태계 전체에 영향을 줄 수 있음을 염려하고 있는데, 이를 미리 알고 대비하기 위해 지렁이를 관찰한다.

우리는 지렁이들이 땅 속을 두루 다니며 미세 플라스틱을 운반한다는 사실을 이미 알고 있다. 한 연구자들은 베를린 목초지에서 수거해서 가져온 흙의 표면에 나뭇잎 조각들과 구형(球形)의 하얀 미세 플라스틱을 뿌렸다.[75] 여기에 일반적인 종류의 지렁이들을 놓고, 지렁이들이 나뭇잎을 먹고 분변토를 생성하기를 기다렸다. 21일 후 지렁이들은 플라스틱 입자들을 모든 지역에 옮겨놓았다. 연구자들은 또한 분변토에서 비즈를 발견했는데, 분변토뿐만 아니라 지렁이의 몸에도 미세 플라스틱이 묻어 있었다. 이와 유사한 실험에서 또 다른 연구팀은 같은 지렁이 종을 이용했는데, 미세 플라스틱을 여러 가지 농도로 지렁이 먹이에 섞었다.[76] 연구자들은 개미 연구에 사용하는 방식을 활용하여 지렁이들의 동굴을 단면으로 관찰했다. 2주 동안 지렁이들이 돌아다니게 한 후, 연구자들은 지렁이와 흙, 미세 플라스틱으로 이루어진 이 작은 서식지를 냉동시켰다. 이를 통해 지렁이가 만든 동굴의 완벽한 형태를 알 수 있었고, 지렁이들이 입자들로 "상당히 풍부한" 동굴 벽을 만들었다는 사실을 알게 되었다. 특히 농도가 높은 입자들이 벽을 구성하고 있었다. 연구자들은 또한 각 지렁이의 무게를 쟀는데, 미세 플라스틱에 노출된 지렁이들은 그렇지 않은 지렁이에 비해 몸무게가 훨씬 덜 나갔다. 이 실험 결과는 미세 플라스틱이 동물의 성장률을 낮추고 사망률을 높인다는 이전 연구 결과와 일맥상통한다.[77]

과학자들이 농지에서 가져온 분변토에서 입자들을 찾아냈다는 사실을 통해 우리도 야생의 지렁이가 미세 플라스틱을 먹는다는 사실을 알게 되었다. 더 나아가 지렁이들은 마치 크릴새우가 그러하듯 미세 플라스틱을 더 작은 조각들로 분해하는 것으로 보인다. 이는 지렁이들이 오염물질을 땅으로 퍼뜨리고 있으며, 더 작고 더 많은 입자들을 생산하는 미세 플라스틱 공장 역할을 하고 있음을 의미한다.

개미, 흰개미, 심지어는 땅다람쥐와 같은 포유류도 미세 플라스틱을 땅속 더 깊은 곳으로 보낸다. 도마뱀도, 가시올빼미 같은 새들도 자신들의 둥지로 석유 입자들을 묻혀간다. 마치 플라스틱 공장에서 일하는 노동자들의 옷에 플라스틱이 묻어가는 것처럼 말이다. 또한 썩어가는 식물 뿌리에 생긴 구멍에도 미세 플라스틱이 쌓인다. 비가 내려 물이 흙 속으로 스며들 때, 표면에 있는 미세 플라스틱이 땅 속 깊이 들어간다. 땅이 마르면 틈이 생기는데, 이 안으로도 미세 플라스틱이 들어간다. 여기서 비가 다시 내리면 흙이 또 한 번 부드러워지는데, 이때 미세 플라스틱이 땅 속에 갇힌다.[78] 한 추정치에 따르면 이런 식으로 미세 플라스틱은 한 세기에 걸쳐 약 7.6미터 깊이로 들어갈 수도 있다고 한다.[79] 여기에 더해 침식이나 산사태 같은 다른 과정들이 흙을 뒤집어 내기도 한다. 이처럼 땅은 생물학적, 지질학적 활동으로 인해 계속 순환된다. 미세 플라스틱은 이런 활동에 의해 땅 속 더 깊은 영역까지 도달하게 된다.

이렇게 땅 속에 침투한 미세 플라스틱은 땅의 구조를 바꿔버린다. 폴리에틸렌 입자는 흙이 더해지면 토양 모체와 헐겁게 연결된다. 이것은 폴리에틸렌 입자들이 잘 결합되지 않는다는 것을 의미한다.[80] 하지만 폴리에스테르와 폴리아크릴 섬유는 그 주위에 흙 덩어리의 조각을 끌어모으고, 토양의 배합을 변화시킨다. (이것들은 이제 막 생겨난 플라스틱이긴 하지만, 플라스틱스피어에 사는 박테리아는 접착제 같은 것을 만들고 다른 미생물과 잠재적으로 흙 조각을 끌어당긴다는 것을 잊어서는 안 된다.) 미세 플라스틱이 많은 토양은 덜 오염된 땅과는 다르게 침식될 수 있다. 실험에서 모든 폴리머들은 토양의 밀도를 줄였다. 플라스틱은 자연적 물질보다 밀도가 덜 나간다. 하지만 입자들은 미생물의 활동을 줄이고, 토양의 구조를 변경시켜 땅이 머금을 수 있는 물의 양에도 영향을 미친다.

이런 변화들은 땅속에 사는 생명체들에게 영향을 끼칠 수 있다. 과학자들은 '예쁜꼬마선충'으로 잘 알려진 생물이 흙에 포함된 미세 플라스틱을 섭취한 뒤 내장에 손상을 입었다는 사실을 보여주었다.[81] 다른 연구팀들도 육지달팽이에게서 같은 것을 발견했다. 이 생물은 폴리에틸렌에 노출된 이후 평소보다 35%를 덜 먹었고, 배설하기 위해 입자들을 더 작게 분해했다.[82]

그러나 폴리에스테르 섬유에 노출된 지렁이 같은 토양 생물에 관한 또 다른 연구에서는 한 달 정도의 짧은 기간이긴 했지만, 피해가 거의 없었다고 보고했다.[83] 이 실험의 대상은 공벌레와 연관된 일종의 등각류, 진드기, 톡토기, 애기지렁이라고 알려진 작은 지렁이였다. (남극의 과학자들은 남극에 있는 톡토기의 체내에 미세 플라스틱이 있다는 사실을 발견했다. 이는 마모된 폴리스티렌 덩어리에서 자란 바닷말을 섭취했기 때문이었다.[84]) 하지만 더 오랜 시간 섬유에 노출시킨 결과, 실험 대상들의 번식 활동이 3분의 1이나 줄었다. 이 결과는 모든 종류의 생물체를 대상으로 그것들이 어떻게 살아가고 있는지를 장기적으로 연구할 필요가 있음을 보여준다. 한 달 단위의 노출로는 부족하다. 에드워드 콜로지에이가 지적하듯, 어떤 종에 해를 끼치기 위해서 그 종을 죽일 필요는 없다. 그 종의 번식을 망가뜨리는 것이 더 효율적이다. 미세 플라스틱은 이 생명체들의 마이크로바이옴을 교란시킬 수도 있는데, 그로 인해 생명체들의 생리 현상이나 이 생물들이 생태계에 이 생물들이 미치는 영향을 변화시켜 모든 것을 엉망으로 만들어 버릴 수 있다.

새들도 미세 플라스틱을 다른 쪽 생태계로 퍼뜨리는 것에 일조하고 있다. 2018년, 과학자들은 이누이트 사냥꾼들과 함께 캐나다의 저 멀리 북쪽에서 북풀마갈매기와 큰부리바다오리를 잡아왔다.[85] 이 새들은 북극해에서 어류, 오징어, 기타 생물들을 먹고 사는데, 이로 인해 그 생물들에게 쌓인 미세 플라스틱을 먹게 된다. 과학자들은 풀마갈매기와 바다오리의 내장 기관 끝 10센티미터 부분을 살펴보았는데, 이 부분에는 새들이 과학적 발견을 위해 희생되지 않았다면 배설해버렸을 배출 직전의 배설물이 있었다. 과학자들은 이 실험을 통해 이 동물들이 매년 5천만 개의 플라스틱 입자들을 자연으로 방출하고 있다고 계산했다.

작은 펭귄처럼 턱시도를 입은 형태의 바다쇠오리의 목주머니와 소화기관을 살펴본 연구도 있다. 목주머니는 어미가 새끼들에게 주기 위해 되새김질한 음식을 저장하는 곳이다.[86] (과학자들은 남극에서 물고기를 잡는 펭귄들의 배설물을 조사했는데, 거기에서도 미세 섬유를 발견했다.[87]) 작은 바다쇠오리는 북극에서 동물성 플랑크톤을 먹고 사는데, 먹이를 잡기 위해서 약 50미터 아래까지 자맥질을 한다. 문제는 그 먹이가 미세 플라스틱을 가지고 있다는 점이다. 평균적으로 이 새들은 목주머니에 약 10개의 입자들을 갖고 있었는데, 이는 어미가 새끼들에게 미세 플라스틱을 먹이고 있다는 뜻이기도 하다. 주위의 수역에서 채취한 시료에는 대개 어두운 미세 플라스틱이 들어있었지만, 이 새들에게서 발견된 입자들의 대부분은 밝은 색깔을 하고 있었다. 이 새들은 밝은 색의 동물성 플랑크톤을 사냥하기를 좋아하므로, 바다쇠오리는 미세 플라스틱을 먹이로 오인하여 섭취한 것으로 보인다. 밝은 색의 플랑크톤은 바닷속 어두운 공간에서 눈에 확 드러난다.

이런 새들은 여러 환경으로 다른 입자들을 옮긴다. 새가 어떤 장소에서 먹은 열매를 다른 장소에 배설하여 식물이 퍼져가는 것과 같은 방식이다. 북풀마갈매기, 큰부리바다오리, 바다쇠오리는 북미 연안을 따라 위아래로 이동하는데, 그 과정에서 해산물을 먹고 소화된 물질을 배설한다. 그 안에 섞인 미세 플라스틱은 이런 방법으로 멀리 퍼져나간다.[88]

수분을 통해 식물의 번식을 담당하는 곤충도 미세 플라스틱의 확산에 영향을 준다. 곤충학자들은 꿀벌의 내장에서 미세 플라스틱을 발견했다. 이는 곤충들이 입자를 먹으면 소화기관에 손상이 발생하고, 바이러스 감염에 더 취약하게 만든다는 사실을 보여준다.[89] 농작물을 포함한 식물들은 꿀벌 말고도 딱정벌레, 개미, 새, 박쥐 등 다른 꽃가루 매개자에 의존하여 번식한다.[90] 바다의 플랑크톤의 경우처럼, 미세 플라스틱은 네오니코티노이드 살충제 같은 인자에 쌓여 꽃가루 매개자들에게 다양한 문제를 일으킬 수 있다.[91] 미세 플라스틱은 플라스틱 자체에 들어있는 많은 화학물질 뿐 아니라 살충제와 병균의 매개체 역할을 하기도 한다. 수분하는 포유류, 새, 곤충들은 각각 자기만의 생물학적 특징을 갖고 있기 때문에, 특정한 화학물질이 어떤 한 종에게는 영향을 끼치지만 다른 종에게는 영향을 끼치지 않기도 한다. 앞에서 언급했던 것처럼, 심지어는 친척 관계에 있는 연어 종들도 타이어 입자에 대하 반응이 다르다.

미세 플라스틱은 곤충의 삶에 다양한 영향을 미친다. 익히 알려져 있듯, 나비와 나방은 애벌레에서 날개 달린 성충으로 바뀌고 꿀벌도 애벌레로 삶을 시작한다. 군집하는 벌의 종 중에서 일벌은 화밀과 꽃가루가 섞인 것을 유충에게 먹이는데, 이 과정에서 자연환경에서 거둬온 플라스틱 입자들도 먹이게 된다. 나방과 나비는 애벌레일 때 식물을 갉아먹는데, 그 과정에서 잎사귀에 묻어 있는 미세 플라스틱을 빨아들인다. 그리고 성충이 되면 꽃에 내려 앉아 화밀을 빨아 마시면서 입자들을 흡수한다.

애벌레 시기에 미세 플라스틱을 흡수하면 그 입자가 성충이 되었을 때도 남아있을까? 한 실험을 통해 적어도 모기는 그렇다는 사실이 밝혀졌다.[92] 생물학자들은 형광 폴리스티렌 비즈를 물에서 자라는 모기 유충에게 먹였고, 유충이 자라면서 그 입자가 계속 남아있는지 관찰했다. 모기 유충이 번데기가 된 이후에도 입자는 계속 체내에 남아있었고, 성충이 되었을 때도 미세 플라스틱이 존재했다. 완전히 새로워진 모습의 모기도 이미 미세 플라스틱에 오염된 상태로 삶을 시작하는 것이다. 입자들은 모기에게 들어가서 물에서 땅으로 이동하고, 모기가 온갖 종류의 박쥐와 곤충에게 먹히는 과정에서 먹이 사슬의 위쪽으로 올라간다. 물론 모기는 꿀벌이나 나방도 아니고, 나비도 아니다. 그러나 미세 플라스틱이 곤충의 변화 단계마다 남아있다는 것은, 농작물의 수분을 담당하는 매개자도 미세 플라스틱에 오염된 상태라는 것을 알 수 있게 해준다.

식량 전투

미세 플라스틱이 농작물 자체에 주는 영향은 더 문제가 복잡하다. 담배꽁초를 연구하는 생태학자인 대니얼 그린(Dannielle Green)과 그의 연구팀은 토양에 다양한 종류의 미세 플라스틱을 뿌리고 다년생 독보리를 심은 후 어떤 일이 벌어지는지 보았다.[93] (독보리는 일반적으로 식물 연구에 사용되는 종이다.) 연구 결과, 씨앗이 미세 섬유 혹은 생분해성 플라스틱인 PLA 같은 것에 노출되면 훨씬 덜 발아했다. 또한 PLA를 함유하고 있는 땅에서 자란 독보리가 19% 더 짧은 싹을 틔운다는 것도 알게 되었다. HDPE를 넣으면 뿌리의 바이오매스(생물량)가 증가하는데, 긍정적으로 들릴 수도 있지만 사실 그 반대이다. 식물들은 스트레스 인자에 대응하기 위해 뿌리

체계를 확장해서 더 많은 물과 영양분을 찾아 나선다. (다른 실험에서, 그린은 담배꽁초에 노출된 독보리의 발아 성공률과 초기 성장률이 급격히 떨어진다는 것을 발견했다. 담배꽁초가 태워졌는지 아닌지는 중요하지 않았다. 이는 플라스틱 자체가 독성을 가진다는 것을 시사한다. 디에칠프탈레이트가 문제일 가능성이 있다.[94] 이 물질은 식물에게 독성을 가진다고 알려진 가소제다.) 게다가 HDPE는 토양의 pH를 크게 낮춘다. 이렇게 되면 뿌리의 영향이 닿는 권역, 즉 뿌리와 토양의 미생물 체계 사이의 접점이 흔들리게 된다.

식물과 미생물의 경쟁-협업의 구조는 마치 박테리아와 균류처럼 아주 복잡하고, 여전히 상당 부분이 밝혀져 있지 않다.[95] 기본적으로 뿌리는 미생물이 먹고 살 수 있는 것들(단백질, 당류, 아미노산)을 내보내고, 미생물은 그 대가로 식물을 돕는 구조이다.

가장 잘 알려진 사례는 균근균이 숲속 나무들 사이에서 커다란 네트워크를 만드는 것이다. 식물 종의 약 90%가 이 협력관계에 의지한다.[96] 만약 한 식물이 해충에게 공격받으면, 해당 식물은 스스로를 보호하기 위해서 화학물질을 발산한다. 그런데 만약 두 식물이 균류로 연결되어 있다면 해당 식물만이 아니라 공격당하지 않은 다른 개체도 마찬가지로 반응한다.[97] 이처럼 균근 네트워크는 식물군 모두에게 경고를 보낸다. 이는 좋은 공생관계인데, 만약 식물들이 해충으로 인해 살아남지 못하면 균근도 죽을 것이기 때문이다.

과학자들은 미세 플라스틱이 균근 생태계에 어떤 영향을 끼치는지 조사하기 시작했다. 초기 실험 결과는 혼재되어서 나타났다.[98] 한 팀은 다양한 폴리머들이 있는 토양에서 쪽파를 길렀는데, 일반적으로 플라스틱은 토양의 밀도를 낮추었고 증발되는 수분의 양을 증가시켰다. 폴리에스테르 섬유는 그 쪽파 구근의 생물량을 두 배로 늘렸고, 균근균의 뿌리 군집화의 양을 8배나 늘렸다. 그러나 PET는 균근 군집화를 반으로 줄였다.

이 사실은 미세 플라스틱이 갖는 문제를 다시 생각해보게 한다. 미세 플라스틱이 단일적인 오염물질이 아니라 수십만 가지의 재료로 만들어진 폴리머의 집합이라는 것이다. 이 재료 중 어느 하나라도 주어진 식물 종에 영향을 끼칠 수 있다. 담배꽁초의 초산섬유소 미세 섬유와 스웨터에서 나오는 폴리에스테르 섬유는 섬유소라는 공통점 밖에 없다. 또 다른 실험에서는 당근을 8개의 다른 폴리머로 구성된 플라스틱 조각, 포말, 섬유, 필름에 노출시켰는데, 매우 다양한 결과가 나왔다.[99]

필름은 뿌리와 싹의 생물량을 60% 늘렸으나 섬유는 6%만 늘어났다. 토양이 전체적으로 헐거워져서 뿌리의 성장이 촉진되었다고 설명할 수 있을 것이다. 식물은 덜 조밀한 물질을 통해 더 잘 뻗어나간다. 이는 또한 미생물의 활동 수준이 떨어지는 이유를 설명할 수 있다. 흙의 구조가 변화되면서 산소의 확산 방식과 물의 흐름, 증발 방식이 변했기 때문이다. 그러나 땅이 받는 영향은 땅에 영향을 주는 입자의 모양과 종류에 따라 다르다.

독보리, 당근, 쪽파는 필수적이라고 부를 수 있는 농작물은 아니지만, 밀은 필수적인 농작물이다. 한 연구에서 연구자들은 생분해성 플라스틱 뿌리 덮개의 조각이 남아있는 흙에 밀을 길렀다.[100] 어떤 흙에는 지렁이를 넣기도 했고, 그러지 않기도 했다. 결과적으로 플라스틱은 밀의 성장을 현저히 억제했다. 아마 이는 미생물 생태계가 한바탕 소용돌이에 휘말렸기 때문일 것이다. 다른 과학자들이 생분해성 뿌리덮개를 가지고 한 또 다른 실험에서도 같은 결과가 나왔다.[101] 지렁이들이 있었던 땅은 플라스틱의 영향을 크게 받지 않았다. 그러나 지렁이가 없을 때, 폴리머는 밀의 생산량을 크게 줄였다.

그런데 곡물은 흙에서 물과 양분을 흡수하듯 플라스틱을 흡수할 수 있을까? 그리고 플라스틱이 우리가 먹는 부분에 존재하게 될까? 이를 알아보기 위해 워싱턴 주립 대학 토양과학자 마커스 플러리(Markus Flury)와 퍼시픽 노스웨스트 국립연구소의 연구자들은 밀과 농작물 연구를 위해 널리 사용하는 애기장대를 대상으로 실험을 진행했다. 애기장대는 식물학 실험에서 기니피그 같은 존재이다.

식물계에는 두 가지 뿌리 유형이 있다. 밀은 섬유 뿌리 체계를 이용하는데, 이는 많은 실뿌리들이 그물망처럼 흙 곳곳에 퍼지는 것을 말한다. 반면 애기장대는 곧은 뿌리 체계를 이용하는데, 그것은 작은 뿌리가 두꺼운 주된 뿌리에서 뻗어 나오는 것을 말한다. 당근이 흙 속에서 자라는 모습과 같다. 플러리와 그의 팀은 미세 플라스틱과 나노 플라스틱 비즈가 묻어 있는 한천 배양기에서 각각의 종자 씨를 길렀다.[102]

플러리는 플라스틱에 있는 형광 염료에 반응하는 공(共)초점 현미경을 통해 식물들을 관찰했고, 입자들이 뿌리에 붙어 있다는 것을 발견했다. 그러나 입자들이 뿌리 안으로 들어가지는 않았다. 우리가 먹는 당근, 고구마, 무 같은 뿌리 식물 주위에 플라스틱이 쌓이고 있다는 것은 걱정스러운 일이다. 하지만 섬유 뿌리든 곧은 뿌리든 농작물이 질소와 철 같은 영양분은 흡수하지만, 플라스틱은 흡수하지는 않는다는 것은 희소식이다. 플러리는 "식물에게 칠 입자는 도움이 되지만, 플라스틱 입자는 필요하지 않으니까요."라고 말한다.

이 결과는 이보다 앞서 진행되었던 밀, 콩, 양파, 상추에 대한 연구 결과와 반대인데, 이 실험에서는 식물의 뿌리가 플라스틱을 흡수했기 때문이다.[103] 취리히의 분석화학자 데니스 미트라노는 다른 실험 방법을 택했다. 나노 플라스틱에 형광물질이 아닌 희귀 금속 팔라듐을 붙인 것이다. 그리고 밀을 수경재배했다. 성장하는 곡물을 물에 적셔진 입자들에 노출시킨 것이다. 미트라노는 밀이 나노 플라스틱을 뿌리와 싹으로 빨아들이는 과정을 추적할 수 있었다. "우리는 밀이 낟알을 맺을 때까지 실험을 지속하지 않았기 때문에, 나노 플라스틱이 실제로 우리가 먹는 부분까지 도달했는지를 알 수는 없습니다. 하지만 나노 플라스틱이 밀 안쪽까지 올라간 것은 확실합니다." 그러나 미트라노는 성장률이라든가 엽록소 생산과 같은 식물의 생리체계의 변화를 관찰하지는 못했다. "하지만 미세 플라스틱은 뿌리의 구조와 뿌리 속 세포 구조를 변화시키고 있습니다. 식물이 스트레스를 받고 있다는 말이지요."

빨래할 때 옷에서 어떻게 미세 섬유가 떨어져 나오는지를 관찰하는 것처럼, 이 실험도 간단하지 않다. 먼저 식물들을 크기도 다르고 농축도도 다른 다양한 폴리머에 노출시킨다. 배양기에 식물을 기르는 경우도 있는데, 이렇게 하면 복잡한 토양 속에서보다 입자들을 정확하게 세기 쉽다. 혹은 수경재배를 선택할 수도 있다. 수경재배 연구에서는 입자들이 식물 안으로 들어갔다. 플러리는 말한다. "중요한 질문은, 흙에서도 이런 일이 일어나는지 여부입니다. 이는 훨씬 복잡한 문제입니다. 수경재배에서는 흡수 될 가능성이 있다고 할 수 있지만, 플라스틱이 흙 입자와 부딪치고 물의 흐름이 수경재배에 비해 훨씬 느린 실제 토양에서는 입자가 식물에 침투하게 될 가능성이 훨씬 낮습니다." 어쨌든, 간소화된 배양기에서나 수경재배 시스템에서 이런 연구를 시작했다는 것은, 과학자들이 실제 토양에서 미세 플라스틱과 나노 플라스틱 노출을 실험할 수 있는 수준이 될 수 있다는 의미이다.

밀과 애기장대가 두 종류의 뿌리를 보여주기는 하지만, 이것들이 약 40만 종의 식물 전체를 대표하지는 않는다.[104] "더 작은 입자에는 어떻게 반응하는지 알아보아야 합니다." 플러리가 말한다. "우리가 사용한 입자 중 가장 작은 것이 40나노미터입니다. 더 작은 입자가 있다면, 아마도 더 많이 흡수될 수 있습니다. 하지만 그건 알 수 없는 일입니다." 농도도 문제가 된다. 플러리는 이번 실험에서 고농도 수준의 입자를 사용했지만, 만약 다른 농도를 사용한다면 어떤 영향을 주게 될까? 플라스틱이 세포조직을 뚫고 들어가지는 않았지만, 많은 수가 뿌리의 표면에 축적되어 일종의 차단막을 만들고 물과 영양분을 빨아들이는 식물의 능력을 방해하게 되지 않을까?

별도의 실험에서는 다른 종류의 장대를 고농도 수준의 플라스틱에 노출했는데, 그 결과 미세 플라스틱이 과피(씨앗의 외피)근처에 쌓인다는 것을 알게 되었다. 이렇게 쌓인 입자들은 씨앗의 구멍을 막았고(이렇게 되면 물의 흡수가 방해된다.), 결과적으로 발아를 상당히 늦췄다.[105] 이후 입자들은 뿌리털 근처에 쌓였는데, 이는 플러리가 애기장대와 밀을 대상으로 한 실험 결과와 같았다. 이후 연구자들은 해당 식물의 잎사귀 표면에 입자들이 있는 것을 발견했다.

식물과 흙 속에 사는 동물의 생리체계, 흙의 구조적 변화, 미생물 생태계에서 일어나는 지각변동, 폴리머의 영속성과 같은 요인들은 미세 플라스틱을 토양 생태계에 있어 전례 없는 위협으로 만들었다. 강조하고 싶은 것은, 자연 환경에서는 입자들이 토양 속 미생물과 독특하게 상호작용하는, 병원균을 포함한 자신만의 독특한 플라스틱스피어를 지니고 있는 반면에, 실험실은 그렇지 않다는 것이다. 2019년 한 연구팀이 쓴 논문은 다음과 같이 말한다. "미세 플라스틱은 가만히 움직이지 않고 있는 화학적 독소보다는 침입하는 종에 가깝다."[106]

농작물 외에 농장에 사는 동물들 또한 슬러지, 프릴, 비닐하우스로부터 나오는 미세 플라스틱에 노출되어 있다. 멕시코의 유카탄 반도에서 연구 중인 과학자들은 흙, 지렁이 분변, 닭의 배설물을 조사하고, 닭을 절개하여 음식물이 삼켜진 후 저장되는 곳과 모래주머니에서 섭취한 농작물을 제거했다.[107] 그 결과 흙에서 미미한 양의 미세 플라스틱을 발견했지만, 지렁이의 분변토에서는 더 많은 양이 발견되었고, 닭의 배설물에서는 더 많이 나왔다. 이것은 먹이 사슬을 통한 입자의 이동을 보여준다. 지렁이가 흙을 먹고 미세 플라스틱을 축적하고 나면 닭에게 먹히고, 닭은 지렁이가 축적하고 있던 미세 플라스틱을 또 축적한다. 과학자들은 닭이 먹은 곡물에서는 입자들을 발견하지 못했지만, 닭의 모래주머니에 입자가 있음을 발견했다. 닭고기 소비량을 고려했을 때, 평균적으로 멕시코인들은 매년 닭 모래주머니에서 840개의 입자들을 먹고 있다는 계산이 나온다.

또한 닭이 먹는 사료에도 미세 플라스틱이 있을 것이다. 닭에게 단백질을 공급하기 위해, 닭 사료에는 양식 물고기의 내장이 섞인다. 물론 그 내장에는 미세 플라스틱이 있다.[108] 이를 통해 우리는 미세 플라스틱의 순환 고리를 알 수 있다. 육지에서 플라스틱을 생산하면 그것은 바다에서 미세 플라스틱이 되고, 먹이 사슬을 타고 점점 더 큰 물고기로 옮겨간다. 그리고 그 물고기의 내장은 육지에서 자라는 가축의 사료로 다시 돌아온다. 아마도 닭의 소화기관에서부터 우리가 먹는 살코기 부분으로 옮겨갔을 가능성도 있다. 그러나 아직 물고기 내장이 가축의 사료에 들어가는 미세 플라스틱의 공급원인지 확실히 단정할 수 없다. 더 연구가 필요한 부분이다.

하지만 과학자들은 낙농제품과 꿀이 미세 플라스틱에 오염되었다는 사실은 확인했다. 에콰도르에서 이루어진 한 조사에서, 평균적으로 우유 1리터당 40개, 꿀 1리터당 54개의 미세 플라스틱이 있다는 것이 밝혀졌다.[109] 미세 플라스틱은 벌이 먹이를 찾는 과정에서 축적되었거나, 혹은 포장 공정에서 슬쩍 들어갔을 것이다. (이전에 과학자들이 덴마크 부근의 꿀벌을 대상으로 한 연구에서, 털이 송송한 벌들의 몸에 미세 플라스틱이 붙어있는 것을 찾아냈다.[110] 연구원들은 "벌이 날면 정전기로 인해 몸이 극성을 띠는데, 이는 벌이 꽃에 내릴 때 꽃가루 입자가 정전기가 발생한 털에 묻게 하기 위해서입니다. 미세 플라스틱도 여기에 붙게 됩니다."라고 말한다.) 흥미로운 것은 소량으로 생산된, 그리고 직접 손으로 포장한 꿀에서 훨씬 높은 1리터당 67개의 입자가 나왔다는 것이다.

조미료에서도 역시 미세 플라스틱이 나왔다. 미니애폴리스의 연구자들은 전 세계 12개 브랜드의 바다 소금을 모았다.[111] 지중해, 히말라야, 하와이 등에서 온 것이었다. 시료는 종이, 유리, 플라스틱 같이 각각 다른 용기로 가져왔는데, 결과적으로 모두 다 미세 플라스틱이 검출되었다. 소금에서는 28그램 당 최대 23개까지 나왔다. 이 결과는 이전에 중국에서 했던 실험 결과와 유사하나.[112] 중국 과학자들은 비디, 호수, 지하에서 생산된 15개 소금 브랜드를 조사했는데, 28그램 당 최대 19개까지 미세 플라스틱을 발견했다.

헐 대학교(University of Hull)의 에반젤로스 다노포울로스(Evangelos Danopoulos)가 추정한 바에 따르면, 우리는 소금을 통해 매년 최대 6천 개의 미세 플라스틱을 먹고 있다.[113] 물론 소금의 제조자와 원산지에 따라 다르다. 다노포울로스는 "아주 흥미로운 것은, 소금을 통해 미세 플라스틱의 영향을 알 수 있다는 것입니다."라고 말한다. 오염된 바다에서 만들어진 바다 소금과는 달리, 지하에서 캐낸 소금은 인류가 플라스틱을 발명하기 이전에 형성된 것이다. "그렇기에 만약 지하에서 캐낸 소금이 미세 플라스틱에 오염되었다면, 그건 소금이 오염되었다는 뜻이 아닙니다. 제조공정이나 포장 과정에서 생긴 것이죠." 실제 지하 소금에서 발견된 입자들은 덜 마모되어 보일 것이다. 어떤 사람들은 어차피 먹을 것이라면 차라리 더 새로운 미세 플라스틱 입자를 먹는 것이 낫다고 생각할 것이다. 오래된 입자는 수년간 미생물과 오염물질을 끌어모았을 것이기 때문이다.

미니애폴리스의 연구자들은 12가지 맥주 브랜드도 살펴보았다. 모두 5대호 물로 만든 것들이었고 유리와 알루미늄 용기에 포장되어 있었다. 소금 브랜드와 마찬가지로, 여기에도 미세 플라스틱이 있었다. 맥주 1리터당 평균 4개의 입자가 발견되었다. 미시간 호수의 물로 만든 어느 브랜드에서는 최고 16개까지 검출되었다. 이런 오염은 미국 맥주에서만 나타나는 특징이 아니었다. 독일의 맥주 정통주의자 역시 미세 플라스틱을 꿀꺽꿀꺽 마시고 있다. 한 조사에 따르면, 독일 맥주 1리터당 최대 109개의 입자가 발견되었다.[114] 전 세계에 플라스틱이 잔뜩 함유된 물이 흐르고 있다고 생각해보면 충분히 가능한 이야기다.

위험한 물

2020년, 다노포울로스는 아시아, 유럽, 그리고 북미에서 식수에 함유된 미세 플라스틱을 조사하는 12개의 연구를 동시에 진행했다.[115] 그중 6가지 연구를 합치면 총 4만 리터의 수돗물을 대상으로 한 것이고, 나머지 6가지 연구는 총합 435개의 물병을 대상으로 했다. 연구 결과 수돗물 1리터당 최대 628개의 미세 플라스틱이 검출되었다. 인간에게 필요한 물 섭취량을 고려하면, 이는 우리가 1년에 수돗물에서만 최대 45만 8천개의 입자를 먹는다는 뜻이다. 그러나 병에 든 생수만 마시는 사람이 미세 플라스틱에 노출되는 정도와 비교하면 이 수치는 귀여운 수준이다. 병에 든 생수에서는 1리터당 미세 플라스틱이 거의 5천 개가 나왔고, 이를 계산해보면 한 사람이 연간 3백 5십만 개 이상의 미세 플라스틱을 마시는 셈이 된다.

병에서 나오는 입자와 뚜껑을 딸 때 나오는 플라스틱 조각은 서로 다른 폴리머인데, 과학자들은 두 가지 모두를 병에 든 물에서 발견했다. 물이 병에 채워지기 전에 이미 물 안에 입자가 있었을 가능성도 있다.[116] 세계보건기구는 2019년에 모든 종류의 식수에 미세 플라스틱이 들어가 있다는 것을 인정했지만, 이것이 인간의 건강에 위협이 된다는 딱지를 붙이지는 않았다.[117] 대신, 이 기구는 더 많은 연구를 요구했다.

5개 대륙의 수돗물을 시험한 결과, 북미의 물이 가장 많은 미세 플라스틱을 함유하고 있다는 점을 확인한 2017년 보고서[118]가 나온 후, 캘리포니아주는 오염물질 조사를 시작하도록 수질관리국에 명령하는 법안을 통과시켰다.[119] 이 법안으로 인해 수질관리국은 미세 플라스틱을 찾기 위해서 물을 시험하는 방법을 개발해야 하며, 4년간 실험을 거쳐 대중에게 그 결과를 발표해야 하는 의무가 생겼다. 또한 수질관리국은 세계보건기구의 요구에 대응해야 하고 식수 속의 미세 플라스틱이 사람의 건강에 어떻게 영향을 끼치는지 조사하게 되었다. "우리는 미세 플라스틱을 모니터링하는 세계 최초의 사례 연구로서 캘리포니아주를 이용하고 있어요." 캘리포니아 수질관리 연구 과학자인 스콧 코핀(Scott Coffin)이 말한다. "우리는 이를 일종의 실험이라고 생각합니다. 왜냐하면, 지금 시점에서 우리는 우리가 마시는 식수를 얼마나 걱정해야 하는지 모르고 있기 때문입니다."

독자 중에서는 내가 미세 플라스틱에 대해 대부분의 사람들보다 더 많이 걱정하고 있다고 생각할 수도 있다. 물론 그 생각이 맞을 수도 있다. 나는 샌프란시스코에 산다. 이 도시는 요세미티 헷츠 헷치 저수지(Yosemite's Hetch Hetchy Reservoir)에서 물을 끌어오는데, 이 물은 너무 깨끗해서 우리 집 수도꼭지까지 오기 전에 걸러낼 필요가 없어 보인다. 코핀은 "미세 플라스틱을 찾기 위해 그 누구도 샌프란시스코의 수돗물을 실험할 생각은 하지 않을 겁니다. 그러나 캘리포니아 지역 중 샌프란시스코에서 가장 많은 양의 미세 플라스틱이 나올 것입니다. 이 지역에는 여과장치가 전혀 없기 때문이죠."라고 말한다. (여과장치는 없지만, 염소와 자외선에 의해서 소독은 된다. 우리는 야만인이 아니다.)

캘리포니아의 다른 지역 수돗물은 깨끗하다는 말이 아니다. 물이 많은 북부 지역에서 남캘리포니아로 물을 운반하는 운하는 주요 고속도로와 수백 킬로미터의 농경지와 함께 만들어져 있다. 우리는 이런 곳이 얼마나 미세 플라스틱으로 오염되어 있는지 알고 있다. "많은 미세 플라스틱이 비나 단순한 흙먼지에 의해 실려 오기도 합니다."라고 코핀이 말한다. "그러므로 우리는 캘리포니아주 수질 프로젝트가 많은 미세 플라스틱을 찾을 것이라고 예상합니다." 공기 중에 노출된 식수원이 있는 곳이라면 어디나 미세 플라스틱이 있다.

코핀은 미세 플라스틱이 중금속과 병원균을 옮길 수 있으며, 입자 자체로도 인간의 건강에 해로운 화학물질로 이루어져 있다는 사실을 언급하며 선제적인 조치가 필요하다고 주장한다. (2022년에 캘리포니아는 미세 플라스틱 감량 계획을 도입한 최초의 주가 되었다. 이 계획은 일회용 포장을 제한하고 빗물과 폐수를 관리하기 위한 더 나은 여과 시스템을 배치하는 것이다.[120]) 찰스 굿이어(Charles Goodyear)와 존 보이드 던롭(John Boyd Dunlop)은 사람들이 그들의 타이어 조각을 먹을 것이라고는 전혀 걱정하지 않았을 것이다. 애초에 그렇지 않으리라고 생각한 재료로 만들어졌기 때문이다. 하지만 그렇지 않다. "타이어를 구성하는 대략 80% 이상의 재료의 독성을 포함한 구성 성분은 제조업자 이외에는 누구도 모릅니다." 코핀이 말한다. "마치 커다란 빙산의 꼭대기만 설명하고 있는 것이죠."

여러분이 여과 처리된 물을 마시고 있다면, 그것은 축복받은 것이다. 여전히 인류의 3분의 1은 안전한 식수 공급원에 접근조차하지 못하고 있다.[121] 이들은 거의 모든 종류의 질병에 노출되어 있고, 잠재적으로 더 많은 미세 플라스틱에도 노출되어 있다. 만약 플라스틱에 오염된 호수나 강에서 물을 끌어온다면 이 사람들은 플라스틱 수프를 마시는 것이다. 오염된 수원에는 PET병과 봉투들이 태양에 의해 분해되면서 둥둥 떠다닌다. 여기서 작은 조각들이 떨어져 나온다. 도시에서 흘러나온 타이어와 담배꽁초와 옷에서 나오는 섬유까지 더해지면 이 식수원에는 미세 플라스틱이 득시글거리게 된다.

실제로 67개의 유럽 호수를 조사한 결과, 사람이 많이 활동하는 곳 인근의 호수의 미세 섬유 농도가 사람이 적은 호수의 수치보다 4배 높게 나타났다.[122] 인구 밀도가 높은 5대호는 입자로 가득하다. 한 연구는 온타리오호에서 잡은 212마리의 물고기에서 1만 2천개의 미세 플라스틱과 그 외의 다른 합성 입자들을 발견했다. 어떤 불쌍한 물고기 한 마리는 무려 915개를 품고 있었다.[123] 중국에서 가장 큰 저수지인 삼협 저수지에서는 3.7리터당 최대 50개의 미세 플라스틱이 나왔다.[124] 지하수 역시 오염되었다. 과학자들은 대수층에서 미세 플라스틱을 발견했는데, 입자가 대수층 위층의 토양을 뚫고 스며들어온 것으로 보인다.[125]

염려되는 것은 단지 물뿐만이 아니다. 그 물에서 인간이 하는 활동에도 문제가 생긴다. 자동차 타이어가 미세 플라스틱을 땅 위로 가장 많이 만들어내는 이유, 플라스틱 뿌리 덮개가 농작물을 미세 플라스틱에 가장 많이 노출시키는 주범인 이유, 아기의 분유를 병에 타서 흔드는 것이 아이를 미세 플라스틱에 가장 많이 노출시키는 방법인 이유는 모두 동일하다. 바로 열과 마찰 때문이다.[126] 안전하게 분유를 타기 위한 세계보건기구의 규약에 맞춰, 트리니티 컬리지 더블린의 물질 엔지니어인 존 볼랜드(John Boland)와 연구팀은 몇 가지 브랜드의 젖병을 끓여 소독한 뒤, 섭씨 70도의 물에 분유를 탔다.[127] 그리고 각각의 젖병을 잘 흔든 뒤에 냉가 후 플라스틱을 조사했다.

제조사에 따라 달랐지만, 젖병에 담긴 분유 1리터당 130만에서 1620만 개의 입자가 검출됐다. 젖병을 관찰한 볼랜드는 플라스틱이 어떻게 떨어져 나갔는지 알 수 있었다. 젖병이 마치 그랜드 캐니언의 지층처럼 침식된 것이었다. (실리콘 젖꼭지에 대한 또 다른 연구는, 수증기로 실리콘 젖꼭지를 소독하는 것은 폴리머를 분해시키며, 이로 인해 유아가 한 살이 될 때까지 66만개의 미세 플라스틱에 노출된다는 것을 발견했다. 젖꼭지를 물어뜯으면 더 많은 입자가 발생한다.[128]) 분유 소비량은 개발도상국보다 선진국에서 더 높다. 북미에서는 매일 평균적으로 230만 개의 미세 플라스틱을, 유럽에서는 260만 개의 미세 플라스틱을 아기들이 마시고 있다는 것이다. 이는 아기들이 거의 10억 개의 미세 플라스틱 입자를 매년 먹는다는 것을 뜻한다. 이 수치는 볼랜드의 연구 결과를 기초로 하고 있다. "하지만 사실 우리가 실험에 사용한 필터를 거친 물에서도 아주 작은 입자가 많이 보입니다. 정말 무서운 것은 바로 이것이죠. 수조 개의 나노 플라스틱이 들어있으니까요. 나노 플라스틱은 이론적으로 생물 세포막도 통과할 수 있는 크기입니다." 어떤 연구에서 성인의 배설물보다 유아의 배설물에서 PET 입자가 10배 이상 검출되었다고 밝힌 것은 놀라운 일이 아니다. 유아의 몸이 성인보다 작다는 것은 문제이지만 말이다.[129]

어른이나 아이나, 뜨거운 액체를 마시기 위해 이를 만드는 방법에 신경 써야 한다. 테이크아웃용 커피 컵은 종이가 찢어지지 않도록 폴리에틸렌으로 안쪽을 코팅하는데, 여기에 뜨거운 물이 닿으면 단 15분 만에 수만 개의 미세 플라스틱과 수백만 개의 나노 플라스틱이 물속에 녹아든다고 한 결과가 있다. 납, 비소, 크롬 같은 해로운 물질 역시 함께 녹아난다.[130] 티백(teabag) 역시 플라스틱으로 만들어지는데, 뜨거운 물과 반응하여 플라스틱이 물속에 녹는다.[131]

전기 주전자는 1리터 물에 수천만 개의 미세 플라스틱을 쏟아낸다. 하지만 또 다른 실험에서 볼랜드는 충분한 양의 수돗물을 주전자에 붓고 끓이는 경우, 파이프에서 나온 미량의 구리가 플라스틱 위에 산화구리 층을 만든다는 것을 발견했다.[132] 우리가 보는 끈적이는 물질이 바로 산화구리 층이다. "산화구리 층은 미세 플라스틱의 방출을 막습니다. 아기 젖병에서도 그것이 만들어질 수 있는데, 분유를 타는 사람은 오히려 그것을 꼼꼼하게 닦아야 한다고 배우죠."(물론 닦지 말라는 말이 아니다! 분유를 플라스틱병에 뜨거운 물로 타지 말라는 것이다.)

뜨거운 물은 유아에게나 성인에게나 미세 플라스틱을 방출하는 주요 원천이다. 그러나 각자의 생활양식이 다르기 때문에, 전부 다 합쳐서 얼마나 많은 입자를 우리가 흡수하는지는 아직 불명확하다. 하지만 2020년에 한 연구팀이 이를 알아내기 위한 시도를 했다. 그들은 음식과 음료(소금, 꿀, 맥주, 해산물, 물)에 들어 있는 미세 플라스틱을 계산하고, 이를 미국인의 음식 데이터와 함께 분석했던 기존의 연구 자료를 모았다.[133] 이 연구에서는 신선한 농산품, 고기, 곡물이 포함되지 않았는데, 이에 관한 연구 자료가 부족했기 때문이다. 포장 음식도 같은 이유로 포함되지 않았다. 병 속에 들어있는 물과 수돗물에 들어 있는 입자의 양을 고려해보면, 포장 음식은 철저히 오염되었을 것이다.

이 분석은 한 사람의 칼로리 섭취량의 단지 15%만을 설명했다. 연구팀은 이 수치가 "상당히 낮게 나온" 것일 수 있다고 지적했다. 다양한 음식에서 나온 입자의 양을 보수적으로 측정했고, 미국인들이 실제로 먹는 양이 아니라 항목별로 추천되는 섭취량을 합쳤기 때문이다. 그리고 언제나 그렇듯이 이러한 연구들은 발견되지 않고 흘러가는 가장 작은 입자를 놓치고 있다. 그러나 이런 것들을 모두 염두에 두고, 과학자들은 음식을 먹고 음료를 마시는 것만으로도 평균적인 성인 미국인이 연간 대략 5만 개의 입자를 축적하게 된다고 계산했다. 어린이는 이보다 조금 적게 먹는다. (이 논문은 볼랜드가 아기 분유에 대해서 밝히기 전에 출간되었다.)

우리는 이 숫자가 확실히 낮게 나왔다는 것을 안다. 사람의 배설물에 어떤 일이 생기고 있는지 알기 때문이다. 2018년 비엔나에서 열린 유럽 연합 소화기병학회에 모인 의사들은 처음으로 인간의 배설물 속에 있는 미세 플라스틱의 존재를 보고했다.[134] 유럽과 아시아의 8개국에서 8명을 골라 시료를 채취했는데, 그 결과 한 사람이 1년에 150만 개의 입자를 배설할 수도 있다는 결과를 보여주었다.[135] 베이징에서 했던 더 큰 조사에서는 24명의 배설물을 대상으로 실험을 진행했는데, 이 역시 비슷한 결과를 보여주었다.[136] 이 두 연구에서 폴리프로필렌과 PET(식기와 음식 포장을 만드는데 보통 쓰이는)가 가장 많이 검출되었다. 바다로 흘러 들어가는 폐수는 옷과 물티슈로부터 나온 것뿐 아니라 우리의 배설물로부터 나온 미세 플라스틱도 가지고 있다. 요각류, 물고기, 고래 등의 바다 생물은 이런 물에서 플라스틱 입자를 빨아들이고 배설물로 내보낸다. 생물의 소화기관을 통해 미세 플라스틱은 끊임없이 순환하는 것이다.

그러나 이것이 우리가 미세 플라스틱에 노출되는 원인의 전부가 아니다. 미국인의 음식 속에 존재하는 미세 플라스틱에 관한 연구 과정에서, 연구자들은 플라스틱 입자가 몸속으로 들어가는 또 다른 방식을 계산해냈다. 바로 공기 중 흡입이다. 연구자들은 우리가 먹는 양만큼의 미세 플라스틱을 공기를 통해 흡입한다고 생각했다. 또 다른 연구팀은 홍합이 가지고 있는 미세 플라스틱을 살펴보았는데, 만약 정말 열심히 홍합을 먹는 사람이라면, 홍합을 통해 연간 4,600개의 입자를 먹게 된다는 사실을 알아냈다. 그러나 이것은 홍합 '안에' 있는 입자의 개수이다. 홍합 위에 내려앉은 입자는 계산하지 않은 것이다. 우리는 매년 공기 중에서 음식으로 내려앉는 7만 개의 입자를 먹고 있다.[137]

미세 플라스틱은 우리가 숨 쉬는 공기도 오염시키고 있다.

인간은 지구상의 그 어떤 동물보다도 더 많이 오염되어 있다.

물고기는 자연 환경에 퍼진 미세 플라스틱을 상대하지만,

우리는 호흡하고 먹고 마시는 플라스틱 외에도 일생을 폴리머와 접촉하며 산다.

물고기도 많은 플라스틱을 먹지만, 실내에서 발생하는

옷과 카펫과 소파 조각을 들이켜면서 삶의 90%를 보내지는 않는다.

4장

플라스틱 공기로
호흡하기

유타 주립 대학교에 있는 재니스 브래니의 실험실. 나는 하얀색 원 주위를 살펴보기 위해 현미경 손잡이를 이리저리 손잡이를 돌리고 있었다. 현미경에서 눈을 떼고 가까이서 직접 시료를 보면 여러 색깔을 가진, 사포같이 거친 표면을 가진 무언가가 보였다. 다시 현미경을 통해 보면, 그 거친 표면의 무언가는 미세 플라스틱이 가득한 은하계가 펼쳐졌다. 그 안에는 덩어리도 있고 빨간색, 파란색, 분홍색의 길고 짧은 미세 섬유도 있었다. 하얀색 원 같은 파편에서는 곰팡이 같은 플라스틱스피어도 볼 수 있었다. 좀 더 자세히 관찰해보니 자동차 타이어에서 나온 것 같은 검은 덩어리와 옷의 라벨 조각(브래니는 이것이 평평하고, 한쪽은 빨갛고 다른 한쪽은 하얗기 때문에 라벨이라고 생각했다.)이 있었고, 그 옆에는 누군가의 얼굴에서 씻겨 나온 것 같은 마이크로비즈가, 또 화살촉 같이 생긴 투명한 조각이 있다.

조각과 섬유, 고무는 모두 공기 중에 실려와 이 멀리 떨어진 곳에 있는 브래니의 플라스틱 수거기에 들어왔다. 이 장치는 우리가 비버산에 올라가 보았던 것과 비슷한 것인데, 브래니는 이 시료에 있는 입자 수를 계산해서 얼마나 많은 미세 플라스틱 비가 내리는지 추정해볼 수 있었다. 미국 서부의 11개 보호 구역에서(전체 국가 면적의 6%) 3억 개의 플라스틱병에 해당하는, 최대 3백 6십만 톤의 플라스틱이 매년 떨어지는 것으로 나왔다. 이를 전국으로 확대해보면 (플라스틱은 서로 다른 지역에서 각기 다른 비율로 떨어지는 것을 명심하자), 50억 개의 플라스틱병에 해당하는 양의 미세 플라스틱이 매년 떨어진다고 볼 수 있다.

당연히 기억해야 할 것은, 브래니는 4마이크로미터 이상의 입자를 측정했기 때문에 실제보다 적게 측정되었다는 것이다. 대기는 더 많은 나노 플라스틱으로 가득 차 있다. 대기 속에서 미세 플라스틱은 계속 분해되고 있고, 입자가 작을수록 더 쉽게, 더 멀리 날아가기 때문이다. 오스트리아 알프스의 해발 3천 미터 지점(대략 비버산과 고도가 비슷하다)에 있는 연구소에서 일하는 과학자들은 눈 0.1제곱미터당 최소 190억 개의 나노 플라스틱이 매주 쌓인다고 결론 내렸다.[1]

이는 우리가 이 산 위에 1시간 동안 서 있으면 적어도 1억 개의 나노 플라스틱이 우리의 머리와 어깨에 내려앉는다는 것을 의미한다. 연구자들은 더 나아가 시료를 채취한 당시의 대기를 재현해봤는데, 입자는 유럽의 대도시인 런던, 파리, 암스테르담 등의 주요 도시에서 날아왔다. (인구가 많을수록 더 많은 나노 플라스틱이 하늘로 날아오른다는 말이다.) 그러나 연구자들은 나노 플라스틱의 10%는 1천 9백 3십 킬로미터보다 더 먼 곳에서 날아왔을 것이라고 보았다. 그린란드의 얼음 중심부를 분석한 결과, 상당한 양의 나노 플라스틱이 1966년부터 쌓이기 시작했음을 발견했다. 이 연구를 했던 때가 중심부에 가장 깊게 들어갔던 것이니, 당연히 그때부터 퇴적이 발생했다고 볼 수는 없다. 이 플라스틱 퇴적물에는 흔히 사용되는 폴리머인 폴리에틸렌이 가장 많았지만, 타이어 조각도 있었다.[2] (과학자들은 나노 플라스틱을 남극의 얼음에서도 발견했는데, 이는 표면의 해수로부터 모인 것으로 보인다. 이것은 멜라니 베르크만이 북극 얼음에서 발견한 것과 비슷하다.)

지구의 대기가 플라스틱으로 가득하다는 말로 상황을 설명하기에 부족하다. 이제 플라스틱은 대기의 기본적인 구성요소이다. 브래니는 고도가 더 높은 곳에서 시료를 가져온다 해도 플라스틱 농도가 달라지지 않는다는 것을 발견했다. 인간이 활동하는 지역에서 멀어지면 플라스틱 농도가 떨어질 것으로 기대할 수도 있겠지만, 실제로는 증가한다. 브래니는 "고도가 올라갈수록 더 많은 플라스틱의 집적을 볼 수 있습니다. 이건 플라스틱의 장거리 운송을 보여주는 거예요."라고 말한다.

쉽게 예상할 수 있듯, 대기는 먼지 조각을 먼 거리까지 운반한다. 사하라 사막의 먼지는 주기적으로 유럽으로 불어오고, 이 때문에 유럽의 하늘과 내리는 눈은 오렌지색을 띈다. 이 먼지는 심지어는 대서양을 횡단하기도 하는데, 사실 남아메리카의 숲은 이 먼지에서 나오는 인(P) 성분에 의지하기도 한다. 매년 2백 7십만 톤의 먼지가 아마존 유역에 도달한다. 이는 10만 대의 컨테이너를 채우기에 충분한 양이다. 그리고 4백 5십만 톤의 또 다른 먼지가 캐리비안 지역에 도착한다.[3] 산불 또한 대기를 미립자로 채운다. 미국 서부 연안에서부터 시작한 연기는 동부까지 도달하며, 기상 조건만 맞는다면 유럽에까지 닿는다. 화산은 미립자 구름을 대기권 상층부까지 올려서 미립자가 지구를 한 바퀴 돌게 만든다. 플라스틱은 자연에 있는 물질에 비해 밀도가 절반밖에 되지 않기 때문에 대기 속으로 쉽게 떠올라 세계 곳곳을 떠돌아다닌다. 특히 미세 섬유는 길고 표면적이 넓은 비행기 모양처럼 생겨서 더 잘 날아간다.

미세 섬유는 어디든 갈 수 있다. 연구를 위해 특별히 만들어진 비행선이 3천 5백 미터 상공의 대기에서 시료를 모은 것을 분석했는데[4], 아이슬란드의 바트나이외쿠틀(Vatnajökull) 만년설 중심에서도 입자가 발견되었다. 이곳에서 가장 가까운 도심지인 회픈(Höfn, 인구 1천 8백 명)은 65킬로미터 떨어져 있다. 입자는 또 멀리 떨어진 이란의 데락(Derak)산에서도 발견되었다.[5] 연구자들은 프랑스 피레네산의 꼭대기에서도 매일 0.1제곱미터의 땅에 34개의 미세 플라스틱이 내려앉는데, 이는 아마도 160킬로미터 남쪽에 있는 바르셀로나로부터 불어온 것으로 보인다.[6] 그리고 캐나다 인근 북극의 배핀(Baffin)섬에서는 이 수치의 여섯 배에 해당하는 미세 플라스틱이 발견되었는데, 대부분이 섬유였다.[7] 자카르타에 있는 우량계는 건기보다 우기에 미세 플라스틱을 4배 축적했다. 떨어지는 빗방울은 공중에 있는 입자를 긁어모은다. 마치 얼어붙은 얼음이 북극해에서 입자를 끌어당기듯이 말이다.[8]

거리와 고도에는 관계없이, 브래니와 과학자들은 어디서나 놀라울 만큼의 미세 플라스틱을 찾아내고 있다. 브래니에게 지구상에 오염되지 않은 곳이 있다고 믿을 근거가 있는지 물었다. "아뇨." 브래니는 고개를 저으며 즉시 대답했다. "없어요."

바람 주의보

미세 플라스틱 오염은 이미 통제가 불가능한 수준이다. 게다가 너무나 오랜 시간 동안 방치되었기 때문에, 다양한 곳에서 발생한 입자가 이미 대기에 가득하다. 내가 현미경을 통해 본 입자는 미세 섬유와 플라스틱 조각, 마이크로비즈와 타이어 입자의 혼합물이었다. 이를 달리 말하면, 공기 속의 미세 플라스틱은 이미 하나의 형태로 합쳐졌다고 할 수 있다. 이는 슬러지에서 발견되는 것들보다 더 동질적인데, 주로 세탁물에서 나온 섬유와 화장품에서 나온 입자로 구성되어 있다. 그렇기에 브래니가 시료를 관찰하고 "맞아, 이 조각은 길가에서 온 것이고, 이 조각은 가까운 도시에서 온 것이야."라고 확언할 수 없는 것이다. 입자는 모든 곳으로부터 오며, 하늘에서 합성 먼지로 뭉쳐진다. 새로운 입자는 오래된 입자와 합쳐지고, PET는 폴리스티렌과 합쳐지고, 필름의 조각은 날개 모양의 섬유들과 합쳐진다.

브래니가 할 수 있는 일은 환경과학자들과 협업을 통해 미국의 오지에 있는 자신의 실험 장치 속으로 떨어지는 시료의 출처를 파악해보는 것이다. 어느 특정한 날의 대기 상태와 그날 수집한 미세 플라스틱을 분석하면 그 입자가 장치에 도달하기까지 거친 경로를 추적할 수 있다. 타이어 입자가 가장 가까운 고속도로에서 왔을 것이라 막연히 추정하는 대신, 바람과 같은 여러 가지 변수에 근거하여 더 정확하게 입자의 출처를 추적할 수 있게 된다는 말이다. 플라스틱 대기 오염은 플라스틱의 생산이 폭발적으로 성장한 1940년대 이래로 지속되었기 때문에, 대기 중의 미세 섬유가 가까운 근처 농경지의 슬러지에서 왔을 것이라는 식으로 말할 수는 없다. 그 섬유는 수천 킬로미터 떨어진 곳에서 왔을 수도 있기 때문이다.

2021년, 브래니와 동료들은 우울한 결과를 발표했다. 언제나 9십만 톤 이상의 미세 플라스틱이 미국 서부의 상공에서 돌아다니고 있다는 결과였다.[9] 그중 84%는 도로에서 발생한 것이다. 타이어와 브레이크 입자뿐 아니라, 길가에 있는 갈린 플라스틱 봉투와 병에서도 온다. 입자는 대도시에서보다 대도시의 바로 바깥에서 더 많이 발생한다. 도시의 중심부는 대기 속의 미세 플라스틱의 0.4%를 배출한다. 도심에 있는 고층 빌딩이 길을 쓸어가는 바람을 막아주기 때문이다. 또한 자동차도 도심지에서는 외곽 도로만큼 빨리 달리지 못한다. "도로 위를 달리는 자동차는 입자가 하늘 위로 아주 높이 올라갈 역학 에너지를 제공해요."라고 브래니는 말한다. 고속도로에서 자동차가 뿜어내는 먼지를 본 적이 있는가? 그 먼지의 상당량이 미세 플라스틱이다. 그리고 그중의 많은 양은 대기를 구성할 만큼 높게 올라간다. 이후 중력이 이 입자의 일부를 지상으로 끌어당기기도 하고, 빗방울에 섞여 호수나 강으로 흘러 내려오기도 한다.[10]

도로에서 발생하는 미세 플라스틱은 상당히 복잡한 것으로 밝혀졌다. 과학자들은 "타이어 핵심 입자"가 핵의 역할을 한다는 것을 발견했다. 이것이 브레이크와 도로 자체에서 떨어져 나온 물질을 모은다.[11] 고무는 유연하면서도 질겨서 점착성을 가지기 때문이다. 한 논문은 이렇게 발표했다. "입자는 단면이 둥근 형태인데, 이것이 굴러가기를 용이하게 하고, 이를 통해 결과적으로 다른 길

위의 먼지 입자까지 마치 눈덩이처럼 모은다." 바다를 돌아다니는 미세 플라스틱이 플라스틱스피어를 만들 듯, 타이어 핵심 입자도 복잡한 구성체를 만든다. 연구원들은 길에서 달라붙는 석영, 석고 같은 광물을 발견했고, 브레이크 패드에서 나오는 바륨 같은 독성 금속과 염화칼슘, 텅스텐, 황, 그리고 염소 같은 다른 원소도 확인 했다. 타이어의 재료 자체에서 나오는 물질인 납과 카드뮴에서 나 오는 위해 물질은 말할 것도 없다.

더 나아가 연구원들은 자동차가 천천히 가는 길에서 타이어 핵 심 입자들이 더 잘 만들어진다는 것을 발견했다. 이는 그간의 통 념과는 반대되는 결과였다. 일반적으로 빨리 달리는 차가 길과 자 동차를 더 많이 부식시키고, 그 결과 더 많은 입자가 핵에 붙을 것 이라고 생각했기 때문이다. 하지만 연구원들은 빠르게 달리는 차 는 타이어 입자가 땅에서 두껍고 단단한 껍질을 만들기 전에 이를 대기로 날려 버릴 에너지를 제공한다고 보았다. 차가 천천히 달리 는 길에 있는 입자는 길 위를 느릿느릿 굴러다닐 수 있을 만큼의 에너지만을 얻는다. 그래서 느리게 달리는 도로에서는 눈덩이 효 과가 발생한다. 종합하면, "차가 천천히 다니는 도심 지역에서는 타이어 핵심 입자가 고무나 도로 위의 먼지와 지속적으로 접촉하 면서 천천히 굴러가는 과정이 반복되고, 이 과정에서 상당한 정도 로 외피가 형성된다. 그러나 차들이 빠르게 달리는 도로의 경우, 자동차가 만들어내는 거친 바람으로 인해 도로 표면에서 나오는 물질이 더 효율적으로 제거된다."라고 연구 논문은 밝혔다.

이 문제를 해결할 수 있는 방법이 있다. 엔지니어들이 이런 물리적 현상을 이용해서 타이어의 미세 플라스틱이 길에 내려앉기 전에 가로챌 수 있다는 것을 밝혀냈기 때문이다. 타이어 콜렉티브(Tyre Collective)라고 불리는 신생기업이 이 기술로 일종의 미세 플라스틱 자석을 개발하고 있다. 이 자석은 자동차 하부에 부착하는 장치로, 대괄호([])처럼 생겼다. 타이어는 굴러갈 때 마찰을 일으키고 미세 플라스틱을 만드는데, 타이어 콜렉티브의 창업자이자 총과학 책임자인 시오반 앤더슨(Siobhan Anderson)에 따르면 미세 플라스틱이 떨어질 때 약간의 전기를 일으킨다. "이 장치는 정전기를 발생시킵니다. 이것을 이용하여 플라스틱 입자를 수거용 판으로 유도하는 것이죠."

흥미롭게도, 앤더슨은 그 판에서 타이어 핵에서 일어나는 것과 같은 현상을 발견했다. "표면에 이미 붙어있는 고무가 다른 고무 입자를 끌어당깁니다." 실험 결과, 타이어 콜렉티브가 만든 장치는 방출된 타이어 미세 플라스틱의 60%를 모아 용기에 저장했다. 앞으로는 자동차 정비사가 엔진오일을 갈고 에어 필터를 바꿀 때, 미세 플라스틱 수집 용기를 비울 수도 있을 것이다. 타이어 콜렉티브는 이미 자동차 제조업체들과 이것을 논의하고 있다.

타이어 문제는 긴급한 사안이다. 도로에는 미세 플라스틱이 여과되지 않고 계속 뿌려지고 있다. 한 실험에서는 작은 타이어와 브레이크 입자가 쉽게 하늘로 떠올라 한 달 동안 공기 중에 머문다는 것을 밝혀냈다.[12] 한 달이면 대륙과 해양을 건너가기에 충분한 시간이다. 이 실험 결과를 보면 전 세계 그 어디도 도로에서 오는 분진이 존재하지 않는 곳은 없었다.

이 실험 결과는 북극에 유럽에서 온 자동차에서 발생한 입자와 미세 섬유가 많이 쌓여있을 것이라고 예측했지만, 이를 있는 그대로 받아들이면 안 된다. 북극에 직접 가서 보니 눈 1리터당 1만 4천개의 입자가 있었는데[13], 이 입자는 더 멀리 떨어진 도시에서 날아온 더러운 먼지였기 때문이다. 또 과학자들은 남서 중국의 열대 우림에서 흙 450그램당 수백 개의 미세 플라스틱을 발견했는데, 이 입자는 하늘에서 머물다가 떨어진 것이었다.[14] 티베트고원에 있는 미세 플라스틱으로 덮인 호수에서는 퇴적물 450그램당 1천 2백 개의 입자가 발견되었다.[15]

도시가 미세 플라스틱으로 가득 차 있지 않다는 말이 아니다. 도심지의 도로는 그곳에서 만들어지는 입자를 더 오래 붙잡고 있는 경향이 있을 뿐 아니라, 하늘에서 떨어지는 미세 플라스틱도 받아내고 있다. 프랑스 파리에 설치한 집진기는 0.1제곱미터당 최대 26개의 미세 플라스틱을 잡아냈다. 매년 이 도시에는 미세 섬유만 해도 1만 7천 톤이 쌓인다. 독일 함부르크와 중국 둥관에서 진행한 실험 결과와 비슷한 수치이다.[16] 런던과 호치민은 세 배 더 많은 수치를 기록했다.[17]

플라스틱을 소각하는 곳은 상태가 더 심각하다. 저소득 국가, 특히 적절한 매립지가 없는 섬나라의 경우는 폐기물의 90% 이상이 그냥 방치되거나 소각되는데, 이때 생기는 뜨거운 공기로 인해 미세 플라스틱과 독성 화학물질이 대기로 방출된다.[18]

모든 도시는 그 내부에서 발생한, 그리고 멀리서 날아온 미세 플라스틱으로 덮여있다.[19] 연구자들은 이란의 아살루예(Asaluyeh)에서 채취한 먼지 시료에서 많은 양의 석유 입자를 발견했고, 이곳의 미세 플라스틱이 더 작고 섬유가 더 많다는 것을 알아냈다.[20] 이것들은 어디서 나온 것일까? 보행자가 길을 걸으면서 떨어뜨린 미세 섬유가 바람, 자동차, 혹은 보행자에 의해 발생한 바람에 의해 공중으로 오르기 전 먼지에 섞인 것이다. 과학자들은 이런 대기 상태에서는 성인은 약 50개, 어린이는 약 100개의 미세 플라스틱을 매일 흡입할 수 있다고 계산했다. 어린이는 키가 작아 호흡기가 지면과 더 가깝기 때문에 더 많은 입자에 노출되는 것이다. 인도네시아 수라바야에서도 공중에 떠돌아다니는 훨씬 더 많은 미세 플라스틱이 발견되었다. 이곳의 공기에도 미세 섬유가 월등하게 많다는 것이 밝혀졌다. 도로가 막힐수록 더 많은 입자가 공기 중에 존재했다.[21]

브래니의 실험으로 다시 돌아가면, 브래니가 구현한 환경에서는 미세 플라스틱의 84%가 도로에서, 5%는 슬러지와 비닐하우스에서, 나머지 11%는 바다에서 오는 것으로 나타났다. 폐수가 오랜 시간 미세 섬유를 함유하고 있었기 때문에, 이제 거꾸로 바다가 땅에 미세 섬유를 토해내고 있다.

이 현상을 발견한 사람은 1장에서 언급했던 디오니와 스티브 앨런 부부이다.[22] 과거에는 바다가 미세 플라스틱의 싱크대 역할을 해서 강물과 폐수가 입자를 바다로 가져오면 입자가 바다에 그대로 머문다고 생각했다. 그러나 앨런 부부의 연구 결과, 해변에 부는 시원한 바람은 미세 플라스틱으로 가득했다.[23]

바다에서 발생하는 거품은 밑에서 올라오면서 바이러스와 박테리아, 죽은 동물의 사체 등을 모은다. 이 거품이 해수 표면에 올라와 터지면 그 속에 있는 물질이 공기 중으로 방출되고, 거품이 터진 빈자리를 물이 채우면서 다시 분출이 발생해 물안개처럼 변한 물질이 공기 중으로 들어간다. 이런 현상과 부서지는 파도로 인해 수면 위의 공기는 입자로 채워지게 된다. 수분이 모이면서 안개가 만들어지는 것처럼, 이것 역시 자연스러운 과정이다.[24] 이렇게 발생한 해무로 인해 우리가 바다의 냄새를 맡을 수 있는 것이다. 맥주 거품도 마찬가지다. 맥주를 따를 때 거품이 터지면서 그 향이 우리 코에 들어온다.

이 과정 자체는 자연스럽다. 그러나 미세 플라스틱이 섞이면 이야기가 달라진다. 미세 플라스틱은 거품에 무임승차를 해서 해수 표면으로 올라오고 대기 속으로 흩어진다. 앨런 부부는 이런 식으로 매년 13억 톤의 미세 플라스틱이 바다에서 땅으로 날아간다고 계산했다. 디오니는 "이건 바다에서만 일어나는 일이 아닙니다. 파도가 생기거나 난류가 생기는 환경이라면 어디서나 발생하고, 빗물도 이와 같은 역할을 합니다."라고 말한다. 이는 미세 플라스틱으로 오염된 호수나 강이(이쯤 되면 사실 모든 강과 호수이다.) 비가 오면 석유 입자를 공중으로 뿜어낸다는 말이다. 빗방울은 물에 부딪히면서 왕관 무양으로 작은 물방울을 쏴아낸다. 이 물방울에는 15%의 빗방울과 85%의 표면수가 섞여 있는데, 공중으로 몇 미터를 올라갈 수 있다. 떠오른 물방울은 바람에 섞여 더 높은 곳으로 올라간다.[25] (이 과정은 또한 아가미가 없는 고래나 돌고래, 바다거북 등의 해양 생물이 호흡을 위해 표면으로 올라올 때 미세 플라스틱을 흡입한다는 의미이기도 하다. 특히 고래는 수천 미터 아래로 내려가기 전에 엄청난 양의 공기를 허파에 넣는다.[26] 이들이 표면에서 물보라를 일으키면, 고래가 숨구멍으로 공기를 뿜어내면 훨씬 더 많은 미세 플라스틱이 대기 중으로 뿜어져 나온다.)

오염이 더 심한 수역일수록 더 많은 미세 플라스틱을 대기 속으로 방출한다. 앨런 부부는 프랑스의 피크 뒤 미디(Pic du Midi) 관측소(해발 900미터 높이)에서 모은 공기 시료를 분석하여 그 공기에 함유된 미세 플라스틱은 멀리는 북미에서부터 날아온 것이라고 결론을 내렸다. 입자가 날아온 거리는 평균 4천 5백 킬로미터였고, 멀리는 1만 킬로미터에서 날아온 입자도 있었다.[27] 그러나 이들은 연구를 통해 다른 모든 곳을 압도하는 입자의 원천을 밝혀냈다. 바로 지중해이다.

지중해로 흘러가 쌓이는 모든 미세 섬유는 바다에 영원히 머무르지 않는다. 이것들은 수면으로 올라와 공기로 들어간다. 특히 지중해의 아프리카의 연안 지역에서는 엄청나게 뜨거운 기온이 상승 기류를 만들어낸다. 이 상승 기류가 미세 플라스틱을 구름 위로 올려 대기권 고속도로를 타게 만드는데, 항공기가 이용하는 바로 그 경로와 같다. 그곳을 통해 미세 플라스틱은 한 번에 수천 킬로미터를 몇 주 동안 이동한 후에 다시 지상으로 떨어진다. "그것을 발견할 것이라고는 생각도 못 했어요." 디오니가 말한다. "물론 플라스틱은 멀리 이동하니까 어디서든 발견할 수 있겠다 싶었지요. 그렇지만 그 플라스틱이 바다에서 왔으리라고는 생각하지 못했습니다." 지중해에 흘러 들어간 미세 플라스틱은 영원히 그곳에 머물러 있지 않다. 지중해는 대기 중으로 미세 플라스틱을 엄청나게 방출하는 미세 플라스틱의 원천이다.

다시 미국으로 가보자. 브래니의 실험은 바다의 물보라가 미국 서부의 대기 속에 있는 미세 플라스틱의 10분의 1을 만들어낸다는 것을 보여주었다. 그러나 미세 플라스틱은 다른 방식으로도 움직인다. 만약 북극의 과학자들이 유럽에서 불어온 입자를 발견한다면, 그 입자는 대륙에서부터 바다로 들어와서 다시 대륙으로 뱉어진 것이다. "이건 엄청난 생각의 전환이에요." 스티브 앨런이 말한다. "우리는 이 입자가 폐수처리시설에서 강으로 흘러들어 여기에 도달했다고 생각했어요. 하지만 사실 그냥 땅 위로 불어오는

게 엄청나게 많아 보여요."

브래니의 계산에 의하면, 땅에서 바다로 들어가는 미세 플라스틱보다 바다에서 땅으로 불어오는 미세 플라스틱이 더 많다. "바다가 대기를 통해서 대륙으로 보내는 입자가 대륙이 바다로 흘려보내는 입자보다 많다는 말입니다." 브래니가 말한다. "자연에는 정말 많은 플라스틱이 있어요. 우리가 한 해 동안 만드는 플라스틱의 양은 우리가 이제까지 자연으로 내보낸 플라스틱, 결국 바다로 흘러들어가는 플라스틱의 아주 일부일 뿐입니다."

이제 "미세 플라스틱의 순환"을 볼 수 있을 것이다. 우리가 옷을 빨 때, 합성 섬유가 폐수처리시설로 흘러간다. 이 합성 섬유는 특정한 수역으로 흘러갔다가 다시 땅으로 뱉어져 나오거나, 슬러지에 들어가 농경지에 뿌려졌다가 다시 바람에 의해 대기로 들어간다. 수백 혹은 수천 킬로미터를 날아가서 어떤 산 위에 떨어지거나, 어느 열대우림에, 혹은 티베트 호수에 떨어진다. 어떤 것은 바다에 떨어지는데, 이 경우 유유히 해류를 타고 흘러가며 플라스틱 스피어를 모으는데, 바다로 푹 가라앉을 만큼 무거워지는 것도 있다. 이후의 과정은 더 역동적인데, 어떤 생물에 의해 먹힌 미세 섬유는 배설물에 섞여 바다 아래로 가라앉고, 그것이 또 무언가에게 먹히는 상황이 반복된다. 이렇게 입자는 바닷속에서 오르락내리락하다가 솟아오르는 거품에 섞여 수면 위로 올라가고, 대기에 섞여 처음 시작했던 땅으로 날아간다.

이것이 석유 입자가 지난 75년간 해온 여정이다. 앨런 부부는 대기의 미세 플라스틱을 찾기 위해서 피레네산맥의 오지에서 "강수 영양성" 토탄을 걸러내 보았다. 그 결과 제니퍼 브랜든의 기하급수적 퇴적 입자의 숫자를 떠올리게 하는 결과를 발견했다.[28] 토탄은 축축한 식물성 물질로 썩지 않고 계속해서 쌓인다. 앨런 부부가 이용한 토탄은 특이하게 물, 영양분, 오염물질을 대기에서만 얻는다. 이러한 특징으로 인해 각 층은 각 시기에 하늘에서 떨어진 것이 무엇인지를 알려준다.

앨런 부부는 1940년대에서 1960년대 사이에 공기 중에 노출되었던 토탄에서는 무시할 수 있는 수준의 미세 플라스틱만을 발견했다. 그러나 수십 년이 지나 대기에 더 많은 석유 입자가 섞이기 시작한 이후, 토탄에도 변화가 생겼다. 지금은 매달 0.1제곱미터당 500개의 미세 플라스틱이 쌓인다. 퇴적물, 물고기, 플랑크톤 속에서, 온실이 인접한 해저 속에서 늘어가는 입자의 숫자와 함께 토탄은 이제껏 눈에 보이지 않던 비극을 보여준다. 인간이 기하급수적으로 더 많은 양의 플라스틱을 만들면서 자연 구석구석이 플라스틱으로 덮이기 시작했다.

미세 플라스틱이 대기 그 자체 미치는 영향은 과학자들도 아직 연구하지 못한 분야다. 구름은 안개처럼 먼지, 바다 소금, 그리고 박테리아 같은 것들이 수증기와 결합되어 만들어진다. 눈도 이와 같은 방법으로 만들어진다. 과학자들은 대기의 상태를 모방한 특별 실험실에서 미세 플라스틱과 나노 플라스틱 주위에서 일어나는 얼음 핵의 형성을 보여주었는데, 적어도 실험실에서는 이것이 가능했다. 다른 과학자들은 눈 속에 있는 입자들을 발견하기도 했다.[29] 그러나 자연 상태에서는 아주 바쁘게 움직이는 플라스틱스피어에 이런 입자들이 쌓인다. 그렇기에 입자가 물과 상호작용하는 방식도 바뀔 수 있다. 뉴질랜드의 캔터베리 대학의 환경 화학자 라우라 레벨은 이렇게 말한다. "실제로 대기에서 입자들이 무엇을 할까요? 만약 입자들이 구름으로 들어간다면 강우 패턴은 바뀔 수 있습니다. 수많은 연무질에 의해 구름이 교란되기 때문입니다."

두 가지 일들이 일어날 수 있다. 하나는 미세 플라스틱이 정말로 핵의 역할을 하게 되면서 구름의 형성을 변화시키는 것이다. 핵이 많아지면 더 많은 물방울을 얻게 되지만, 그 개개의 물방울은 작아진다. 돌고 도는 물은 그 양이 정해져 있기 때문이다. 또한 핵이 많아지면 구름이 밝아져서 반사율을 증가시켜 태양 에너지를 우주로 다시 튕겨 나가게 할 수 있고, 이로 인해 온도가 낮아질 수 있다. 온도가 낮아지는 것도 기후 위기를 초래한다. "대기에서 기온 패턴이 바뀌는 것은 항상 순환과 강수의 변화로 이어지게 마련입니다." 레벨이 말한다.

둘째로, 미세 플라스틱은 기후에 전반적인 영향을 끼칠 수 있다. 연무질은 지구로부터 에너지가 튕겨 나가는 방식과 에너지가 잡혀 있는 방식 모두에 변화를 가져올 수 있다. "그것들은 햇빛을 분산시켜 우주로 되돌려 보낼 수도 있습니다." 레벨이 말한다. 큰 화산 폭발 후 나오는 화산재가 태양 에너지를 가로막아 지구의 온도를 낮추는 것이 그 예이다. "분무질의 유형에 따라, 그리고 그것들이 대기 중의 어디에 있는지에 따라 달라지긴 하겠지만, 분무질은 지구가 내보내는 빛의 발산을 흡수할 수도 있습니다."

레벨의 실험은 대기의 미세 플라스틱이 이미 이 두 가지 현상을 조금씩 일으키고 있다는 것을 보여준다. 입자들은 태양 빛을 반사하고 있을 뿐만 아니라, 지구의 열기를 가두기도 한다.[30] 아직은 전자의 효과가 더 강하기 때문에 온도가 약간 내려간 정도지만, 주의해야 할 사항들이 몇 가지 있다. 공기 중에 있는 미세 플라스틱의 고도한 복잡성(서로 다른 폴리머와 플라스틱스피어의 색깔, 모양, 크기)을 전부 설명할 수 없기 때문에, 레벨은 입자를 조각과 미세 섬유라는 두 그룹으로 구분했다. 그리고 각 그룹이 얼마나 잘 햇빛을 분산시키는지와 같은 일반적인 광학적 특성들만 계산했다. 이것은 색깔이 없는 미세 플라스틱을 사용한 실험이었지만, 대기 중에는 다양한 색깔의 석유 입자가 존재한다. 그리고 입자 색깔이 어두울수록 태양 에너지를 더 많이 흡수한다. 또한 레벨은 실험 과정에서 대기 중 미세 플라스틱의 농도가 같다고 가정했다. 그러나 과학자들은 미세 플라스틱의 대기 중 농도가 지역마다 다르다는 것을 이미 알고 있다. 대기 중에 입자들의 숫자는 매일 늘어나고 있다는 것도 간과할 수 없다. 그러므로 대기 중 존재하는 미세 플라스틱 색깔의 다양함과 증가 수치를 고려하면, 결국 대기 온도가 증가할 것이라는 것을 알 수 있다. "오늘부로 플라스틱 생산을 중단한다고 해도, 우리는 앞으로도 한참 동안 여전히 이 문제를 다루어야 할 것입니다." 레벨의 말이다.

오염된 집

주변을 한번 돌아보라. 버스나 기차에 타고 있다면 여러분이 지금 앉은 의자는 플라스틱이다. 주변 사람들이 입은 옷은 합성 섬유로 만들어졌다. 이 합성 섬유 의류는 사람들이 움직일 때마다 입자들을 떨어뜨리고 있다. 여러분이 소파나 침대 위에 있다면, 미세 섬유의 한복판에 빠져 있다는 말이다. 여러분 발밑에 있는 카펫도 플라스틱이고, 나무 바닥의 코팅도 마찬가지다. 커튼, 블라인드, 텔레비전, 컵받침, 액자 틀, 케이블, 컵, 이 모든 것들은 완전히 플라스틱이거나 부분적으로 플라스틱 코팅된 것이다. 비닐봉지와 플라스틱병이 포장재의 대표적인 재료가 된 것이 눈에 띄는 혁명이었다면, 플라스틱이 우리 삶의 여러 곳에 스며들게 된 것은 조용한 쿠데타였다. 레벨, 브래니, 앨런 부부 같은 과학자들은 대기 중의 미세 플라스틱을 둘러싼 복잡한 역학 관계를 풀고 있다. 한편, 다른 이들은 어떻게 우리 주변의 모든 곳에 있는 플라스틱 상품이 우리 실내의 공기를 오염시키는지를 알아보고 있다.

2015년, 연구자들은 파리에 있는 아파트 두 곳의 거실에서 시료를 채취했다. 각각의 아파트는 두 명의 성인과 아동 한 명이 사는 곳이었다. 그리고 세 명이 일하는 대학 사무실 한 곳에서도 시료를 채취했다.[31] 연구자들은 각 장소의 대략 1.2미터 높이의 공기를 채취했는데, 이는 실험 대상들이 호흡하는 것을 얻기 위함이었다. 그리고 먼지의 침착 정도를 규명하기 위해서 땅에서 3센티미터 떨어진 곳의 공기와 두 아파트에서 사용하고 있는 진공청소기 필터에서 시료를 채취했다.

한 아파트에서 연구원들은 약 765리터의 공기에 최대 14개의 섬유가 떠다니는 것을 발견했다. 다른 아파트에서는 12개, 대학 사무실에서는 45개가 발견되었다. 바닥 가까운 곳에서 잡아낸 입자의 숫자에 근거하여, 연구원들은 매일 0.03평당 최대 1천 개의 섬유가 떨어진다고 계산했다. 이 결과는 그들이 진공청소기 필터에서 찾은 섬유의 숫자와 대응했다. (2019년에 진행된 별도의 연구는 중국의 집에서 먼지를 모았는데, 이와 거의 똑같은 양이 발견되었으며 뉴저지에서 진행한 연구에서는 이보다 두 배의 입자가 발견되었다.[32] 전 세계의 국가들은 저마다 다른 특징이 있지만, 미세 플라스틱 오염에 있어서는 모두 같다.) 전체적으로 보면 연구자들이 계산한 섬유의 3분의 2는 면화와 모직 같은 자연 물질이었고, 나머지 3분의 1은 플라스틱이었다. 폴리프로필렌 섬유가 특히 많았다. 거주자 중 한 명이 연구자들에게 이 결과 분석에 관한 중요한 힌트를 주었는데, 실험 장소들은 커다란 폴리프로필렌 카펫으로 꾸며져 있었다는 사실이었다.

　서해안의 또 다른 연구팀은 캘리포니아 주립대학교 채널 아일랜드 캠퍼스에서 건물 안과 밖의 공기를 실험했다.[33] 그들은 실내 공기에서 떠다니는 미세 섬유를 발견했고, 미세 플라스틱 조각들 또한 공기 중에 떠다니고 있음을 발견했다. 사람들이 많이 다니는 곳에서 미세 섬유가 더 많이 발견되었다. 연구자들은 "지나다니는 학생들과 직원들의 옷에서 나온 합성 섬유로 인해 실내 공기에 미세 섬유가 더 쉽게 쌓였다."라고 논문을 통해 발표했다. 그들은 외부에 비해 6배나 많은 양의 미세 섬유를 내부에서 모았다. 실내에서는 공기의 흐름이 거의 없기 때문에 입자가 공중에 떠다니게 되고 사람이 이를 호흡한다. 반면에 실외에서는 많은 양의 공기의 흐름으로 인해 입자 농도가 낮아진다.

　우리는 모두 스누피에 나오는 픽펜(항상 주위에 먼지를 뿌리고 다니는 등장인물)처럼 어디를 가든 미세 섬유를 바닥에 뿌린다. 옷을 입거나 카펫 위를 돌아다니거나 소파에 앉는 것은 합성 섬유를 깎아내는 일이다. 이 과정에서 섬유는 '소섬유화', 즉 깔끔하게 분리되는 것이 아니라 피브릴(소(小)섬유, 원(原)섬유)로 알려진 자신의 클론을 내보낸다. 현미경으로 보면 섬유는 주위의 작고 웅크린 자식들에게 둘러싸인 거대한 모(母)체이다. 한 실험은 플리스 30밀리리터를 벗겨내면 6만 개의 미세 섬유가 나온다는 점을 밝혀냈다. 동시에 모체보다 훨씬 작고 짧은 17만 개의 피브릴을 만들어내기도 했는데, 이를 보면 피브릴이 우리 주변 공기 중에 떠 있을 가능성이 더 크다.[34]

확실한 것은 위 실험은 새로운 재료를 사용하기 위해 섬유업계가 사용하는 표준실험이었다는 것이다. 다시 말해, 실제 생활에서 시행한 실험이 아니었다는 말이다. 그래서 이를 더 자세히 알아보기 위해 과학자들은 4명의 자원자를 모집하여 이들에게 각각 다른 합성 의류를 입고 공간을 돌아다니게 했다. 방 안에 놓인 페트리 접시에서 채취한 미세 섬유를 계산한 결과, 연구자들은 놀랄만한 결과를 발견했다. 단순히 걸어 다니는 것만으로도 매년 10억 개의 폴리에스테르 미세 섬유가 떨어질 수 있다는 사실이었다. 이러한 결과는 앞선 모든 연구가 바닥에 쌓인 상당량의 미세 플라스틱을 발견하게 된 이유를 설명한다. 그러나 이 결과는 네 가지 의류에만 근거한 것이므로, 결과는 바뀔 수 있다.[35] 만약 더 값싼 패스트 패션을 입는다면 더 많은 입자가 떨어져 나올 것이다.

2020년에 있었던 또 다른 연구는 더 오랜 기간에 걸쳐 실내 공기의 미세 플라스틱 오염을 확인했다.[36] 상하이의 연구자들은 기숙사 방, 사무실, 강의동 복도에서 시료를 채취했다. 그들은 기숙사 방에서는 매일 0.03평당 최대 7천 개의 입자가 쌓여있음을 발견했다. 사무실에서는 같은 면적에서 1천 2백 개가, 복도에서는 1천 6백 개가 나왔다.

파리에서 진행되었던 연구에서와 같이, 연구자들은 입자의 약 3분의 1이 플라스틱이며, 나머지는 면화 같은 천연 섬유라는 것을 밝혀냈다. 그런데 이 연구자들은 3개월 연속으로 시료를 채취했기 때문에 쌓이는 정도가 어떻게 날마다 바뀌는지를 도표로 나타낼 수 있었다. 결과적으로 기숙사에서는 주말에 입자가 3배 증가했고, 사무실에서는 평일에 2배가 증가했으며, 복도에서의 숫자는 요일과 관계없이 일정했다. 이는 학생들이 주말에는 더 많은 시간을 집에서 보내고 주중에는 강의실과 사무실에서 더 많은 시간을 보내기 때문이었다. 연구자들은 기숙사의 에어컨도 조사했는데, 에어컨의 바람세기와는 관계없이, 에어컨을 작동시키면 바닥에 쌓이는 미세 섬유의 숫자가 현저히 증가했다. 바람의 흐름이 가구 위에 붙은 입자들을 떼어냈기 때문이었다. 에어컨 자체도 미세 플라스틱을 모으거나 방출하기도 했다. 공기가 필터를 통해서 나갈 때 에어컨 필터는 입자를 낚아챈다. 그런데, 이 필터도 플라스틱으로 만들어진 것이기 때문에, 여기서 떨어져 나간 섬유가 찬 공기 속에서 방 여기저기를 마구 부딪치고 다닌다.[37] 방이나 복도를 통과하는 인간의 움직임도 더 많은 공기의 흐름을 만들어내고, 바닥과 다른 곳의 표면에 내려앉아 있는 미세 섬유를 움직이게 한다. 이는 사람들이 많은 곳의 공기가 왜 더 많은 미세 플라스틱을 가졌는지를 설명해준다. 파리 제12대학교의 환경과학자이자 화학자이며 파리 연구 책임자인 라시드 드리스(Rachid Dris)는 말한다. "우리는 사람이 더 많이 오고 가는 곳이 그렇지 않은 곳보다 더 짙은 농도를 가진다는 것을 발견했습니다. 아마도 그건 재부유(再浮游) 효과 때문일 겁니다."

과학자들은 실내 먼지에서 단지 직물 미세 섬유(옷과 깔개와 소파에서 나오는 폴리프로필렌, 폴리에스테르, 폴리아미드와 같은 폴리머)만을 발견한 것은 아니었다. 폴리비닐 미세 플라스틱(PVC는 폴리비닐 염소다)도 함께 발견했다. 네다 샤리피 솔타니(Neda Sharifi Soltani)는 호주 시드니 맥쿼리 대학교의 환경과학자로, 2021년 호주 가정집에 대한 실내 공기 연구 책임자이다. 이 연구에서 그녀는 드리스가 파리에서 했던 연구에서와 비슷하게, 미세 플라스틱이 바닥에 쌓여 있음을 빌견했다.[38] 하시만 카펫이 없는 집에서는 폴리비닐(리놀륨과 목재바닥마감재에 사용되는 폴리머)이 주요한 미세 섬유라는 사실을 알아냈다. 카펫이 없는 집의 폴리비닐의 수치는 카펫이 있는 집의 2배였다. "현미경으로 시료를 관찰해보면 놀랄 수밖에 없습니다. 우리는 매일 많은 양의 섬유에 노출되고 있거든요." 솔타니가 말한다. (집에 카펫이 있든 없든 열심히 진공청소기를 돌리는 것이 집안의 미세 플라스틱을 줄이는 데는 별로 도움이 되지 않을 것이다. 청소기에서 모은 먼지를 제거할 때 먼지가 다시 공중으로 날아가지 않도록 조심하는 것이 중요하다. 쓸기는 진공청소기보다 효과가 덜한데, 반복적인 행동으로 인해 미세 플라스틱의 일부가 공중으로 다시 날아가기 때문이다.)

우리는 이 입자들을 얼마나 들이마시는가? 우리는 공중에 떠다니고 바닥에 깔린 미세 플라스틱이 얼마나 많은지 반복적으로 확인했다. 우리는 인간이 1년에 평균적으로 얼마만큼의 공기를 호흡하는지 알고 있다. 또한 선진국에 사는 사람들은 90%의 시간을 실내에서 쓰고 있다는 사실도 안다.[39] 미세 플라스틱 오염은 실내가 바깥보다 훨씬 심하다. 물론 방 안에 미세 플라스틱이 나오는 원천이 얼마니 많은지, 공기의 흐름은 어떠한지와 같은 복잡한 변수가 있다. 하지만 우리는 이미 실험을 통해 대략적인 양을 가늠해볼 수 있는 충분한 데이터를 가지고 있다. 솔타니의 추정치에 따르면, 우리는 매년 1만 3천 개의 미세 섬유를 들이마신다. 다른 과학자들은 이 숫자의 4배만큼 될 수 있다는 결론을 발표하기도 했다. 또 다른 과학자들은 기계 허파를 갖춘 마네킹을 이용해서 흥미로운 연구를 했는데, 성인 1인은 매일 272개, 매년 십만 개의 입자들을 들이마신다고 계산했다.[40]

2021년 페이 쿠세이로(이 책 제1장에 등장했던 섬유용 교통신호체계를 제안했던 연구자)는 훨씬 더 높은 추정치를 주장했다. 페이는 한 집을 방문하여 인간이 들이마시는 것과 비슷하게 작동하는 펌프를 이용해서 공기 중에 떠다니는 미세 플라스틱을 모았다. 그리고 1마이크로미터에서 10마이크로미터(박테리아의 크기다) 사이에 있는 입자들을 찾아내기 위해서 미세 라만 분광학(미세 플라스틱을 세는 기술의 일종으로, 세밀한 측정이 가능하다.)을 이용했다. 페이의 계산에 따르면, 우리는 매일 최대 7천 개의 미세 플라스틱, 매년 2백 5십만 개의 미세 플라스틱을 흡입한다. 평균적으로 한 사람은 하루에 2만 번 호흡하는데, 이는 우리가 세 번 호흡할 때마다 한 번은 미세 플라스틱을 들이마신다는 뜻이다. 쿠세이로가 실험을 진행한 가정은 두 아이가 있었기 때문에 입자가 다시 공중으로 떠오를 기회는 충분했고, 특히 쿠세이로가 찾고 있던 작은 크기는 더 잘 떠오를 수 있었다. 쿠세이로는 말한다. "아이들이 무엇을 하는지 보세요. 아이들은 침대 위에서 뛰고 베개 싸움을 해요. 방을 걸어 다니면 공중에 많은 입자가 보입니다. 제가 보여주고 싶었던 것은 바로 이것입니다. 만약 이런 환경에 있게 된다면 사람들은 우리가 생각했던 것보다 훨씬 많이 입자를 들이마시게 됩니다."

생리학적으로 생각해보면, 아이는 성인보다 작기에 더 적은 미세 플라스틱을 들이마신다고 생각할 수 있다. 그러나 움직임의 양을 생각해보면 아이가 더 많이 들이마신다. 유아는 0.1제곱미터당 매일 수천 개의 미세 섬유 입자가 쌓인 바닥을 기어 다닌다. 앞서 이야기했던, 유아의 배설물에 성인의 10배에 달하는 PET가 있다는 실험 결과는 아이들이 땅에서 미세 섬유와 접촉하며 보내는 시간의 양, 그리고 미세 플라스틱이 섞여 들어간 분유와 관련이 있다. 유아는 플라스틱 장난감을 씹고, 그런 식으로 다른 입자를 빨아들일 수 있다.[41] 걸어 다니는 성인이나 애완동물들도 그렇겠지만, 기어 다니는 유아도 바닥에 있는 입자를 휘저어 공중으로 떠오르게 한다.

여기서 다시 언급하자면, 마이크로 라만 분광학도 일정 크기의 입자까지만을 측정한다. 즉, 가장 작은 입자는 잡아내지는 않는 다는 말이다. 그렇기에 실내 공기와 먼지 속에 있는 플라스틱 입자의 실제 수치는 아마 훨씬 높을 것이다(알프스산맥에 서 있을 때 머리 위에 떨어지는 수만 개의 나노 플라스틱을 생각해보기를 바란다). 하지만 나노 플라스틱을 시험하는 것이 얼마나 어렵고 비싼지를 고려해보면, 일단 추정을 하는 정도가 최선이다. "그러나 그건 아주 합리적인 추정이에요." 드리스는 말한다. 여러분이 인공 섬유를 만드는 공장에서 일하고 있는 것이 아니라면, 가장 오염이 심한 곳은 여러분이 지금 앉아있는 방일 것이다. (코로나바이러스로 인해 마스크를 쓰게 된 것은 다양한 효과를 가져왔다.[42] 마스크가 실내에서 떠도는 바이러스와 미세 플라스틱의 유입을 막기도 하지만, 동시에 마스크 자체가 우리가 들이마시게 될 미세 섬유를 내보내기도 하기 때문이다.[43] 이를 오해하지 않기를 바란다. 마스크를 쓰지 않고 코로나에 걸리는 것보다 마스크를 쓰는 것이 더 낫다는 것은 확실하다. 그러나 일회용 마스크는 자연 환경의 도처에 굴러다니고 있다. 한 연구는 2020년에만 15억 장의 마스크가 바다에 들어갔다고 추정했고, 또 다른 연구는 마스크 하나가 분해될 때 1백 5십만 개의 미세 플라스틱을 방출한다는 사실을 발견했다.[44])

미세 섬유 입자는 우리가 손을 닦을 때 쓰는 수건에서도, 우리가 입는 옷에서도 나온다. 우리가 털썩 앉는 소파에서도, 우리가 밟는 카펫에서도 나온다. 창문으로 들어오는 햇빛을 보면 공중에 떠 있는 미세 섬유가 보인다. (이 문장을 쓰는 순간에도 내 안경 렌즈에 붙은 미세 섬유를 보았다.) 여러분이 만나는 모든 플라스틱 제품은 그것이 쓰레기통이든 커피 메이커이든 램프이든 노화되면서 작은 조각으로 부서지고 있다. 도료를 칠한 가구를 문질러도 미세 플라스틱이 떨어져 나온다. 일회용 비닐봉지를 자를 때도 입자가 나온다. 비닐봉지를 뜯으면 미세 플라스틱은 에너지를 얻어 공중으로 솟아오른다.[45] 플라스틱병의 뚜껑을 딸 때도 마찬가지다. 옷을 건조기에 넣고 돌릴 때마다 미세 섬유가 찢겨 나와 필터에 쌓인다. 그 필터를 청소하면 그 입자가 날아올라 여러분이 호흡하는 세탁실 공기로 들어간다.[46]

입자는 자연환경으로도 들어간다. 한 실험에서 과학자들은 눈이 온 직후, 두 집에서 분홍색 폴리에스테르 플리스 담요를 건조했다. 같은 색깔의 섬유를 배출한 건조기의 환기구 부근을 쉽게 볼 수 있기 위함이었다.[47] 과학자들은 각기 다른 거리에서 0.1제곱미터마다 시료를 채취했는데, 집의 측면과 전면으로 약 9미터 지점까지, 각 마당마다 14군데의 구역을 정했다. 그 결과 한쪽 마당에서는 구역당 평균 4백 개의 섬유를 발견했고, 다른 쪽 마당에서는 1천 2백 개를 발견했다. 환기구 가장 가까운 곳에 가장 많은 섬유가 쌓여 있었지만, 9미터 떨어진 곳까지 많은 섬유가 이동했다는 사실도 발견했다. 이 실험은 나노 플라스틱은 채취하지 않았는데, 아마 나노 플라스틱은 필터를 빠져나와 공기에 섞였을 것이다. 또 다른 연구에서는 폴리에스테르 옷을 대상으로 실험을 진행했는데, 그 결과 건조기는 매년 1억 2천만 개의 미세 플라스틱을 외부 공기로 방출할 수 있다고 추정했다.[48] 건조기 환기구에서 나온 공기는 뜨겁기 때문에 위로 올라가는데, 이 과정에서 입자도 함께 올라갈 것이다.

그러므로 건조기는 미세 섬유를 공기로 들어가게 하는 또 하나의 이유다. 건조기 내부의 뜨거운 열기는 마찰과 함께 작용하여 우리 옷에 있는 플라스틱을 가혹하게 부순다. 전 세계적으로 중산층이 많아질수록 더 많은 세탁기와 건조기가 사용될 것이다. 기계를 사용하는 것보다 빨랫줄을 사용하는 것이 더 좋거나 나쁘다는 말이 아니다. 빨랫줄에 건조한다 해도 합성 섬유는 플라스틱 뿌리 덮개처럼 바람과 자외선에 의해 떨어져 나온다. 단지 그 누구도 자연 건조 과정에서 미세 섬유가 얼마나 방출되는지를 측정하지 않았을 뿐이다. 또한 빨랫줄에는 필터가 없는 반면, 건조기에는 필터가 있다. 이 필터가 외부 대기로 나가는 미세 섬유를 잡아내는 데 어느 정도 역할을 할 수 있다. 물론 빠져나가는 양이 많겠지만 말이다. 그리고 필터를 청소하고 거름망을 버리는 과정에서 섬유들이 대기 중으로 빠져나가지 않으리라는 보장도 없다.

우리는 얼마나 많은 미세 플라스틱을 먹고, 마시고, 호흡할까? 사람마다 행동 패턴이 다르기 때문에 얼마나 많은 입자가 여러분의 몸으로 들어가는지는 알 길이 없다. 하지만 2021년의 한 연구는 미세 플라스틱에 노출된 인간 활동에 대한 모든 종류의 데이터를 모아 분석해본 결과 평균적으로 한 아이가 매일 553개의 입자를 섭취한다고 밝혀냈다. 연간으로 따지면 2십만 2천 개에 달하는 수치다.[49] 성인은 매일 883개, 연간 32만 2천 개다. 데이터가 여전히 부족하다는 것을 고려하면 이 수치는 5분의 1만을 설명해줄 수 있을 뿐이다. 여기서 다시 한번 수치의 차이를 발견하게 되는데, 배설물 시료 연구 결과는 우리가 매년 1백 5십만 개의 입자를 배설한다는 것을 보여주고 있다. 만약 페이 쿠세이로가 옳다면, 우리는 몇백만 개의 입자를 더 흡입하는 것이다.

이 숫자의 크기와 관계없이, 어쨌든 우리가 섭취하고 호흡하는 양은 많다. 그리고 플라스틱 생산은 더욱 가속화될 것이기 때문에 점점 숫자는 늘어날 것이다. 그래서 과학자들은 그저 가만히 답을 기다리고만 있지 않다. 과학자들은 미세 플라스틱이 우리 몸에 끼치는 영향을 연구하고자 빠르게 움직이고 있다.

깨끗하지 않은 공기 호흡하기

공기를 깊이 마시게 되면 공기는 코를 통과해서 목구멍 뒤로 갔다가 기도로 들어가고 기관지를 타고 왼쪽이나 오른쪽 폐로 들어간다.[50] 일단 폐로 들어간 공기는 기관지로 알려진 작은 통로들을 통과하고, 더 작은 세(細)기관지로 들어갔다가 마지막으로 공기주머니로 들어간다. 이 허파꽈리(폐포)는 모세혈관으로 가득 채워져 있다. 이 모세혈관은 공기로부터 산소를 받아들인다.

인간이 지구를 걸어 다닌 이래, 인간은 더러운 공기를 흡입해 왔다. 그 공기에는 온갖 종류의 박테리아, 균류, 바이러스, 그리고 연기, 먼지 입자 등이 들어있는데 이는 모두 우리의 폐와 몸 전체에 좋지 않은 것이다. 이런 침입자들을 쫓아내기 위해서 우리의 기도(airway)에는 점막 섬모가 있다. 이는 점액층을 밀어내기 위해 앞뒤로 움직이는 섬모라고 불리는 채찍 모양 돌기가 촘촘하게 있는 형태이다. 외부 물체는 허파꽈리에 닿기 전에 이 부분에서 걸러져 들어온 곳으로 다시 내보내진다. 우리가 연기를 흡입하다가 기침을 할 때 나오는 그 점액은 점막 섬모층이 만들어낸 것인데, 그 점액을 다시 삼키는 과정에서 연기 입자가 분리된다. 이 입자는 호흡기가 아닌 소화기로 들어가는 것이 좋은데, 많은 입자성 물질이 허파꽈리에 쌓이면 산소 공급이 쉽게 끊어질 수 있기 때문이다.

그러나 우리가 매우 빠르다면 에스컬레이터의 진행 반대 방향으로 이동할 수 있는 것처럼, 침입자들도 점막 섬모층을 역주행해서 허파꽈리로 들어갈 수도 있다. 그 이유는 허파꽈리에 점액이 조금씩 모이면 이것이 공기 중의 산소 흡수를 방해할 수 있게 되고, 점막 섬모층은 폐 쪽에 가까울수록 점차 작아지기 때문이다.

수년간 담배를 피우는 것과 같은 해로운 행위가 폐의 점액막에 손상을 입혀 점막 섬모층이 기능하지 못하게 하는 일도 있다. 그러나 어떤 입자는 건강한 폐의 기도에 잠복해 있을 수도 있다. 가장 악명 높은 입자는 건물에 사용되는 방화 물질인 석면이다. 이 작고 바늘같이 생긴 섬유는 폐 깊숙한 곳까지 파고 들어가는데, 점막 섬모층 이를 막아내지 못한다.

일반적으로 어떤 입자가 움직이지 않으면 몸의 면역 세포는 이를 공격해서 녹여버린다. 박테리아와 바이러스의 경우는 이런 과정을 거쳐 소멸한다. 그러나 석면 섬유의 경우는 다르다. 석면은 사라지지 않고 폐 속에서 염증을 일으키며 암이나 석면 침착증 등의 각종 질병을 일으킨다. "석면 공장에서 일했던 사람들을 검사해보면 석면 섬유를 실제로 볼 수 있습니다." 미국 폐 협회의 의료 총책임자인 알버트 리조(Albert Rizzo)가 말한다.

의사들은 길고 가느다란 미세 섬유에서도 석면 같은 특징을 발견한다.[51] 미세 섬유는 그 모양새가 석면 섬유처럼 폐 깊이 들어갈 수 있도록 만들어져 있다. 미세 플라스틱이라는 용어가 만들어지기 6년 전인 1998년, 로스웰파크 암학회의 연구원들은 114명의 환자의 폐종양에서 걱정스러운 유형을 보고했다.[52] 연구자들은 이 환자 중 99명에게서 셀룰로스(예를 들어 면화) 섬유 또는 플라스틱 미세 섬유, 혹은 그 둘 모두를 발견했다. 33개의 악성 폐 피검물 중에서 32개가 섬유를 가지고 있었다. "대부분의 섬유는 거의 훼손되지 않거나 전혀 훼손되지 않았습니다. 그리고 이번 관찰을 통해 흡입된 셀룰로스와 플라스틱 섬유는 생체 저항적이기에 몸속에서 분해되지 않는다는 우리의 가설도 확인되었습니다."라고 과학자들은 논문에서 밝혔다. 석면의 경우에서처럼 폐의 자정 기능은 섬유를 쫓아내지 못했고, 외부 물체는 분해되지 않았다. "흡입되어 분해되지 않는 셀룰로스와 플라스틱 섬유(특히 매연제, 염료, 다양한 화학물질을 포함한)가 폐암을 포함해 폐 관련 질병의 원인이 된다고 생각하는 것은 합리적인 추론입니다."라고 그들은 결론지었다.

　과학자들은 합성 섬유를 만드는 노동자들에게서 발생하는 암을 비롯한 다른 심각한 건강상의 문제를 계속해서 기록했다.[53] 만성 기관지염, 폐렴, 호흡곤란, 폐 기능 저하, 축농증, 천식 등이 여기에 속한다.[54] 1975년에 발표된 한 논문은 합성 섬유 업계에서 일한 7명의 노동자를 부검한 결과를 발표했는데, 이들은 모두 폐 질환에 걸렸으며, 한 54세 여성은 호흡정지로 입원하기도 했다.[55] 결국 이 여성은 3주 후에 사망했다. 이 여성 폐의 허파꽈리는 커다란 반흔 조직에 의해서 완전히 없어졌다. 의사들은 이 반흔 조직에서 폴리에스테르 섬유를 발견했다. 다른 6명도 역시 폐 손상을 입었다. 논문의 저자들은 합성 섬유가 일으킨 이 현상을 "새로운 직업병"이라고 명명했다.

　다른 연구들도 섬유 생산이 호흡기 및 소화기암의 위험성이 높아지는 것과 관련되어 있다고 보았다.[56] (훨씬 많은 연구 대상 노동자가

PVC 먼지에 노출되었는데, 모두 폐암의 위험성이 높아졌다. 그러나 결장암과는 높은 상관관계가 나타나지 않았다.) 충전재 덩어리(부드러운 느낌을 주기 위해서 섬유에 추가되는 작은 합성 섬유)를 다루는 노동자의 상태는 매우 심각해서 의사들은 그들의 폐를 '충전재 덩어리'라고 불렀다.[57] 165명을 대상으로 실시한 연구는, 간질성 폐 질환 발병률이 48배 증가했다는 사실을 발견했다. 간질성 폐 질환은 흉터를 만드는데, 이 흉터는 노동자들이 나일론 충전재 업계를 떠난 후에 점점 사라졌다.[58]

폐암은 변종 때문에 발생한다. 세포가 공기 통로를 분화하거나 복제할 때 유전자 암호에 오류가 들어올 수도 있다. 리조는 "그런 일은 항상 일어납니다. 가끔 그런 변이는 비정상적인 성장을 일으킬 만큼 중대합니다. 면역체계가 이런 것들을 빨리 잡아낸다면 성장은 멈추고 암은 발생하지 않아요."라고 말한다. 그러나 만약 변이가 너무도 공격적이라면 암으로 발전한다. 발암물질들은 세포가 분열하는 동안 유전적 암호의 파괴를 일으킨다. "발암물질이 하는 일이 그런 겁니다. 담배 연기에는 이를 촉발하는 70~80가지의 화학물질들이 들어 있습니다." 리조의 말이다.

플라스틱도 발암성 화학물질들로 만들어져 있다. 모노머 염화비닐은 PVC를 구성하는데 국립암협회에 따르면 이것은 혈액암, 뇌종양, 폐암의 위험 증가와 관련되어 있다.[59] 폴리스티렌은 벤젠과 모노머 스티렌으로 만들어지는데, 둘 다 발암물질이다. 플라스틱은 아크릴아미드, 아크릴로니트릴, 에피클로로히드린을 포함한다.[60] 미국환경보호국(EPA)에 따르면 이것들은 모두 잠재적인 발암물질이고 발암물질로 알려지거나 잠재성 발암물질인 납, 수은과 같은 독성 금속이 들어가 있다.[61]

이런 입자들은 흙, 공기, 물을 통과해 다니면서 더 끈질기고 생물축적성이 강하면서 독성을 갖는 (PBT로 알려진) 화학물질을 모은다. "사실 플라스틱은 PBT를 모으는 자석과도 같습니다."라고 EPA는 말한다.[62] 중금속은 미세 플라스틱에 빠르게 붙는다. 한 연구팀은 주위 담수 환경보다 800배 높은 농도의 중금속을 미세 플라스틱 입자에서 발견했고[63], 또 다른 연구팀은 배설물에 묻은 독성 화학물질들의 농도가 주위의 바닷물에 비해 1백만 배 더 높다는 것을 발견했다.[64]

미세 플라스틱은 또한 다이클로로다이페닐트라이클로로에테인(DDT)과 같은 유기 오염물질이 많은 곳에서 이런 오염원과 잘 결합한다.[65] DDT는 EPA가 1972년에 금지했지만, 여전히 자연에 남아있는 독성 살충제이다. 미세 플라스틱은 쉽게 대기에 섞이기 때문에 전 세계에 퍼진 더 많은 독성물질과 합쳐지고, 수천 킬로미터 떨어진 깨끗한 곳들로 퍼져나갈 수 있다.

뾰족한 미세 플라스틱은 석면처럼 조직을 긁는다. 특히 작은 입자(5마이크로미터 미만의 것들)는 점막 섬모층을 완전히 빠져나가서 허파꽈리로 들어간다. "우리가 그 정도 크기의 어떤 입자들도 폐로 깊이 들어가는 것을 원하지 않는 이유가 바로 그거에요. 그 입자들이 폐에 해롭다고 알려진 중금속, 포름알데히드나 벤젠 같은 중금속을 포함하고 있기 때문이죠." 리조가 말한다. "이 모든 것은 발암물질이며, 기도에 문제를 일으킨다고 알려져 있습니다." 미세 플라스틱에서는 이 모든 발암물질이 발견된다. 산소가 혈액으로 흡수되는 허파꽈리에 이것이 도달하게 되면, 플라스틱 입자는 혈류에 발암물질을 집어넣을 수 있다. 입자가 아주 작기 때문에 허파꽈리를 통해 피에 섞이는 것이다.

이쯤에서 사람들이 어디에서 미세 플라스틱에 노출되었는지 살펴보자. 과거 석면과 섬유를 만드는 공장에서 일하는 사람들의 폐에서 석면 섬유와 미세 섬유를 발견하는 것은 특수한 사례였다. 이들은 수십 년 동안 아주 높은 농도의 미세 플라스틱에 노출되었지만, 당시 대부분의 다른 사람들은 이 정도의 노출을 경험하지 않았다. 그러나 지금은 다르다. 완전히 플라스틱에 둘러싸여 살고 있기 때문이다. 여러분과 나는 어디를 가든지 공중에 떠다니는 미세 플라스틱에 노출되어 있다. 집이나 자동차에 앉아있을 때, 길을 걸어 다닐 때, 합성 섬유 이불 속에서 잘 때 우리는 미세 플라스틱에 노출된다. 우리는 미세 플라스틱과 나노 플라스틱을 24시간 내내 들이마신다. 이제는 섬유 공장에서 일하지 않는 사람들의 폐 속에도 입자가 들어가고 있다.

2021년에 연구자들은 브라질에서 스무 명의 비흡연자 폐 조직을 분석했다.[66] 몇몇 사망의 원인은 폐 속의 혈전과 같은 호흡기와 관련된 것이었고, 단 한 명만이 만성적인 폐 질환을 앓고 있었다. 연구자들은 이 중 13명에게서 31개의 합성 폴리머 입자들을 발견했다. 87.5%는 조각이었고 12.5%가 섬유였다. 이들의 폐 조직에서 발견된 입자 수치를 완전한 호흡기 수준으로 보정한 결과, 연구원들은 평균적으로 개인당 폐에 470개의 입자가 있다고 보았다. 실험 대상은 평범한 사람들이었다. 섬유 노동자가 아닌 영업사원, 교사, 그리고 농부였다. 2022년 또 다른 연구는 11명의 샘플을 분석했는데, 폐의 중간 부분과 윗부분보다 아랫부분에서 더 많은 미세 플라스틱을 발견했다. 이는 입자가 폐의 아래로 내려갈수록 더 잘 달라붙는다는 것을 말해준다.[67]

폐에 얼마만큼의 미세 플라스틱이 들어있어야 과도한 양이라고 할 수 있을까? 네덜란드 그로닝겐 대학교의 바브로 멜게르트(Barbro Melgert) 같은 호흡면역학자들은 이 질문에 답하고자 노력하고 있다. 멜게르트는 인간의 폐 세포에서 떼어낸 오르가노이드로 알려진 공기 통로와 공기주머니의 복제 조직을 배양하고 있다. 이는 미세 플라스틱에 노출된 인간의 조직을 관찰하기 위해 사람에게 직접 입자를 흡입하도록 해야 하는 실험의 윤리적 문제를 해결하기 위함이다. "이 미세 플라스틱 섬유는 폴리에스테르 혹은 나일론에서 만들어진 것인데, 폐 조직의 성장을 방해하는 것이 확실합니다." 멜게르트가 말한다.

보통 건강한 폐 조직은 아이의 폐 조직을 생성하거나 호흡기 질환이 있는 성인의 허파를 재생한다. "아이는 폐의 표면적이 작아서 더 걱정스럽습니다. 아이가 성인과 같은 양을 흡입하게 된다면 더 부정적인 결과가 나올 거예요. 그 누구도 폐에 병이 있는 사람들이 그 병을 치료하는 과정이 어려워지기를 바라지 않습니다." 멜게르트는 이 실험을 갓 만들어진 미세 섬유와 옷가게에서 구매한 옷에서 나온 미세 섬유로 해오고 있는데 옷가게에서 구매한 섬유가 더 많이 찢기고 갈라져 있었고, 더 심각한 결과를 초래한다는 것을 발견했다.[68]

멜게르트는 오르가노이드에게서 나타나는 유전자 발현(폐 세포들이 어떻게 기능을 하고 있는가를 알아내는 신호)을 모니터했다. 여기에서도 나쁜 소식이 들려왔다. "이렇게 많은 유전자가 변하는 것을 본 적이 없습니다." 멜게르트는 말한다. 더 자세히 설명하면, 건강한 폐가 전구체 세포를 이용하여 스스로를 회복시키는 구조를 미세 플라스틱이 막고 있다는 것이다. 전구체 세포는 폐 속에 있는 상처를 임시로 치료하기 위해 분화한다. "전구체 세포가 변하고 있습니다. 몇몇 세포는 더 이상 만들어지지 않아요."

그러나 이에 영향을 주는 것으로 의심이 되는 화학물질이 너무나 많기에 멜게르트는 아직 플라스틱 속의 어떤 것이 이런 현상을 일으키는지는 알 수 없다. 하지만 미세 섬유로부터 침출수(워싱턴 대학의 에드워드 콜로지에이와 그의 동료들이 자동차 타이어에서 나오는 연어에게 치명적인 물질을 발견했던 것과 다르지 않은)를 만들어 오르가노이드에 투여한 결과, 같은 현상을 발견할 수 있었다. 결론적으로 조직에 나쁜 영향을 끼치는 것은 입자 그 자체라기보다는 입자로부터 흘러나오는 것이라고 볼 수 있다. 이제는 화학물질의 구성 성분을 하나씩 실험해서 무엇이 이런 현상을 일으키는지를 알아보아야 한다. 멜게르트는 말한다. "우리는 여전히 이런 변화를 일으키는 게 무엇인지 모릅니다. 힘 빠지는 일이죠."

멜게르트는 미세 섬유가 폐 조직을 공격한다는 점을 보여주었다. 이는 입자가 호흡기 문제를 일으키는 방식을 이해하기 위한 중대 발견이다. 앞에서 우리는 섬유업계 노동자에게서 실제로 그런 문제들이 일어나고 있음을 보았다. 그러나 일반적인 사람들은 이보다는 미세 섬유에 훨씬 덜 노출되기 때문에, 입자가 어느 정도 있어야 조직에 나쁜 영향을 일으키는지 알아볼 필요가 있다. 도처에 깔린 미세 플라스틱 오염이 전 세계적으로 증가하고 있는 호흡기 질환과 관련이 있는가? "천식으로 고생하는 사람이 많아지고 있어요. COPD(만성 폐색성 폐 질환)도 늘어나는 추세입니다. 폐 섬유증도 늘어나고, 여성에게서 폐암이 특히 늘어나고 있습니다." 멜게르트는 말한다. "중요한 질문이 여전히 남아 있습니다. '왜 그런가?'라고 하는 질문이요."

여기서 우리는 고전적인 과학의 함정을 피해 주의 깊게 발을 디뎌야 한다. 상호 관련성은 인과관계를 내포하지 않는다. 호흡기 질환 발병률은 플라스틱을 생산하고 사용하는 속도에 맞춰 계속 높아지고 있다. 질병 통제 예방센터에 따르면 2001년에서 2009년 사이에 천식을 앓고 있는 미국인은 2천만 명에서 2천 5백만 명으로 늘어났다.[69] 같은 기간 동안 전 세계적인 플라스틱 생산은 2억 1천 7백만 톤에서 2억 8천 8백만 톤으로 늘었다.[70] 두 수치는 거의 같은 성장률을 보인다. 그러나 과학은 아직 미세 플라스틱이 (특히 집에서) 더 많은 호흡기 질환을 일으킨다는 증거를 찾지 못했다. 과학자들은 입자가 쥐의 천식을 더 악화시킨다는 점을 보여주었고, 건강한 설치류도 염증 반응을 보인다는 것을 밝혀냈다.[71] 또한 우리는 집안 먼지에 얼마나 많은 미세 플라스틱이 함께 섞여 있는지를 알게 되었다. 하지만 이제 막 연구를 시작했기 때문에 수십 년 전의 상황을 알 수 없다. 과거 데이터가 없기 때문에 추세를 조사하는 것은 불가능하다.

게다가 일반적으로 입자가 인지적 문제와 관련이 있을 것이라고 예상하는데(예를 들어 교통 공해에 노출되면 알츠하이머나 다른 형태의 치매에 걸릴 확률이 높아진다.[72]), 이는 과학자들이 신경 퇴행성 질환의 발병률 증가와 미세 플라스틱의 연관성을 추측하는 데 도움을 준다.[73] 하지만 이는 아직 추측으로 남아있다. 상호 관련성이 인과 관계를 내포하는 것은 아니기 때문이다. 대기는 그을음, 배기가스, 꽃씨, 오존 같은 독성 가스, 그리고 미세 플라스틱으로 이루어진 매우 복잡한 혼합물이다. "입자가 사람을 약하게 해서 폐 질환을 일으키게 하거나 폐의 기능을 아주 빠르게 상실하게 한다는 유행병학적 증거는 사실 많이 있습니다." 멜게르트는 말한다. "고속도로 옆에 사는 아이들은 폐의 기능이 낮고 천식에 걸릴 위험성이 높습니다. 그러므로 이전에 있던 지병을 앓던 사람만 문제가 되는 것이 아닙니다. 이제 건강한 사람들도 병에 걸릴 확률이 높아진다는 겁니다."

아기가 처음 마시는 분만실 공기에는 미세 섬유가 떠다닌다. 아기는 미세 플라스틱이 가득한 먼지 위를 기어 다니고, 나중에는 미세 섬유 베개로 베개 싸움을 한다. 아기의 폐는 계속 자라는데, 이 과정에서 석유 입자가 기도 속에 갇혔다가 점막 섬모층을 피해 갈 수도 있다. 어린 물고기처럼 아이의 면역체계도 아직 완성된 것이 아니므로, 아이는 성인보다 더 높은 호흡기 감염을 겪을 수도 있다.[74] "성장 중인 폐가 가장 염려됩니다. 그 안의 플라스틱을 아동기에 제거하지 않는다면, 체내에서 분해되지 않을 것이기 때문입니다." 쿠세이로는 말한다. 그는 가족이 사는 집에서 미세 플라스틱을 연구했다. "우리는 미세 플라스틱이 우리에게 어떤 짓을 하는지 모릅니다. 우리는 그것을 필사적으로 알아낼 필요가 있습니다. 우리가 천식과 연관시킬 수 있는 숨은 어떤 영향들이 있고, 그것이 플라스틱에 의해서 일어나는 무언가라면, 우리는 그것을 알아야 합니다. 그래야 이를 멈추게 할 수 있는 방법을 시작할 수 있으니까요."

화학 범죄자

플라스틱 안에 있는 많은 내분비계 교란 물질(EDC, 환경호르몬)은 아이와 임산부에게 심각한 걱정거리이다. 내분비계는 호르몬을 분비하는 (분비)선(腺)의 네트워크이다. 두뇌에 있는 뇌하수체와 시상하부, 목에 있는 갑상선, 내장에 있는 췌장, 난소, 고환 등이 모두 내분비계이다. 이 네트워크는 에스트로겐, 테스토스테론, 멜라토닌, 인슐린 등을 분비하는데 이 호르몬들은 신진대사, 성장, 스트레스, 수면, 그리고 면역체계를 조절한다. 내분비계의 기능 없이 몸은 제대로 작동할 수 없다. 내분비계의 어딘가에서 일어나는 단 하나의 문제도 심각한 질병이나 심지어는 사망으로 이어질 수 있다. 인슐린이 당뇨 환자에게 얼마나 중요한지 생각해보면 이를 쉽게 알 수 있다.

내분비계 교란 물질은 인체의 호르몬을 간섭하여 내분비계를 공격하는 물질의 거대한 집합이다. 보수적으로 추정한 바에 따르면, 산업계에서 생산해서 사용한다고 등록한 35만 가지의 화학물질 중에서 1천 가지가 내분비계를 교란하는 성질을 갖고 있는데, 이 물질의 상당수가 플라스틱에 들어있다.[75] 대부분의 환경호르몬은 호르몬과 구조가 비슷하기 때문에 내분비계의 수용체와 쉽게 결합한다. 그 과정에서 환경호르몬은 우리 몸의 호르몬이 결합하는 것을 방해하거나, 혹은 이상 반응을 만들어낸다. (어떤 환경호르몬은 그 구조가 호르몬과는 현격히 다른데도 여전히 내분비계를 교란한다. 특히 납이나 수은 같은 중금속이 그러하다.) 어떤 환경호르몬은 인체가 호르몬을 만들기 위해서 사용하는 효소를 교란하고, 호르몬을 분해하는 효소도 교란한다.

건강 전문가들은 우리가 매일 노출되는 폴리머에 들어있는 세 가지 환경호르몬을 특히 염려한다. 바로 비스페놀, 프탈레이트, 과불화화합물이다. 비스페놀 중에서는 BPA라고 알려진 비스페놀 A가 가장 악명 높다. 이것은 합성 에스트로겐인데, 물병이나 음식 용기처럼 투명하고 단단한 플라스틱을 만드는 데 좋다.[76] "불행히도 그것은 플라스틱 안에만 머물지 않습니다. 플라스틱이 오래되거나 열이 가해지거나 씻기면, 분해되면서 BPA가 흘러나옵니다." 조디 플로스(Jodi Flaws)가 말한다. 그는 일리노이 대학교 어바나 샴페인에서 연구 중인 생식독물학자다. 그는 내분비학회에서 플라스틱과 환경호르몬에 관한 2020년 주요 보고서 작성 책임자였다. 전 세계 90~99%의 사람이 BPA를 갖고 있다.[77] "우리는 연구를 통해 BPA가 동물과 인간 두뇌 발달 및 행동에 영향을 끼친다는 것을 알게 되었습니다. 불안증세, 우울증, 과잉활동, 주의 산만, 행동 문제는 BPA 노출과 관련이 있습니다. 다낭성난소증후군과 남성의 성기능 저하도 그렇습니다. 유방암과 전립선암에 걸린 사람들에 관한 연구도 관련되어 있어요. 난소암과 자궁내막암과도 연관이 있다는 조짐도 나타나고 있습니다." 플로스의 말이다.

2012년 FDA는 유아용 병과 빨대 컵에서 BPA의 사용을 금지했다.[78] 그러나 몇 년 후 실시한 연구는 59가지의 유아용 치발기를 대상으로 BPA를 조사했는데, 모두 BPA가 검출되었다.[79] 조사 대상 중 48개는 심지어 BPA가 없다고 표기하고 있음에도 이런 결과가 나왔다. 비스페놀은 인공 섬유와 천연 섬유 모두에서 흔하게 나타난다. 한 실험에서는 폴리에스테르보다 모직물에 BPA가 더 많이 들어있다는 것이 확인되었다.[80] 2021년 환경보건센터가 시행한 조사는 헤인즈(Hanes), 프룻 오브 더 룸(Fruit of the Loom), 아디다스(Adidas)를 포함한 성인 및 유아용 84개 양말 브랜드에서 허용 수치를 31배나 초과하는 BPA를 발견했다. 앞서 말한 픽펜 효과를 생각해보면 이는 참 불안한 결과이다. 이런 양말을 신고 집을 돌아다니면 섬유 조각이 떨어져 나가고, 유아는 섬유 조각이 쌓인 바닥 위를 기어다니게 되는 것이다. 게다가 BPA는 피부로 쉽게 스며든다.[81] 이 조사는 양말만을 살펴보았지만, 사실 얼마나 많은 옷이 BPA를 가졌는지 알 수 없고, 옷 외에 우리가 덮고 자는 이불도 마찬가지다. 사람들은 물병 속에 든 BPA를 걱정했고, 이는 마땅히 해야 할 걱정이었지만, 사실 우리는 이미 BPA에 매 순간 덮여 살았다.

BPA의 역풍으로 인해 플라스틱 생산업체들은 비스페놀S(BPS), 비스페놀F(BPF)와 같은 다른 비스페놀로 BPA를 대체했다. 이것들은 BPA만큼 연구되지 않았지만, 유아용 치발기를 대상으로 한 연구에서는 BPS와 BPF도 검출되었다. "제품에 BPA가 없다는 말이 BPA와 구조상 유사한 무언가로 대체되지 않았다는 것을 의미하지는 않습니다. 우리는 대체물 역시 독성물질이며 오히려 더 독성이 강할 수도 있다는 것을 알아요. 그런데 이에 관한 연구는 많지 않습니다." 플로스의 말이다.

BPA를 BPS, 혹은 BPF로 대체하면 인간은 BPA에 확실히 노출되지 않을 수 있다. 만약에 BPA가 없는 병에서 물을 마신다면, 그리고 만일 제조업체가 솔직하다면, 우리는 BPA를 마시지 않을 수도 있다. (하지만 제조업체가 정직하다는 것은 믿기 쉽지 않은 가정이다.) 그러나 우리는 과거로부터 물려받은 BPA의 폭격을 받고 있다. 플라스틱 기업들은 1950년대에 이 화학물질을 담고 있는 폴리머를 만들어내기 시작했고, 1980년대 말에는 BPA 생산이 미국에서만 45만 톤에 달했다.[82] 이 시간 동안 BPA가 들어간 제품들은 미세 플라스틱을 땅에, 공기에, 바다에 흘려보냈다. 인류가 당장 내일 BPA 생산을 멈춘다고 해도 내분비계를 교란하는 화학 물질들은 여전히 인간에게 다가올 것이다.

BPA와 그 일당 외에도 내분비계를 공격하는 것이 또 있다. 프탈레이트다. 이 물질은 플라스틱에 더 많은 유연성을 주는 가소제다. 무게로 보면 프탈레이트는 플라스틱의 최대 60%까지 차지할 수 있다.[83] 따라서 이 물질은 실내 공기에도 많이 들어있는데, 연구자들은 이 물질을 성인보다 유아에게서 더 많이 발견했다.[84] 비스페놀과 마찬가지로 프탈레이트도 생식 기관을 교란하여 테스토스테론과 에스트로겐을 줄이는 것과 관련이 있다고 여겨지고 있다. 독물학자들은 프탈레이트를 남성과 여성의 가임 능력 감소의 잠재적인 원인으로 지적해 왔다.[85] 139명의 여성을 상대로 한 연구에서 밝혀진 바에 따르면 혈액 속에 프탈레이트 수준이 높을수록 여성이 산후 우울증에 걸릴 가능성이 커진다.[86] 다른 연구에서는 프탈레이트가 가지는 당뇨병과 심장병과의 연관성에 주목했다.

BPA와 함께 프탈레이트는 비만 유발 환경호르몬이다. 그리고 두 가지 모두 신진대사를 방해하는 화학물질(MDC)이다. 실제로 쥐를 대상으로 한 실험에서, 미세 플라스틱에 노출된 쥐들은 신진대사에 문제가 생겼고 장 속 미세 생물군의 체계가 바뀌어버렸다. 과학자들은 플라스틱이 비만 유행에 영향을 미쳤는지를 조사하고 있다. 1970년대 중엽부터 미국의 비만율과 플라스틱 생산은 함께 나란히 증가했다.[87] 천식의 비율 증가와 마찬가지였다. 물론 비만의 원인으로는 유전, 가공식품(EDC가 다량 들어있는 플라스틱의 사용까지 합쳐서)의 확산 등 여러 가지 이유가 있다. 그러나 전 세계적으로 비만 인구가 50년 동안 세 배 증가한 것을 유전만으로 설명할 수 없다. 그렇기에 과학자들은 플라스틱을 공중 보건 위기의 잠재적인 요인으로 조사하고 있다.

한 연구팀은 음식 용기, 랩, 샴푸통 등 일상 용품에서 각기 다른 11가지의 MDC를 추출했다. 이 안에는 프탈레이트도 포함되어 있었는데, 이 물질은 실험실에 있는 지방 세포를 확 늘렸다.[88] 또한 연구원들은 플라스틱 바닥재도 시험했는데, 바닥재에서만 10가지의 MDC가 발견되었다. 이는 단일 제품 중에서는 가장 많은 수치이다. 바닥이 실내 미세 플라스틱의 주요 원인이라는 솔타니의 연구와 함께 생각해볼 부분이다. "추출된 혼합물의 영향력, 그리고 우리가 플라스틱과 항상 접촉하고 있다는 것을 생각해보며, 우리가 얻은 결과는 플라스틱 화학물질이 비만 유발 환경을 만들고, 이로 인해 비만이 유행하게 된다는 가설을 뒷받침할 수 있다." 라고 과학자들은 논문에서 지적했다.

프탈레이트는 신진대사를 엉망으로 만드는 것에서 멈추지 않는다. 뉴욕 대학교 랑곤 의과대학(Langone Health)에서 환경건강과학자로 일하는 레오나르도 트라산드(Leonardo Trasande)는 이렇게 질문한다. "비만, 당뇨, 그리고 심혈관계의 위험도를 포함한 모든 영역에서 한 걸음 뒤로 물러나 생각해봐야 한다. 미세 플라스틱이 직접적인 사망과도 관련되어 있을까?" 트라산드는 이 질문에 답하기 위해 5천 명이 넘는 미국인의 건강 조사 결과를 분석했는데, 결과와 함께 이들의 소변도 분석했다. 그 결과, 55세에서 64세에 이르는 사람 중 음식 포장에 사용되는 프탈레이트의 정도가 몸속에 높게 나타나는 사람은 심장 질환으로 사망할 확률이 높다는 사실을 발견했다.[89] "식단, 육체적 활동, 흡연과는 상관이 없어요. 물론 이것들을 우리의 발견을 설명할 수 있는 원인이라고 생각할 수는 있지만 말입니다." 트라산드는 말한다.

그는 이 결과를 전체 미국 인구에 맞게 보정하여 프탈레이트에 의해 매년 성인 9만 1천 명에서 10만 7천 명이 조기에 사망할 것이라고 보았다. "이 사망률은 20세 이상의 전체 인구를 대상으로 계산한 것이지만, 매우 보수적으로 본 값입니다. 이 물질이 이렇게나 많은 질병과 장애를 일으킨다면 왜 여전히 사용되고 있는지를 물어봐야 하지 않을까요? 아마도 안전한 대안을 만들려면 비용이 들고 기업들이 플라스틱에 이 물질을 사용하는 것으로부터 이익을 얻기 때문이겠죠."

프탈레이트와 BPA는 아주 빨리 분해된다는 점에서 비슷하다. 그러나 이것이 우리 건강에 해를 끼치지 않는다는 말은 아니다. "프탈레이트와 BPA가 아주 빨리 분해된다고 해도, 우리는 이 물질에 지속적으로 노출되어 있습니다. 우리 몸에서 이 물질들이 계속 발견되는 이유죠." 플로스는 말한다. 다시 말하지만, 당장 EDC를 제거한다고 해서 이것이 한순간에 우리의 몸과 전 세계에서 사라지는 것이 아니다. 미세 플라스틱 입자는 분해되면서 자신을 흡수한 매개체, 혹은 어떤 유기체의 핵과 결합한다. "미세 플라스틱은 어디에나 있어요. 우리는 항상 노출되어 있습니다."

내분비 교란 물질의 세 번째 범주는 프탈레이트나 BPA보다 훨씬 끈질긴 것인데, 4천 종류 이상의 퍼플루오로알킬과 폴리플루오로알킬 물질, 즉 PFAS(과학자들은 이를 '피파씨즈'(PEAfass-iz)라고 읽는다)가 사용되고 있다. 이것은 플라스틱과 의류에 물이 잘 스며들지 않게 하고 얼룩을 막아준다. 한 조사는 재킷, 셔츠, 이불, 테이블보 등 소매점에서 파는 물건 중 물이 잘 스며들지 않아 얼룩이 쉽게 생기지 않는다고 적힌 상품의 3분의 2가 PFAS를 사용한다는 것을 알아냈다.[90] 또 다른 연구는 김이 서리는 것을 막아주는 스프레이와 렌즈용 천에서 이 물질이 상당히 높이 사용되고 있음을 밝혀냈다.[91] 플라스틱은 PFAS로 가득할 뿐만 아니라, 이미 자연 환경 속에 있는 PFAS를 끌어 모은다. 한 실험은 플라스틱스피어에 모인 입자 중 이 물질이 85%라는 사실을 밝혀냈다.[92]

"이것은 무서운 화합물입니다. 왜냐하면 이것들은 '영원한 화학물질'이기 때문입니다. 이것들은 자연환경 속에서 잘 분해되지 않아요." 플로스는 말한다. 이 물질의 수명은 수천 년이며[93], PFAS는 프탈레이트와 비스페놀 못지않게 해롭다. 독물학자들은 PFAS가 면역체계를 교란시키고 간과 갑상선에 악영향을 끼친다는 것을 계속 밝혀내고 있다. 이 물질은 가임 능력 저하와 출산 시점의 체중 저하와 관련이 있다. 또한 유방암, 난소암, 고환암, 비호지킨(non-Hodgkin) 림프종과도 관련이 있다.

내분비계 교란 물질이 더 위험한 이유는 축적된 양과 그 영향의 정도를 알 수 없기 때문이다. 과거 무슨 약이든 많이 먹으면 독약이 된다는 말이 있었다. 실제로 아스피린도 많이 먹으면 독이 된다. 하지만 플로스는 "내분비교란물질에 관한 수백 개의 연구로부터 우리가 배운 것은, 이 물질에 대한 반응이 단순하지 않다는 것입니다. 기본적으로 반응이 비선형적이라는 말입니다."라고 말한다. 실제로 이 물질을 조금 투여하면 강한 결과가 나타나지만, 이후 조금 더 투여하면 효과가 약해지고, 그보다 많이 투여하면 효과가 다시 강해진다. 그래프의 한쪽 끝에 낮은 투여량, 다른 한쪽 끝에 높은 투여량을 표시하면 독성은 U자 모양으로 나타난다. 높은 투여량이, 그리고 높은 투여량만이 독성을 지닌다는 것을 보여주는 선형적인 그래프가 아니라는 것이다.

이는 EDC는 많은 양을 섭취하지 않아도 그 효과가 발생한다는 것을 의미한다. 실제로 연구자들은 BPA와 BPS 둘 다 소량만으로도 금붕어에게 심각한 뇌손상을 일으킨다는 사실을 알아냈다. 이 두 물질은 신경 세포 안에 일어나는 신호를 교란했는데, 연구자들이 보기에 인간에게도 이러한 일이 일어날 확률이 높다.[94] (또한 BPS나 그 밖의 BPA 대체물 역시 BPA 이상은 아닐 수 있지만 여전히 해로울 수 있다.) 독물학자들은 이것이 어떤 현상을 일으키는지 아직 완전히 이해하지 못했지만, 투여량이 낮을 때 EDC가 내분비계에 있는 몇몇 수용체들과 결합하여 반응을 이끌어내는 것일 수도 있다고 보았다. "그러나 투여량이 너무 높으면 그것이 수용체들을 폐쇄하거나 하향 조절할 수 있고, 결합하여 다른 반응을 이끌어낼 수 있는 수용체로 비켜갈 수도 있습니다. 많은 경우 자연적인 호르몬도 그런 방식으로 작동합니다."

예를 들어, 에스트로겐은 조금만 투여하면 수용체와 결합하지만, 투여량이 늘어나면 수용체들은 기능하지 못할 정도로 약화된다. 이는 수용체 탈민감성이라고 알려진 과정이다. 따라서 투여량이 아주 높으면 어떤 반응도 볼 수 없게 된다. "자연 호르몬을 모방하는 화학물질들이 자연 호르몬과 유사한 방식으로 작용하는 것은 놀랄 일이 아닙니다." 플로스는 말한다.

어머니들은 내분비교란물질의 해로움을 태아에게 전할 뿐만 아니라, 더 먼 자손에게도 전달한다. 어머니들이 EDC에 노출되면 태아의 생식 세포 또한 여기에 노출되는데, 이 세포는 난자 혹은 정자로 성장한다. "생식 세포가 화학물질에 노출되면, 이로 인해 배아 세포들이 우리가 '리프로그래밍'이라고 부르는 작용을 하게 되는 것으로 보입니다. 즉 후성유전학적 변화가 일어난다는 것입니다. 이는 세대에서 세대로 이어지는 영원한 변화일 수도 있습니다. 그 생식 세포들은 다음 세대를 만드는 데 쓰이고, 그 태아들은 또 다음 세대를 만들 때 쓰이는 비정상적인 생식 세포를 갖게 될 것이기 때문입니다." 플로스의 말이다.

20세기 중반, 과학자들은 유산을 막기 위해 투여하는 디에틸스틸베스트롤(DES)이라고 불리는 인공 에스트로겐을 맞은 여성들에게 이런 현상이 나타난다는 것을 발견했다.[95] 이 약은 의도한 대로 효과가 있었고 여성들은 건강한 아기들을 출산했다. 그러나 이렇게 태어난 아기들은 사춘기에 접어들며 여자아이들은 질암과 유방암을, 남자아이들은 고환암을 겪거나 성기가 비정상적으로 자랐다. 과학자들은 이들을 DES 딸과 아들이라고 불렀다. "이 DES 딸과 아들이 아이를 가지게 되면 DES 손자와 손녀가 생겨나고, 그중 많은 이들은 부모 세대가 겪은 암에 걸리거나 생식 문제가 생길 수 있는 더 높은 위험에 노출됩니다. DES가 투여된 대상은 그들의 고조모이고, 그렇기에 그들의 몸에는 DES가 없지만, 그들의 생식 세포가 리프로그래밍되었기 때문에 이런 질병 특성을 다음 세대에 계속 전하게 되는 것입니다." 플로스의 말이다.

독물학자들은 어머니들이 미세 플라스틱과 나노 플라스틱(EDC와 다른 독성 물질을 완비한)을 태아에 전달한다는 증거를 수집하고 있다. 2021년에 과학자들은 인간의 태반에서, 태아 쪽과 어머니 쪽 모두에서 미세 플라스틱을 최초로 발견했다고 발표했다.[96] 그해 하반기에 또 다른 연구팀도 같은 것을 발견했다. 그들은 신생아의 태변(신생아가 최초로 배설하는 대변)도 살펴보았고, 거기에서도 미세 플라스틱을 발견했다.[97] 아이들은 태어나기도 전부터 미세 플라스틱을 먹고 있던 것이다.

태반은 아기에게 영양분을 주는 기능을 넘어 건강하게 자라는 데에 필요한 많은 호르몬을 만든다. "인생의 초기 단계에서 무슨 일이 일어나는가를 아는 것은 참 중요합니다. 이때가 인간의 발달에 있어서 가장 민감한 단계이기 때문입니다." 위트레흐트 대학교(Utrecht University)에서 미세 플라스틱을 연구하는 발달 독물학자

한나 두샤(Hanna Dusza)는 말한다. "이 발달 과정에 방해를 받게 되면, 나중에 성인이 된 이후 아주 큰 대가를 치를 수도 있어요. 그렇기 때문에 방해 요인을 살펴보는 것은 정말 중요합니다. 그리고 우리는 미세 플라스틱이 태반으로 들어가 자라나는 태아에게 노출된다는 것을 알고 있습니다."

실험실에서 두샤는 태반 세포를 키워 미세 플라스틱과 나노 플라스틱에 노출시켰다. 두샤는 세포들이 두 가지 크기의 입자들 모두를 흡수하지만, 나노 플라스틱을 더 많이 흡수한다는 것을 발견했다. 다른 과학자들은 나노 플라스틱을 임신한 쥐의 기관에 주입했고(이것은 몸이 정확히 얼마나 많은 입자를 흡수했는지를 알 수 있게 하여, 좀 더 정확한 결과를 보여줄 수 있다), 쥐 태아의 심장, 폐, 두뇌에서 플라스틱을 발견했다.[98] "나중에는 나노 플라스틱이 더 큰 문제임을 알게 될 겁니다. 나노 플라스틱의 표면적이 더 크기 때문입니다." 두샤는 말한다. 이것은 EDC와 다른 독성물질이 녹아들 기회가 더 많아진다는 것을 의미한다.

태아기는 호르몬이 발달 단계를 조율하는 시기로, 인간의 발달에 매우 중요한 시기이다. 호르몬은 태아의 성장을 자극하고 세포 형태(털, 근육, 혈액)를 분화하고 어머니와 아이의 몸 사이의 의사소통을 담당한다. 두샤의 말을 빌리자면, 아기는 자라면서 "민감성의 문"을 지난다. 이 과정에서 각기 다른 호르몬은 서로 다른 역할을 수행한다. 예를 들어, 팔과 다리가 발달하는 시기와 두뇌가 발달하는 시기에는 각기 다른 호르몬이 기능한다는 것이다. 이 기적과 같이 잘 짜여진 과정은 EDC에 의해 혼란을 맞이하는데, 과학자들은 자궁 속에서 EDC에 노출된 아이가 암에 걸리거나 낮은 지능지수를 가지는 것이 이런 이유라고 본다. 태아기에 EDC에 노출된 사람은 이후에도 유방암과 난소암 발병 확률이 높다. 게다가 이 물질은 정자의 질을 낮추기도 한다. "잠재적인 문제가 있다는 것을 우리는 이미 알고 있어요." 두샤는 말한다. "우리는 실제로 얼마나 많은 화학물질이, 어떤 화학물질이 플라스틱 입자와 관련이 있는지 밝혀내지 못했습니다. 그래서 입자의 독성과 화학물질의 독성을 실제로 구분하기 위해 연구해야 할 것이 많습니다. 문제를 일으킬 가능성은 입자 자체뿐만 아니라 그 입자로부터 침출되어 나오는 다양한 화학물질이라는 것을 우리는 압니다."

계속 강조하는 중요한 문제는, 플라스틱 제조업체가 그들의 제품에 들어가는 재료를 공개하고 있지 않다는 점이다. 그래서 화학자들은 재료를 찾아내기 위해 플라스틱의 제품의 공정을 역으로 진행하고 있다. ETH 취리히의 연구자들에 따르면 적어도 10만 5백가지의 물질이 플라스틱에 사용되고 있으며, 아마 실제로는 이보다 더 많을 것이다. (가정에서 쓰이는 플라스틱의 MDC에 관한 그 연구는 5만 5천 개의 알려지지 않은 화학물질의 징후를 밝혀냈다.) 이 중에서 연구원들은 2천 4백 개 이상의 물질을 "잠재적으로 위협이 되는 물질"로 확인했다. 이것은 이 물질이 PFAS처럼 지속성이 길거나, 인체가

쉽게 분해하지 못하는 생물축적성을 갖거나, 발암물질이거나, 독성을 갖고 있다는 것을 의미한다.[99]

이 잠재적으로 위협이 되는 물질 중에서 절반이 미국, 유럽, 혹은 일본에서 규제 받고 있지 않으며, 심지어 900가지는 각 나라들에서 식품을 담는 용기에 사용되어도 좋다는 허가를 받았다. 이 숫자를 밝혀낸 환경화학자 쟌윤 왕(Zhanyun Wang)은 "아주 다양한 종류의 물질이 있습니다."라고 말한다. 이 물질에는 중금속 같은 잘 알려진 유해 물질도 포함되지만, 독성 물질을 대체하기 위해서 만들어졌음에도 그 자체로 독성을 지니고 있는 물질도 있다. 왕은 말한다. "유감스러운 대체가 일어나고 있습니다. 불행히도 지금의 화학 규제로는 제조업체에게 물질을 대체하는 이유를 설명하도록 요구하지 못합니다."

미세 플라스틱의 물질적 구조는 영속적이지 않은 화학물질을 영속적으로 바꿀 수 있다. 예를 들어, 프탈레이트는 PFAS보다 훨씬 빠르게 분해된다. 그러나 미세 플라스틱은 이 물질을 자기 핵에 꽉꽉 채워 넣어 프탈레이트를 자연에 노출되지 않게 만든다. "미세 플라스틱은 쉽게 분해되는 화학물질의 방패예요."라고 왕은 말한다. 미세 플라스틱이 분해될 때 핵에서 새어 나간 독성 물질은 주위에 있는 매개체와 결합한다. 매개체는 바닷물일 수도 있고 인간의 몸일 수도 있다. 이렇게 화학물질이 그 스스로는 영속적이지 않아도 미세 플라스틱 안에 채워지면 오래 존재할 수 있게 되는 것이다. 천천히 녹아내리는 독약 캡슐처럼 말이다.

장기와 피, 뇌에 존재하는 플라스틱

미세 플라스틱은 우리가 삼키지 않아야 하는 약과 같다. 인간의 배설물을 분석해보면 다량의 미세 플라스틱이 나오는데, 이는 우리 몸을 통과한 미세 플라스틱이다. 하지만 어떤 입자는 창자에 달라붙는다. 한 연구는 말레이시아에서 결장절제(대장의 일부를 잘라내는 것)를 받은 환자 11명으로부터 실험용 조직을 받았다.[100] 이 환자 중 아홉 명은 대장암이었고, 두 명은 그렇지 않았다. 연구자들은 이를 통해 절제한 대장 조직 30밀리그램당 평균 8백 개의 미세 플라스틱이 있음을 발견했다.

연구자들은 조직 안에 투명한 필라멘트가 퍼져 있다는 사실을 알게 되었는데, 이것은 소화기관이 입자를 표백했다는 의미이며, 미세 플라스틱 속의 색소와 다른 첨가제가 온도가 높은 산성 환경에서 침출되었다는 것을 보여주는 것이다. 혹은 환자가 음식 용기 등을 통해 이미 투명한 미세 플라스틱을 먹었던 것 때문일 수도 있다. 다른 실험에서 과학자들은 미세 플라스틱이 얼마나 탐욕스럽게 금속을 모아 인간 창자와 유사한 환경에 이를 배출하는지를 밝혀냈다. 입자가 작을수록 트로이의 목마 효과는 더 강했다.[101]

섬유 업계에서 일하는 사람에게서 폐암과 소화기관 암의 확률이 높다는 점을 다시 한번 주목할 필요가 있다. 점막 섬모는 입자가 삼켜지도록 입자를 폐 밖으로 가지고 온다.

미세 플라스틱과 이를 구성하는 화학물질은 위장의 벽을 통과해서 다른 조직으로 들어갈지도 모른다. 이것은 물고기 실험에서 보았던 전좌(轉座, 위치 변경)의 일종이다. 우리의 장은 영양분을 흡수하여 혈류로 보내는 특별한 세포로 둘러져 있다. 위트레흐트 대학교의 면역학자 주스트 스미트(Joost Smit)는 적어도 쥐에게서는 미세 플라스틱이 이런 경로로 이동한다는 것을 보여주었다. 그는 쥐에게 입자를 먹인 후 혈액을 조사했는데, 미세 플라스틱이 쥐의 소화기관으로 들어가고 10분 후, 미세 플라스틱이 혈액에 나타났다. 스미트는 이 쥐의 간에서도 입자를 발견했다. 스미트는 "아주 소량의 미세 플라스틱만이 몸 전체를 돌아다닐 수 있겠지만, 미세 플라스틱은 확실히 체내에 있습니다."라고 말한다. "쥐에게 미세 플라스틱들을 투여한 후에 혈액에서 이를 볼 수 있었습니다. 대체로 작은 미세 플라스틱이 보이지만, 큰 미세 플라스틱도 발견됩니다. 꽤 큰 10마이크로미터짜리 미세 플라스틱들도 있는데, 이는 세포의 절반 크기입니다. 창자를 넘어 전이될 수 있는 정도입니다."

2022년, 과학자들은 인간 혈액에서 처음으로 플라스틱 입자를 발견했다고 보고했다.[102] 오염물질이 내장을 통해서 흡수되었는지 혹은 허파꽈리를 통해서 들어왔는지는 확실하지 않다. 그러나 어떤 경로인지는 관계가 없다. 미세 플라스틱은 우리의 혈류로 들어와서 장기로 흘러 들어갈 수 있으며, 그 안에 축적된 것을 마치 트로이 목마처럼 체내에 방출할 수 있다. "미세 플라스틱은 인체로 퍼져나갈 수 있는 위험성을 내포한 물질을 태우고 다니는 일종의 이동 수단입니다." 스미트는 말한다. "이것이 이 입자의 가장 큰 위험성이라고 생각합니다. 미세 플라스틱은 그 자체로는 뭔가 하지 않습니다. 하지만 그것이 운반하는 물질이 위험할 수 있다는 말입니다." 확실히 우리의 내장은 살균 환경이라고 부를 수 있는 곳은 아니다. 내장에는 모든 종류의 박테리아와 바이러스가 가득하다. 이런 상태가 영양분의 흡수를 돕는다. "단 하나 깨끗한 것이 있는데, 그것은 우리 몸의 혈액입니다. 물론 입자가 박테리아를 태우고 창자를 건너 혈류에 들어오면, 그때는 면역체계가 발동되겠죠." 스미트의 말이다.

입자가 대기 속에서 물과 얼음을 모으는 핵의 역할을 하는 것처럼, 혈류에서도 그것들은 혈액의 응고를 촉진할 수도 있다.[103] "피를 흘리지 않는데도 몸 안에서 혈액이 응고되는 현상, 즉 혈전은 좋은 것 아닙니다." 인디애나 대학교 의과대학의 화학생물분자 연구자인 네이션 앨브스기 말한다. 폐와 뇌에 생기는 혈전은 정말 위험하지만, 다리에 생긴 혈전도 다리를 벗어나 폐로 들어갈 수 있다. 혈전이 폐로 들어가면 폐색전을 일으켜 사망에 이르게 할 수도 있다. "적당한 크기의 무언가를 혈액 속에 두면 거기에 이것저것 달라붙기 시작합니다. 일단 뭔가 달라붙기 시작하면 피의 흐름이 멈출 때까지 이를 막기는 어렵습니다." 이 현상은 마치 혈액 속을 내달리는 폭주 열차와 같다. 인구의 대략 8%는 혈액 속에 응고를 촉진하는 일종의 변이체를 가지고 있다. "이런 혈액의 경우, 미세 플라스틱과 같은 추가적인 무언가가 더해진다면, 더 많은 응고가 일어날 수 있습니다. 아마도 이것이 우리가 인지하는 것보다 실제로 더 흔히 임상적으로 일어나는 사건의 원인일 것입니다. 하지만 우리는 그 원인을 찾지 않고 있어요." 앨브스의 말이다. 인체의 어딘가가 크게 막히면 심장이 과도하게 움직이다가 멈추거나 심장이 더 커지는데, 이렇게 되면 아마 심장 주인은 살겠지만 심장에는 손상이 일어난다. "만약 폐에서 어떤 것이 생겨난다면 허파꽈리 전역에서 산소 확산은 떨어질 것입니다. 그러면 산소가 덜 들어간 피가 몸으로 흐르게 되는데, 이로 인해 심장 같은 근육은 실제로 약간씩 결핍을 갖게 되고, 심장 손상으로 이어질 수 있습니다." 앨브스는 말한다.

다시 돌아가서, 미세 플라스틱에 쌓일 수 있는 다른 것에 관한 이야기를 해보자. 우리는 미세 플라스틱에 쌓이는 균류도 걱정해야 한다. 과학자들은 케냐에서 한 무더기의 균류 종자가 토양 속의 미세 플라스틱 위에서 자라고 번식하고 있는 것을 발견했다. 이 플라스틱스피어의 핵심은 식물과 동물, 인간을 감염시키는 병원균으로 구성되어 있었다.[104] "우리는 특정한 병균의 무리가 플라스틱에 집중되어 있는 것을 보았습니다. 이것은 균류가 토양에 비해 플라스틱스피어에서 더 높은 농도를 갖는다는 것을 의미합니다."라고 바이로이트 대학(University of Bayreuth)에서 이 연구를 맡았던 미생물학자 게라시모스 고우트셀리스(Gerasimos Gkoutselis)는 말한다. 입자 위에 있는 가장 지배적인 균류는 나가니시아 알비다(Naganishia albida)였는데, 이것은 폐렴을 일으키는 효모이며[105], 또 다른 것은 로도토룰라였는데, 이것은 카테터 같은 병원에서 사용하는 플라스틱 장비에 널리 퍼져 있는 것으로 악명이 높다. "병원에서는 플라스틱을 인체에 무엇인가를 넣거나 빼기 위해 사용하는데, 주로 수술 장면에서 많이 활용됩니다." 고우트셀리스의 말이다. 이 플라스틱을 통해 로도토룰라가 체내로 들어가면 심각한 감염이 일어난다.

여기서 우려가 되는 것은, 미세 플라스틱은 병원균을 인체로 옮기는 것뿐만 아니라 전 세계로 옮길 수 있다는 것이다. 미세 플라스틱은 바람을 타고 대기권으로 올라가면 수천 킬로미터까지 날아갈 수 있다. "미세 플라스틱은 국경을 넘고, 생물군계(바이옴)를 넘어 균류를 옮길 수 있습니다. 그렇게 되면 균류는 새로운 서식지를 갖게 되고, 그 범위가 커지게 됩니다." 고우트셀리스의 말이다. 곰팡이 병원체는 '기회 감염성'을 지니는데, 이는 적당한 조건에서라면 단일한 종이 식물이나 인간을 포함한 동물 모두를 감염시킬 수 있음을 의미한다. 미세 플라스틱은 이 차별 없이 모든 것을 감염시키는 병원체를 이것이 있지 않아야 할 곳까지 퍼뜨릴 수 있다.

분명히 우리는 우리의 혈액 속에 미세 플라스틱이 있다는 사실을 알고는 있지만, 아직 과학자들은 미세 플라스틱이 외부에서 무언가 위험한 것을 가져와 우리의 장기와 몸의 다른 부분에 운반하고 있다는 사실을 발견하지 못했다. 그러나 스미트의 연구는 쥐의 내장이 미세 플라스틱 입자를 흡수하는 것을 보여주었고, 이는 우리의 내장도 마찬가지일 수 있다. 유아가 분유를 마실 때 일어나는 엄청난 양의 미세 플라스틱 섭취를 떠올려보라. 유아는 위장의 벽을 뚫고 아이의 몸에 침투하는 수백만 개의 미세 플라스틱과 수조 개의 나노 플라스틱이 든 합성 스튜를 매일 마시는 셈이다.

미세 플라스틱은 소화기관 이곳저곳에 붙어 있기만 해도 외부의 종을 몸속으로 가져오고, 박테리아가 그 위에서 자랄 수 있는 기반이 되면서 우리의 마이크로바이옴(인체 내 미생물 생태계)을 엉망으로 만들 수도 있다.[106] 전체 소화기관을 모방한 기계로 실험(이 실험은 우리가 먹는 실제 미세 플라스틱 농도에서 진행되었다)을 한 결과, PET 입자가 항균 작용을 일으켜 우리에게 필요한 박테리아를 죽였고, 결국 마이크로바이옴이 파괴되었다. 이 박테리아 종은 건강한 소화를 촉진할 뿐만 아니라 창자의 면역 기능을 유지하는 것을 도와주고 항염증 분자를 생산하여 염증을 줄이도록 돕는 것이었다. 흥미롭게도, 또 다른 실험에서는 염증성 장 질환(기능이 부실해진 면역체계에 의해서 유발된다)에 걸린 실험 대상자의 배설물에서는 건강한 사람의 배설물보다 50% 더 많은 미세 플라스틱이 발견되었다.[107] 이것이 미세 플라스틱이 염증성 장 질환을 일으킨다는 의미는 아니다.[108] 이 질환이 어떤 방식으로든 내장이 미세 플라스틱을 좀 더 많이 가지고 있도록 만들었을 수도 있기 때문이다. 하지만 만약 미세 플라스틱이 건강한 소화기관을 촉진하는 박테리아를 무너뜨리는 역할을 하고 있다고 가정한다면, 이 인과관계에 대한 더 많은 연구가 필요할 것이다.

또 다른 의문이 있다. 복강병이나 유당분해효소결핍증 같은 위장 관련 문제는 미세 플라스틱과 소화기관이 상호 작용하는 방식에 영향을 주는가? 음식의 지방과 섬유, 설탕 성분은 미세 플라스틱 입자가 화학물질을 침출하는 방식에도 영향을 미치는가? 미세 플라스틱은 나노 플라스틱으로 조각날 만큼(크릴새우나 지렁이의 내장에서 그랬던 것처럼) 인체 속에 오랫동안 머물러 있는가? 인간의 소화기관이 지렁이나 플랑크톤 갑각류의 소화기관과 비슷하다는 이야기가 아니다. 하지만 인간 역시 체내에서 입자를 분해하고 있다면, 너무 커서 내장으로 들어가지 못하는 미세 플라스틱도 우리 안에서 분해되어 내장으로 들어갈 수 있는 나노 플라스틱이 될 수 있다는 의미일 것이다.

과학자들은 이제 막 나노 플라스틱이 인체에 행할 수 있는 일을 조사하기 시작했다. 여전히 멀리 알프스에서 수백만 개의 나노 플라스틱이 여러분의 머리 위로 떨어질 것이고, 여러분은 소파, 카펫, 이불에서 발생하는 플라스틱에 둘러싸이게 될 것이다. 이 모든 것이 먼지 속에 쌓이고 공기 중으로 다시 들어가 우리가 들이마시게 될 것이다. 생리학적으로 말하면 입자가 작을수록 더 많은 장소에 들어간다. 그렇기에 우리는 피부, 특히 모낭을 통해서도 미세 플라스틱을 흡수할 수도 있다. 플라스틱 입자는 그 정도로 작다. 입자가 피부로 흡수될 수도 있다는 사실은 화장품 속에 있는 많은 양의 플라스틱이 체내로 들어올 수 있는지에 관한 더 많은 연구가 필요한 이유이다.

과학자들은 이미 인체를 통해서 플라스틱이 쉽게 이동한다는 증거를 갖고 있다.[109] 금속과 폴리에틸렌으로 제작된 보형물을 부착했던 29명의 환자를 부검해본 결과, 림프절과 간과 비장에서 두 물질이 소량으로 나왔다.[110] 비록 이를 논문에 기록한 의사들은 "장기 속에 존재하는 마모된 입자의 농도는 상대적으로 낮았고 명백한 병리학적 중요성도 없었다."라고 썼지만, 입자는 보형물이 망가진 환지일수록 더 많이 발견되었다. 한 사례에서는 육아종이라고 알려진 면역 세포의 작은 덩어리(감염 혹은 외부 물질의 존재 때문에 생겨난다)가 "망가진 보형물에서 나온 마모된 부스러기에 대한 반응으로" 간, 비장, 림프절에 갑자기 생겨났다. 이 환자는 간 기능 손상도 입었다.

뇌도 손상을 피할 수 없다. 물고기와 마찬가지로, 우리는 뇌에 외부 물질이 들어오는 것을 막는 장벽을 갖고 있다. 그러나 가장 작은 입자는 이를 통과할 수 있다. 과학자들은 오랫동안 금속과 산화 금속의 나노 입자(은 혹은 금 또는 산화구리의 작은 조각)가 인체에 미치는 영향을 연구해오고 있다. "몇 편의 연구는 이 입자가 인체에 의해서 흡수되고 실제로 뇌까지 도달할 수 있다는 것을 보여주었습니다."라고 위트레흐트 대학교의 신경독물학자인 렘코 웨스터링크(Remco H. S. Westerink)는 말한다.[111] "어떤 입자는 심지어 혈액-두뇌 장벽에 손상을 가할 수도 있습니다. 그러면 그 입자는 물론이고, 인간에게 치명적인 다른 화학물질의 진입이 쉬워지게 됩니다. 특히 혈액-두뇌 장벽의 기능이 떨어지는 것이나 신경 염증은 대부분의 신경 퇴행성 질환의 뚜렷한 신호입니다." 금속성 나노 입자는 심지어 코에 있는 신경 말단에 의해 흡수될 수도 있는데, 이렇게 되면 혈액-두뇌 장벽을 완전히 우회할 수 있다. "일단 뇌로 들어가면 이 입자는 모든 종류의 영향을 다 끼칩니다. 가장 널리 퍼져 있는 해로운 영향은 산화 스트레스가 생기는 것이지요. 이것은 뇌세포에 손상을 일으키고 심지어는 뇌세포를 죽이기도 합니다."

심각한 경우에 두뇌의 노화가 촉진되어 파킨슨병 같은 퇴행성 질병이 발생하기도 한다. 하지만 나노 입자가 무엇으로 만들어졌는지에 따라서 결과는 달라진다. 산화철, 은, 산화구리가 가장 영향력이 크고, 금과 이산화티탄은 좀 더 약하며 해도 덜 끼친다.

"그렇지만 심하게 노출된다면 약한 입자 역시 해를 끼칩니다. 결국 신체에 나쁜 영향을 미치는 정도는 노출의 정도에 의해 결정됩니다." 웨스터링크의 말이다.

나노 플라스틱이 인체 안에서 조직에 퍼지고 뇌로 들어가는 것과 같이 금속성 나노 입자도 그렇게 움직이는가? 또 다른 연구팀은 2마이크로미터보다 작은 형광 플라스틱 입자를 먹인 쥐의 뇌에서 외부 물질을 발견했고, 그 물질이 내장 벽을 통과해 혈액으로 들어가 결국 혈액-두뇌 장벽을 침투했다는 것을 확인했다.[112] 미세아교세포(손상된 뉴런과 감염증을 없애는)는 이 입자를 위협적인 존재로 인식하고 공격한다. 그러나 이 공격으로 인해 세포가 약해지고, 결국 사멸하게 된다. 즉 플라스틱 입자가 신경독소의 성질을 갖는다는 것이다. 이는 쥐의 뇌를 통해 관찰된 것이지만, 인간 역시 포유류라는 점을 고려하면, 작은 플라스틱 조각이 인체에도 같은 영향을 주지 않을 것이라는 보장은 없다.

실제로 다른 몇몇 실험에서 독물학자들은 미세 플라스틱이 우리가 사는 환경 속 미세 플라스틱 농도와 같은 환경의 실험실에서 배양된 인간의 세포를 죽였다는 사실을 발견했다.[113] "우리의 기초 데이터 역시 플라스틱 나노 입자, 심지어 미세 플라스틱도 인간 두뇌에 도달할 수 있다는 것을 보여줍니다. 인간 두뇌 속 플라스틱에 관한 데이터는 별로 없지만, 저는 이 입자가 두뇌에 도달한다는 사실을 의심하지 않습니다. 이 입자가 두뇌에 해를 끼치는지 여부는 별개의 문제입니다."라고 웨스터링크가 말한다.

다시 말하지만, 결국 얼마나 노출되어 있는지가 중요하다. 우리는 우리에게 영향을 주기에 충분한 정도로 나노 플라스틱을 먹고 마시는가? 아주 작은 양의 금속과 산화 금속 나노 입자만이 두뇌에 들어간다. 과학자들은 실험 과정에서 고농도의 입자를 사용하지만, 실용적인 이유에서 플라스틱 노출은 몇 시간, 며칠, 몇 개월로 제한된다. "실제 생활 속에서 노출은 아주 낮은 정도에서 일어납니다. 그러나 평생 계속되지요." 웨스터링크는 말한다. 우리는 평생 미세 플라스틱과 나노 플라스틱을 흡수해왔다. 플라스틱 생산이 가속화되고 지구의 자연계가 더욱 많이 플라스틱으로 덮이게 되면서 우리는 매일 더 많은 플라스틱에 노출된다. 그렇다면 언제쯤 이것이 실질적 위협이 될까?

우리의 두뇌는 나노 플라스틱을 피하려 할 것이라고 확실히 말할 수 있다. 금속성 나노 입자와는 달리, 나노 플라스틱은 하나의 원소가 아니다. 나노 플라스틱은 모노머(단량체), 가소제, 연소 억제제 등이 섞여 있다. "설상가상으로 플라스틱 입자는 자연 환경 속에서 노화되고 부식되는데, 이로 인해 입자의 특성이 변할 수 있습니다. 또한 다른 환경적 화학물질을 흡수할 수도 있습니다. 이로 인해 서로 다른 유형의 플라스틱 입자는 문자 그대로 무한히 변할 수 있습니다." 웨스터링크의 말이다. 당신의 몸에 들어가는 플라스틱 입자가 어떤 해양 생물의 소화기관을 통과했던 것일 수도 있다는 말이다.

하지만 과학자들은 현재 관찰되는 정도의 미세 플라스틱과 나노 플라스틱이 인간 건강에 위험을 끼친다는 증거를 아직 찾지 못하고 있다. 이 물질이 우리에게 좋지 않다는 것은 확실하다. EDC는 그 자체로 최악의 독이라는 것도 입증되었다. 하지만 현재까지 명확하게 해를 끼친 경우는 섬유 노동자와 PVC 먼지에 노출된 사람의 경우밖에 없는데, 이들은 일반적인 사람보다 훨씬 더 많이 입자와 접촉하고 있는 경우였다. 하지만 비섬유업계 노동자의 폐에서 미세 플라스틱이 발견되었다는 것은 분명 좋지 않은 신호이다. 미세 플라스틱은 분명히 우리 몸에 들어와 있지만, 그것이 어떤 일을 벌일지는 미지의 영역이다.[114] "미세 플라스틱이 우리 건강에 끼치는 영향에 관해서 우리는 1%도 모를 수 있습니다." 스미트가 말한다. "우리는 여전히 미세 플라스틱이 할 수도 있는 일의 99%를 모릅니다. 미세 플라스틱이 안 할지도 모르는 일의 99%를 모르기도 하죠."

인간은 지구상의 그 어떤 동물보다도 더 많이 오염되어 있다. 물고기는 자연 환경에 퍼진 미세 플라스틱을 상대하지만, 우리는 호흡하고 먹고 마시는 플라스틱 외에도 일생을 폴리머와 접촉하며 산다. 물고기도 많은 플라스틱을 먹지만, 실내에서 발생하는 옷과 카펫과 소파 조각을 들이켜면서 삶의 90%를 보내지는 않는다. 스티브 앨런은 말한다. "적절한 도구를 사용하면 인체의 모든 부분에서 플라스틱을 발견하리라고 확신합니다. 이는 지구상에 사는 모든 동물에게는 플라스틱이 있을 것이라는 말이기도 합니다. 점점 그 정도가 높아지고 있습니다. 우리는 이를 알 수 없게 되었어요. 그렇다면 앞으로 우리가 생태계를 붕괴시키기까지 얼마나 남았을까요? 생태계의 붕괴가 일어날 가능성은 결코 적지 않습니다."

만약 모든 인류가 전체적인 과도한 온실가스와 과도한
미세 플라스틱의 배출을 멈추지 않는다면 개인적인 노력은 허사가 된다.
그렇기에 지금 무엇보다 필요한 것은 반사회적으로
이윤을 추구하며 지구를 플라스틱화한 기업과,
탄소라는 긴 사슬에 인간을 중독시킨 일회용품 편의주의와,
우리의 몸을 오염시켜온 작은 독성물질에 대한 분노이다.

5장

플라스틱의
흐름을 줄이자

2018년 9월 8일, 파란색 배 한 척이 푸른 하늘 아래를 지나고 있다. 이 배는 이상한 짐을 끌고 있었는데, 아마도 지금까지 샌프란시스코의 금문교를 지난 것 중에 가장 이상한 형태였을 것이다. 이것은 바다에서 플라스틱을 걷어내고자 만든 600미터 길이의 플라스틱 튜브였다.[1] 마치 커다란 검은 꼬리를 가진 올챙이 같아 보이는 이 배는 금문교 위의 관광객의 어리둥절한 시선을 받으며 칙칙거리는 엔진 소리와 함께 움직였다. 이를 의아하게 보는 것은 관광객뿐만이 아니었다. 해양학자들도 인간이 플라스틱 오염과 싸울 수 있는 무기가 이런 식일 수밖에 없는지 고개를 갸우뚱했다.

이 방식은 우선 태평양의 거대 쓰레기 지대로 이 장치를 보낸 뒤, 튜브를 크게 U자로 만들어 떠오른 플라스틱을 다시 가지고 오는 방식이었다. 그러나 실제로 벌어진 일은(해양학자들이 이미 경고한 대로) 바다가 이 튜브를 반으로 잘라버렸다는 것이다. 이 기묘한 기계를 발주하고 몇 달 후, 이 프로젝트를 위해 4천만 달러를 모금한 비영리 단체인 오션 클린업(Ocean Cleanup)은 이 거대 튜브가 두 조각이 되었으며, 수리를 위해 이를 하와이로 끌고 가고 있다고 발표했다.[2]

600미터 길이의 플라스틱 원통이 플라스틱 쓰레기가 되지 않고 원양에서 살아남을 수 있도록 애쓴 용기는 잊어도 좋다. 사실 그 만용이 해양학자들을 분노하게 만들었기 때문이다. 해양 플라스틱 오염에 관한 15명의 전문가에 대한 조사에 따르면, 이 중 절반 이상이 이 프로젝트에 우려를 표했다. 그리고 4분의 1은 이 프로젝트를 "얻을 수 있는 것이 거의 없거나 전혀 없을 잘못된 생각"이라고 생각했다.[3] 문제는 이 프로젝트가 2차원적 사고에서 나왔다는 데에 있다. 하지만 바다의 플라스틱은 3차원적으로 움직인다. 태평양의 거대 쓰레기 지대 표면에 떠다니는 것은 전체 쓰레기 더미의 극히 일부에 지나지 않는다고 해양학자들은 말했다. 플라스틱 오염을 진정으로 해결하고자 한다면, 오염이 시작되는 상류에서부터 미세 플리스틱과 나노 플라스틱이 지연으로 들어가는 것을 우선 막아야 한다. 커다란 해양 플라스틱 뜰채에 수천만 달러를 쏟아붓는 것은 수도꼭지를 틀어 놓고 욕조를 건조하는, 계속 물을 뿌리면서 바닥을 걸레질하는 꼴이다. 가을이 시작하자마자

낙엽을 쓸어 담는 것과 같다는 말이다. 플라스틱이 자연으로 쏟아져 들어오는 급류를 막지 못하면 우리는 문제를 해결할 가능성을 잃게 된다. 하지만 근본적인 원인으로 올라가면 전 지구적인 이 만행에 대한 책임을 기업에게 물을 수 있다.

미세 플라스틱 위기는 근본적으로 대형 플라스틱의 위기이다. 우리가 자연에 컵 하나가 들어가는 것을 막는다면 우리는 이 컵이 입자로 폭발하는 것을 막을 수 있다. 강 위를 떠다니거나 땅에서 굴러다니는 쓰레기는 미세 플라스틱이 되기 전의 형태이다. "컵은 여전히 있지요, 1백만 개의 조각으로." 파이브 자이어의 마커스 에릭슨이 말한다. "특정 시점이 되면 이를 자연 환경에서 분리하는 것은 불가능합니다." 만일 우리가 스웨터에서 미세 섬유가 떨어져 나가는 것을 막을 수 있다면, 타이어가 분해되는 것을 막을 수 있다면, 폴리머 기반의 페인트가 떨어져 나가는 것을 막을 수 있다면 우리는 미세 플라스틱을 줄일 수 있다. 거대한 변화가 필요하지만, 아주 불가능한 것은 아니다.

플라스틱은 사라지지 않는다. 플라스틱은 너무나 유용하기 때문에 어디에서나 쓰일 수 있다. 그리고 만약 다음 주에 어떤 바이러스가 출몰하여 모든 인간을 다 죽인다고 해도, 인간이 만든 플라스틱은 아주 오랜 시간 분해될 수 있는 만큼 분해되어 지구를 나노 플라스틱 안개로 둘러쌀 때까지 바다와 공기를 타고 흘러 다닐 것이다. 하지만 플라스틱의 방출을 늦춤으로써 그 안개를 적어도 옅게 하는 방법은 존재한다.

여기서 주의해야 할 점은 석유 연료 업계가 기후 변화와 재활용에 대하여 우리를 속였던 것과 같이, 이를 개인의 책임으로 돌린다는 것이다. "여러분이 비행기 탑승 횟수를 줄인다면 탄소발자국(BP는 이 용어를 2004년에 1억 달러의 캠페인으로 대중화시켰다)을 줄여 세상을 살리는 것에 일조할 수 있습니다."[4] 플라스틱 제조사는 이런 방식의 선전을 재활용에도 똑같이 사용했다. 그들은 재활용이 경제적 문제가 있다는 것을 알면서도 이를 오염의 해결책이라고 칭송했다. 사실 이로 인해 지금까지 어떤 플라스틱도 거의 재활용되고 있지 못한 것이다.

플라스틱 업계 협의회(지금은 플라스틱 산업 협회)의 전 회장인 래리 토마스는 2020년 NPR(미국 공영 라디오 방송국)에서 "만일 대중이 재활용이 효과가 있다고 생각한다면, 자연 환경에 관해서도 덜 걱정하게 될 것이다."라고 말했다.[5] 이는 마치 마약 성분이 들어간 약을 만드는 기업이 자기 회사의 약에 중독된 고객을 비난하는 것과 같다. 플라스틱 업계는 우리를 조절하지 못하는 폴리머에 세상에 계속 중독되어 있게 만든다. 그 사이 플라스틱은 아무런 제재 없이 바다로 흘러 들어가고 있다.

무슨 일이 있어도 여러분의 세탁기에 필터를 부착하기를 바란다. 개인이 조금만 필요한 것을 해도 환경에는 분명 도움이 된다. 그러나 동시에, 기저에 놓인 제도적 문제들을 놓쳐서는 안 된다.

더 크게 생각해야 한다. 새로 출시되는 세탁기에 미세 섬유 필터를 강제하는 법이 모든 나라에 있어야 한다. 필터 속의 미세 섬유를 안전하게 처리할 수 있는 방법도 함께 준비되어야 한다. 입자를 걸러내는 데에 있어 폐수처리시설에만 의존할 수는 없는데, 시설에서 걸러지는 섬유는 슬러지와 함께 빠져나가기 때문이다. "이 점이 미세 플라스틱 문제에서 가장 어려운 부분이라고 생각합니다. 아마 완전한 해결할 방법은 찾기 어려울 겁니다." 캘리포니아 수질관리국의 연구원인 스콧 코핀의 말이다. "농사에 이용하는 바이오 고형물도 결국 식물에 영향을 끼친다는 것을 우리는 알죠. 그래서 지금으로서는 폐수처리시설 운영자에게 무언가를 권고하는 게 참 어렵습니다. 어떤 방식이어도 다 문제가 있기 때문입니다."

그렇다. 기술자들은 이런 시설에서 미세 플라스틱을 잡아내는 정화 시스템을 만들 수 있다.[6] 이 시설은 물이 광활한 바다로 나가기 전의 마지막 단계이다. 폐수를 음용수로 재활용하기 위해서 일부 시설은 이미 초미세막을 사용하기 시작했는데, 이 막은 아주 미세해서 물 분자만 통과하고 박테리아와 바이러스 같은 오염원은 걸러진다.[7] 그러나 폐수처리를 전체적으로 고려하면 폐수를 음용수로 만드는 이러한 재활용은 흔하지 않은데, 비용 문제가 있기 때문이다. 이러한 시설 하나를 짓는 데만 해도 수십억 달러가 들어가고, 물을 초미세막으로 밀어내기 위해서는 상당한 에너지를 필요로 하기 때문에 유지비도 많이 필요하다. 폐수는 음용수와 동일한 정화 기준을 충족할 필요가 없기 때문에, 바다로 밀려 나가기 전까지 폐수는 이런 처리를 전혀 받지 않는다. 그리고 폐수에서 미세 플라스틱을 걸러내는 값싼 방법이 있다고 해도 전 세계에서 실행해야만 의미가 있다. 미국에만 해도 1만 6천개가 넘는 처리 시설이 있다.[8] 그럼에도 인간이 만드는 폐수의 절반이 전혀 처리되지 않은 채 자연으로 쏟아져 나간다는 것을 기억해야 한다.

그렇기에 우리는 더 상류에서부터 문제를 다뤄야 한다. 패션 산업은 20세기 중엽에 '구식화' 방식을 사용하기 시작했다. 더 많은 옷을 팔 수 있는 가장 쉬운 방식은 유행을 만들어내는 것이다. 유행을 따르다 보면 철 지난 옷을 입는 것은 창피한 일이 되는데, 수십 년 후에 그 옷이 다시 유행하면 사람들은 그들이 버렸던 것과 같은 옷을 구입한다.[9] 이윤을 남기는 이 혁신적인 방법은 전화기, 자동차, 실내 장식 등 소비주의 경제 전체로 퍼져나갔다. 이로 인해 구식이 되어버린 멋없는 물건들은 버려지고, 산더미처럼 쌓였다. 패스트 패션은 유행이 지나기 전에 사람들이 사야만 하는 값싼 옷들을 시장에 마구 쏟아내서 더 많은 구식화를 만들어낸다. 여러분의 스웨터가 구입한지 얼마 되지 않았음에도 찢어진다면, 그 옷에서는 이미 미세 섬유가 상당히 많이 발생한 것이다. 천연 섬유 또한 첨가제로 범벅이 되어 있기 때문에, 완전한 대체재가 될 수 없다. 유기농 면화조차도 그것이 인공 화학물질 없이 재배되었다는 것을 의미할 뿐이다. 모든 섬유는 염색되고 더 질겨지고 방수가 되도록 화학 처리된다.[10] 어떤 원재료를 사용했는지에 관계없이 패스트 패션은 말 그대로 쓰레기다. 3만 9천 톤의 버려진 옷이 매년 칠레의 아타카마 사막(Atacama Desert)에 있는 매립지에 쌓인다. 거기서 바람과 자외선은 미세 섬유를 벗겨내어 주위 환경과 대기로 날아가게 한다.[11] 가나의 수도 아크라(Accra) 인근에 매주 도착하는 1천 5백만 벌의 중고 의류의 40%는 너무도 닳아버려서 재판매를 할 수 없고, 결국 똑같이 버려진다.[12]

소비자가 할 수 있는 가장 영향력 있는 일은 좋은 옷을 사서 오래 입는 것이다. 유행을 따르고자 하는 욕구를 잠시 눌러보자. 실험을 통해 섬유는 시간이 지날수록 미세 섬유를 덜 배출한다는 점이 밝혀졌기 때문이다. 다시 말하지만, 이 상황은 여러분이 만든 것이 아니다. "우리는 소비자를 교육할 수 있습니다. 그러나 결국 책임은 업계와 정책 입안자, 그리고 규정에 있습니다." 라우라 디아스 산체스(Laura Diaz Sanchez)가 말한다. 그는 플라스틱 수프 재단(the Plastic Soup Foundation, 플라스틱 오염에 맞서는 행동을 옹호하는 단체)에서 미세 섬유를 전문적으로 연구한다. "우리는 상황이 이미 심각하며, 그렇기에 패션 업계가 더 좋은 옷을 만들어야 할 책임을 느끼게 해야 한다는 것을 충분히 알고 있습니다. 생산자들은 자신이 만든 물건이 팔린 후에 일어나는 일에 책임을 져야 합니다. 옷만 말하는 게 아니라 모든 플라스틱 전체에 해당하는 말입니다. 하지만 현재 생산자들은 전혀 책임을 지고 있지 않죠."

플라스틱이 자연 환경으로 들어가는 방법은 너무나 많다. 병은 강에 버려지고, 타이어에서는 미세 플라스틱이 갈려 나오고, 봉지는 매립지 위를 날아다닌다. 재활용을 더 많이 하는 것으로는 문제를 해결할 수 없다. 하지만 문제를 줄이는 것은 절대로 필요하다. 우선 재활용의 망가진 경제성을 바로잡아야 한다. 플라스틱의 재활용 비율이 높지 않은 것은, 재활용이 불가능하기 때문이 아니라 이윤이 생기지 않기 때문이다. 폐기물 관리 업체의 계산은 간단하다. 재활용 플라스틱을 만드는 것이 폐기물을 처리해버리는 것보다 더 이윤이 있는가?

사람이 만들어 놓은 일회용 플라스틱(랩 조각, 작은 조미료 팩, 폴리스티렌 용기 등)의 대다수는 재활용의 경제성이 전혀 없다. 그래서 이런 종류는 매립지로 가거나 소각된다. 플라스틱 병은 재활용하기 쉽지만, 과자봉지는 여러 층으로 이루어져 있기 때문에 쉽게 처리되지 않는다. 또한 플라스틱은 많이 재활용될수록 질이 낮아진다. 플라스틱병을 재활용 한다고 해서 완전히 새로운 병이 되는 것이 아니라는 말이다.

"금은 계속 사용됩니다. 금의 가치는 금을 모아서 처리하는 데 들어가는 비용보다 언제나 높으니까요." 재활용기업 테라사이클(TerraCycle)의 창업자이자 CEO인 톰 사키(Tom Szaky)가 말한다. "누군가가 금을 버린다면 아무도 문제 삼지 않을 겁니다. 재빨리 집어서 팔거나 녹여서 다른 곳에 쓸 궁리를 하겠죠. 아마 버린 사람에게 고마워할 겁니다." 그러나 이와 반대로, 누군가가 휴대용 변기를 버리려 한다면, 이를 처리하기 위한 비용을 지불해야 한다.

지난 10년 동안 세 가지의 이유로 플라스틱은 점점 쓰레기로 여겨지게 되었고, 재활용의 경제성은 더 심하게 떨어졌다. 첫 번째 이유는, 미국의 폐기물 처리 업체들이 병이나 단순한 용기 등 가장 돈이 남는 것을 먼저 분류한 뒤에 남은 것을 외국(특히 아시아)로 실어 보냈기 때문이다. 아시아는 분류를 위한 인건비가 상대적으로 저렴하다. 그래서 매년 90만 톤의 플라스틱 폐기물이 수출되고 있다.[13] 과거 중국은 전 세계의 플라스틱(재활용될 만한) 절반을 수입했는데, 2018년부터 폴리머의 수입을 중단했다.[14] 이로 인해 훨씬 더 많은 플라스틱이 매립지에 던져지고 있다. 버려진 플라스틱은 미세 플라스틱으로 분해되어 주위 토양을 오염시키고 지하수로 흘러들어간다.[15] 미국이 버린 폐기물로 가득한 저소득 국가에서(중국의 수입 금지 이후에 미국에서 말레이시아, 태국, 그리고 베트남으로 수출되는 폐기물이 300% 증가했다) 재활용해도 이익이 나지 않는 플라스틱은 밀폐되지 않은 구덩이에서 소각된다.[16] (이것은 사악한 식민주의의 한 형태이다. 원하는 자원을 다른 나라로부터 폭력적으로 빼오면서 그 나라가 원하지 않는 자원을 억지로 밀어 넣고 있기 때문이다.)

두 번째 요인은 석유 가격이 낮게 유지된다는 점이다. 이는 수고스럽게 플라스틱을 재활용을 하는 것보다 새로 만드는 것이 더 싸다는 것을 의미한다. 예측 가능한 자본주의의 방식이다. 모든 힘을 가진 시장은 상황을 망치는 데 아주 능하지만, 해결에는 관심이 없다.

세 번째로, 기업은 이윤 추구를 위해 더 가벼우면서 복잡한 재료를 선택했다. 아기 분유용 유리병이 이제 복잡한 플라스틱병으로 대체된 것이 그 예다. 상품이 가벼워지면 운송를 절약할 수 있지만, 이를 재활용하는 일은 어려운 일이다. "더 이상 금은 없습니다. 전부 쓰레기입니다. 재활용은 언제나 불완전한 미봉책이 될 거에요. 이 말은 사업으로서의 재활용에 대한 이야기입니다. 재활용은 중요하지만 묘책이 아닙니다. 묘수가 하나 있긴 한데, 그것은 플라스틱을 덜 사는 것이지요." 사키의 말이다.

그렇다면 플라스틱에 세금을 부과하는 것은 어떨까?[17] 이렇게 하면 제조업체가 플라스틱을 새로 만드는 비용을 상승시켜 업체들이 골판지, 유리, 심지어는 퇴비로 쓸 수 있는 바나나잎(아시아의 슈퍼마켓에서는 이미 쓰고 있다)등의 재활용 재료를 사용하거나, 일회용 물품을 아예 사용하지 않도록 유도할 수 있다. (플라스틱 옹호자들은 플라스틱이 제품을 더 가볍게 하기 때문에 운송비와 운송에 사용하는 에너지를 줄일 수 있다고 한다. 물론 사실이다. 하지만 이 주장은 이런 제품은 주로 선진국에서 사용되고, 폐기물은 다른 나라에 버려지고 있으며, 그곳에서 태워져 탄소를 발생시키고 있다는 사실을 외면하고 있는 것이다. 플라스틱을 태우면 엄청난 양의 탄소가 배출되는데, 이것도 큰 문제이다.)

캘리포니아를 대상으로 계산을 해본 결과, 플라스틱 제품마다

1센트의 세금을 책정하면 일 년에 수십억 달러를 징수할 수 있었다. 이 세금을 재활용 프로그램과 미세 플라스틱 줄이기 프로젝트에 자금 지원을 하는 데 사용될 수 있다.[18] 이 세금은 소비자가 아니라 플라스틱 제조업체가 부담해야 하며, 기업이 이를 소비자에게 전가하지 못하도록 해야 한다. 만약 아무 포장도 하지 않은 농산품과 불필요한 플라스틱으로 포장되어 있는 농산품이 있다면, 우리는 포장 없이 저렴한 것을 구입하게 될 것이다. 플라스틱에 세금을 징수하는 것은 담배에 붙는 세금과 같은 것이다. 폐를 해치지 않도록 사람들을 유도하는 것과 지구를 해치지 않도록 유도한다는 차이가 있을 뿐이다. 아니면 국가가 법적으로 강제하여 플라스틱 제조업체가 재활용 처리 시설, 빗물 정원, 대규모 재활용 프로그램 등의 비용을 내도록 할 수도 있다. 지구 플라스틱화의 책임을 소비자에서 오염물질을 쏟아내는 기업으로 옮기는 것이다.

그러나 재활용에 대한 요구는 더 좋은 플라스틱에 대한 필요와 상충할 수도 있다. 존 볼랜드가 주전자를 대상으로 한 연구에서 발견한 것처럼, 얇은 산화구리막만 있어도 미세 플라스틱 유출을 막을 수 있다. 만일 재료 과학자들이 이를 활용하여 모든 주전자, 일회용 컵, 아기 젖병에서 미세 플라스틱이 나오지 않도록 할 수 있다면, 우리가 입자에 노출되는 것을 크게 줄일 수 있다. "코팅은 미세 플라스틱이 흘러나오지 않게 하는 해결책이 될 수도 있습니다. 하지만, 그 코팅 방법이 재활용 가능한 것임을 증명해야 합니다. 문제에 대한 해결책이 혹시 다른 종류의 문제가 될 수 있지 않은지 여부를 확인해야 합니다." 볼랜드의 말이다.

기후 위기가 지구의 생명체에게 위협이 된 상황에서 왜 우리가 하나가 되어 미세 플라스틱 위기에 맞서기 위해 그렇게 많은 돈과 에너지를 투자해야 하는지를 여러분은 궁금하게 여길 수 있다. 두 가지 이유가 있는데, 이는 사실 같은 이유이다. 2030년이 되면 플라스틱의 제조와 사용이 295개의 석탄 발전소만큼의 온실가스를 배출할 것이고, 산업계는 지금도 생산을 어마어마하게 늘리고 있기 때문에, 그 수치는 2050년에는 두 배로 늘 것이다. 그리고 자연 환경에 놓여있는 모든 미세 플라스틱은 노화되면서 온실가스를 배출한다. 우리가 전기 자동차와 재생 에너지로의 전환을 통해 문명에서 탄소를 제거한다고 해도, 어떤 의미에서는 여전히 화석 연료를 태우는 것과 같다는 말이다. 우리는 땅에서 탄소를 빼내어 플라스틱으로 바꾸고, 플라스틱을 자연에 버려 탄소를 발생시킨다. 더 나쁜 것은, 폐기물 처리업체들이 넘쳐나는 플라스틱을 감당하지 못해 모두 소각해버린다는 점이다. 언젠가 우리는 에너지 생산과 운송 수단에서 탄소를 사용하지 않게 되겠지만, 우리 생활의 모든 측면에서 중심이 되는 재료까지 없앨 수는 없다. "플라스틱 위기를 성공적으로 해결할 미래, 혹은 기후 위기를 잘 다루게 될 미래는 사실 비슷한 것입니다." 국제환경법센터의 선임변호사인 스티븐 피트(Steven Feit)가 말한다.

미세 플라스틱 오염과 싸우는 모든 방식은 기후 변화와 싸우는 것이기도 하다. 대중교통을 활성화시키면 탄소와 타이어 미세 플라스틱을 모두 방출하는 자동차들이 도로에서 많이 사라질 것이다. 기후 변화와 싸우기 위해서 전기차로 전환하는 것도 물론 아주 중요하지만, 우리가 할 수 있는 가장 확실한 일은 타이어 자체를 길에서 없애는 것이다. 전기자동차의 추가적인 배터리 무게와 토크(회전력)는 더 많은 타이어 입자를 만들기 때문이다.

패스트 패션 사용을 줄이고 더 좋은 직물을 사용한 옷을 만들도록 제조업체를 압박하여 더 오래 가고 미세 섬유를 덜 발생시키는 옷을 만들도록 하는 것도 미세 플라스틱을 줄이는 데 도움이 된다. 이렇게 되면 제조에 사용되는 에너지도 절약할 수 있다. 또한 옷을 덜 세탁하고 덜 말리면 옷의 수명이 길어지면서 에너지 절약도 할 수 있다. 이런 방식으로 플라스틱 사용을 줄이면 플라스틱 제조로부터 나오는 가스 방출을 줄일 수 있을 것이다.

화학 플라스틱을 옥수수와 사탕수수 같은 식물로부터 만들어지는 바이오 플라스틱(현재 전체 플라스틱 생산의 1%를 차지한다.)으로 전환하면 화학 플라스틱을 얻기 위한 화석 연료 추출과 이와 관련한 탄소 배출도 줄일 수 있을 것으로 보인다.[19] 하지만 이것 역시 실제는 탄소 배출의 장소를 다른 곳으로 이동시킬 뿐이다. 바이오 플라스틱의 재료가 되는 식물을 기르는 것은 탄소를 방출하는 집약적인 공정이고, 땅을 일구는 과정에서도 토양 속에 저장된 탄소가 방출된다.[20] 게다가 충분한 바이오 플라스틱의 재료를 얻으려면 넓은 땅과 많은 물이 필요하다. 한 조사에 따르면 유럽연합의 모든 플라스틱 포장을 바이오 플라스틱으로 대체하기 위해서는 아일랜드보다 더 큰 경작지와 유럽연합에서 끌어당길 수 있는 담수 전체의 5분의 1을 써야 한다.[21] 이를 전 세계로 확장한다면 프랑스의 땅보다 더 많은 땅이 필요하고, 적어도 3백 7십 8조 5천억 리터의 물이 필요하다. 늘어나는 인구가 식량을 얻기 위해 더 많은 땅과 물을 필요로 하는 이 지구에서 말이다. (합성 직물을 천연 직물로 대체하는 것 또한 같은 이유로 어려운 문제이다.)

이는 환경에게 좋은 소식이 아니다. 과학자들은 여전히 바이오 플라스틱의 독성을 연구하고 있는데, 바이오 플라스틱에도 플라스틱에 들어가는 것만큼의 첨가제가 들어간다는 것을 알아야 한다. 바이오 플라스틱의 장점은 이것이 광합성을 통해 이산화탄소를 흡수한 식물로 만들어진다는 것이다. 즉, 이 폴리머가 대기에서 분리된 탄소로 만들어진다는 것이다. 반면에 화석 연료 기반 플라스틱은 땅 속에 갇혀 있어야 할 탄소로 만들어진다. 이런 의미에서 생물 기반 폴리머를 대량 생산하는 것은 탄소 배출을 감소시킬 것이다.[22] 그러나 플라스틱 펠릿을 만들어서 운송하고 이를 병과 가방으로 만들어 소비자에게 보내는 데에는 여전히 에너지가 필요하다.[23] 또한 생물 기반 플라스틱 역시 자연으로 들어가면 미세 플라스틱으로 부서지며 탄소를 배출한다.

그렇기에 새로 만들어진 물질이 미세 플라스틱 위기를 해결할 것이라고 볼 수는 없다. 우리가 할 수 있는 가장 확실한 방법은 플라스틱 생산 자체를 획기적으로 줄이는 것이다. 이 위기를 해결하기 위한 방법은 사용을 하지 않는 것이다. 하지만 플라스틱의 완전 폐지를 요구하는 것이 아니다. 전면 폐지는 비현실적이다. 우리는 무엇이 중요한지를 분별해야만 한다. 오이를 일회용 플라스틱으로 포장하면 안심이 되는가? 우리는 이미 완벽하게 훌륭한 껍질이 있는 오이를 왜 플라스틱으로 포장해야 하는지를 물어야 한다. 일회용 플라스틱(화석 연료로 만든 것인지 식물로 만든 것인지는 중요하지 않다)을 계속 만들어내면서 문제를 해결하려고 하는 것은 수도꼭지를 잠그지 않고 욕조의 물을 비우려고 애쓰는 것과 같다. 우리에게는 빗물 정원, 세탁기 필터와 더 좋은 직물이 지금 당장 필요하다. 그러나 더 중요한 것은 모든 일회용 플라스틱을 없애 버려야 한다는 점이다. 앨런은 말한다. "일회용 플라스틱을 없애는 것 외에 다른 해결책은 필요한 일이거나, 하면 좋은 일들입니다. 하지만 그 활동들은 임시방편일 뿐입니다. 오염 문제를 다루기 위해 이 방법에만 의지할 수는 없습니다."

이미 이와 관련한 선례가 있다. 플라스틱 봉지와 다른 일회용 플라스틱에 이미 세금을 부과하거나 사용을 금지하는 국가들이 있다. 흡연이 당연한 시절이 있었지만, 지금은 그렇지 않다. 변호 단체가 고소를 시작하기 전에는 거의 모든 물건에 납이 들어있던 시대도 있었다. 양말의 BPA를 연구한 환경 건강 센터(the Center for Environmental Health)의 CEO인 마이클 그린(Michael Green)은 말한다. "우리는 스퀴브(Squibb), 존슨 앤드 존슨(Johnson and Johnson), 화이자(Pfizer)를 고소했습니다. 유아용 제품에서 납이 검출된 이후, 장난감 제조업체를 고소했습니다. 다음에는 사탕 제조업체를 고소했습니다. 이어 유아용 침대 제조업체를 고소했고, 바운스 하우스(bounce house, 아이들이 뛰놀 수 있도록 만들어지는 공기에 의해 부풀어지는 비닐 집) 제조업체를 고소했습니다. 어린이용 보석 제조업체도 고소했습니다. 이 과정이 약 10년 정도 걸렸습니다. 이후 어떤 유아용품에서도 납이 발견되지 않았습니다. 마지막으로 우리는 국회로 가서 유아용품에서 납을 금지하는 법안을 통과시켰습니다."

폴리머의 복잡한 성질은 더 큰 문제를 만든다. 플라스틱은 납만 포함하고 있는 것이 아니라 아주 많은 다른 독성물질도 포함하고 있다. 여러 정부가 BPA를 금지하기 시작했을 때, 제조업체는 이를 다른 비스페놀로 대체했다고 발표했다. 하지만 의류에는 여전히 BPA와 PFAS가 가득하다. 사람들은 의류가 플라스틱으로 만들어진다는 사실을 모르기 때문에 이를 자세히 보려고 하지 않기 때문이다. 그린은 "우리의 요구사항 중 하나는 특정 화학 물질만을 말하지 말라는 것이었습니다. 우리는 화학물질 전체에 대해 말하고자 했습니다."라고 말한다. 의류 제조 공정에서의 문제는, 최종적으로 의류를 만드는 업체가 납품된 직물이 어떤 것으로 구성되었는지를 모르기 때문에, 소비자가 어떤 미세 섬유에 노출되는지를 모른다는 것이다. "우리는 기업이 제품 속에 어떤 것이 들어있는지 알기를 바랍니다. 우리는 기업이 문제를 회피하지 않고, 이를 진취적으로 해결하기를 바랍니다. 아기의 발에서 떨어지지 않으면서도 아기가 일곱 살이 되었을 때 비만을 초래하지 않을 양말을 만들어내기 위해 연구개발을 계속 하기를 바랍니다." 그린의 말이다.

플라스틱 문제는 형평성의 문제이기도 하다. 2050년이 되면 해양 플라스틱은 바다에 있는 모든 물고기 무게보다 더 무거워질 것이다. 선진국에서부터 수입한 폐기물로 인해 고충을 겪는 나라의 경우, 이미 수역에 물고기보다 플라스틱이 더 많다. 필리핀 같은 섬나라의 어부들은 물고기보다 병이나 봉지를 더 많이 잡는다.[24] 바다에 있는 플라스틱은 강한 열대의 태양 아래 달궈져서 연안 수역과 그 속에서 헤엄치는 물고기들을 오염시키는 미세 플라스틱과 나노 플라스틱으로 조각나고 있다. 이런 나라들에서는 덮개 없는 구덩이에서 플라스틱을 소각하는데, 이로 인해 미세 플라스틱으로 가득 찬 연기가 인구 밀집지로 퍼져나간다. 이로 인해 개발도상국은 공공 보건 문제를 겪고 있다.

미국과 다른 선진국의 경우, 가난한 사람과 유색 인종이 식량 사막(식품 회사가 굳이 가맹점을 만들지 않는 지역)에 유독 많이 사는데, 이들이 쉽게 구입할 수 있는 식품은 아마도 동네 구멍가게에서 파는 일회용 플라스틱으로 꽁꽁 포장된 가공식품일 것이다. 레오나르도 트라산드가 그의 연구에서 밝힌 것처럼, 식품 포장에 프탈레이트가 많이 사용되면 심장 질환으로 인한 사망 확률이 높아진다는 것을 기억하자. 이 책의 1장에서 소개했던 이마리 워커는 "저는 식량 사막과 플라스틱이 사용되지 않은 식품을 쉽게 접할 수 없는 환경에 관한 연구가 우리가 얼마나 많은 플라스틱을 먹고 있는지를 예측하는 연구에 어떤 식으로든 영향을 줄 것이라 생각합니다. 연구자들은 중요한 무언가를 놓치고 있을 수도 있습니다. 식품 산업에 사용되는 엄청난 포장으로 인해 미세 플라스틱의 영향을 훨씬 더 많이 받고 있는 지역사회가 있을 수 있다는 사실 말이죠." 과거와 비교해 보아도 크게 사정이 달라지지 않았다. 사회적 약자들은 더 많은 해로움에 노출된다. 중금속, 대기 오염, 그리고 이제는 미세 플라스틱에도.

나이라는 요인도 생각해보자. 여러분이 50년대나 60년대에 태어났다면 여러분은 플라스틱이 그렇게 많지 않던 세상에서 성장했을 것이다. 하지만 30대 후반인 나는 지금까지 평생을 일회용 플라스틱에 둘러싸여 살아왔다. 오늘날 유아들은 분유를 통해 수백만 개의 미세 플라스틱과 수조 개의 나노 플라스틱을 마신다. 마치 플라스틱으로 세례를 받는 것과 같다. 그러므로 지금 80세인 사람은 반세기 후 80세가 되는 사람보다 더 적은 입자를 먹고 마신 것이다. 인간은 지속적으로 미세 플라스틱을 만들어낼 것이기 때문에, 오염은 더 짙어질 것이고, 우리의 몸도 더 미세 플라스틱에 노출될 것이다.

심리학자들은 이에 동의하지 않을 수 있지만, 우리가 지금 할 수 있는 일 중에서 가장 영향력 있는 것은 '화를 내는 것'이다. 오랜 시간 마법의 재료처럼 시용되었던 플라스틱은 생명이라는 나무의 뿌리까지 스며드는 독이 되어버렸다. 개인의 습관을 바꾸는 것은 바람직하고 좋은 일이지만, 이것은 절대로 기후 변화와 미세 플라스틱 위기를 해결하지 못할 것이다. 그렇기에 우리가 해야 하는 일은 기후 변화에 맞서 투쟁하는 것과 플라스틱 공해에 맞서 싸우는 것이 같은 일임을 이해하고 있는, 그리고 폴리머가 공중 보건의 응급상황을 만들고 있다는 것을 이해하는 정치인을 선택하는 것이다.

비욘드 플라스틱스(Beyond Plastics)의 회장이자 전 EPA 지역 담당관이었던 주디스 엔크는 말한다. "저는 과거 연방 감독관이었습니다. 제 경험으로 보면, 필요한 법안을 채택하고 이를 강력하게 집행하는 것이 효과가 있습니다. 소비자 한 개인의 노력은 칭찬할 일이지만, 이 흐름을 바꾸기에는 충분하지 않습니다. 이 문제는 제도적인 문제입니다."

만약 모든 인류가 전체적인 과도한 온실가스와 과도한 미세 플라스틱의 배출을 멈추지 않는다면 개인적인 노력은 허사가 된다.

그렇기에 지금 무엇보다 필요한 것은 반사회적으로 이윤을 추구하며 지구를 플라스틱화한 기업과, 탄소라는 긴 사슬에 인간을 중독시킨 일회용품 편의주의와, 우리의 몸을 오염시켜온 작은 독성 물질에 대한 분노이다. 미세 플라스틱으로 배를 채우는 새끼 물고기를, 입자가 날아다니는 실내 공기를 생각해보자. 우리가 지금도 계속 만들어내고 있는 수치스러운 화석 기록을 생각해보자. 이는 분명 부끄러운 일이다. 플라스틱이 없는 곳은 지구 어디에도 없다. 지구 구석구석에 미세 플라스틱이 계속 흘러 들어가고 있다. 만약 이 플라스틱이 만들어진 의도대로 사라지지 않고 계속 존재하게 된다면 위기는 더 심해질 것이다. 엔크는 말한다. "기후 변화에 대응하지 못했던 것과 같은 길을 가야만 할까요? 너무 늦기 전에 과학자들의 말에 귀를 기울여야 하지 않을까요? 플라스틱 오염 문제에 관해서라면 아직 시간이 있습니다."

지질학자들은 인류세(人類世)라는 개념에 관해 여러 의견을 내놓고 있다.[25] 인류세는 지구의 역사에 나타난 새로운 시기로, 인간이 개입해서 지구에 변화를 일으키는 시기를 가리킨다. 이 시기가 존재해야 하는지에 대한 논란은 없으나, 지질학적으로 어떤 신호를 근거로 이 시기의 시작을 정해야 하는지는 여전히 논란이 있다. 농업이 생겨났을 때 인류는 농사라는 감옥을 위해 사냥-채집 생활이 주는 자유를 포기했다. 곡물을 생산하기 위해 몸이 부서져라 일하면서 인류는 더 병약해졌지만 폭발적으로 증가한 인류를 먹일 수 있는 잉여 식량을 만들 수 있었다.[26] 실제로는 폭발적으로 증가한 인구 때문에, 이를 유지하기 위해 비닐하우스 농법을 만들어내야만 했다. 어떤 학자는 인류세를 우리가 땅에서 화석 연료를 빼내어 연소해 탐욕스러운 경제 성장을 만들어내기 시작한 산업 혁명부터 시작해야 한다고 말하기도 한다. 그러나 퇴적물에 플라스틱이 나타난 시기를 인류세의 시작으로 봐야 한다고 주장하는 학자들도 있다. 인류가 바다에서 소용돌이치는, 땅 속으로 스며들어버린, 대기 곳곳에 존재하는 반짝이는 독성 물질을 만들어내기 시작한 시기가 인류세의 시작이라는 말이다.[27]

여러분이 어느 것을 선호하든 각각의 선택은 인류 역사의 기념비적인 진보를 나타낸다. 하지만 사실 이는 진보의 덫이다. 이는 우리가 고칠 수 없거나 고치고 싶다는 생각 자체를 하지 않는, 뜻하지 않은 결과들을 야기하는 행위를 가리킨다.[28] 농업을 발명하지 않았다면 인류는 그저 천적에 의해 죽임을 당하는 집단이었겠지만, 땅과 조화를 이루면서 살았을 수 있다. 화석 연료가 없었다면 인류는 자동차에 휘발유를 채우지 않고 여전히 말에게 꼴을 먹이면서 살았겠지만, 폭주하는 기후 변화에 대해서는 염려할 필요가 없었을 것이다. 플라스틱이 존재하지 않았다면 지금과 같은 의료 수준까지 올라올 수 없었겠지만, 석유 입자를 먹고 마시는 것에 관해서는 걱정하지 않았을 것이다. 농업은 산업화에 자리를 내주었고 산업화는 플라스틱에 자리를 내주었는데, 각각의 진보의 덫은 인류에게 더 많은 생태적 부담을 주었다. 우리가 진보라고 생각하는 것이 어쩌면 숨이 막히도록 더운, 플라스틱으로 가득한 지옥이라는 것을 인정하기에 우리는 너무 멀리 와버렸다.

지금 우리는 질문해야 한다. 인류는 플라스틱 덫에 완전히 사로잡혀 나올 수 없는 지경에 이르렀는가? 아니면 다리가 찢어지더라도 아직 덫에서 벗어날 가능성이 있는가?

선택할 수 있는 길 하나는 늘 그렇듯이 자본주의의 길이다. 자본주의는 편리함과 자본의 이익을 위해 더 많은 플라스틱을 생산하여 점점 더 많은 미세 플라스틱과 나노 플라스틱을 환경에 쏟아부을 것이다. 그로 인해 인류는 환경에 점점 더 많은 빚을 지게 되고, 이를 감당할 수 없게 될 것이다. 더 많은 식물과 동물이 죽고, 생태계는 망가질 것이며, 우리의 몸도 플라스틱으로 인해 더욱 비참해질 것이다. 그리고 윤리적, 환경적으로도 추락해 결국 파산에 이르게 될 것이다.

하지만 또 다른 길이 있다. 인류가 플라스틱 없이도 잘 살았던 것이 그리 오래 전이 아니라는 것을 기억해내는 것이다. 인류의 미래는 '플라스틱을 쓸 것인가 버릴 것인가'와 같이 이분법적인 접근으로 볼 수 없다. 수많은 사회가 각자의 조건과 상황에 따라 다양한 생활상으로 변화했다. 문명은 어느 날 갑자기 나타난 것이 아니라 오랜 시간에 걸쳐 발전한 것이다. 우리는 지금 교차로에 서 있다. 플라스틱으로 포장된 미래에 갇히는 방향으로 갈 수도 있고, 여기서 멈춰 다른 방향으로 갈 수도 있다. 일회용 포장을 규제하고, 무너진 재활용의 경제성을 살려내고, 모든 세탁기에 필터를 부착하는 법안을 만들 수 있다. 앞으로도 폴리머는 비행기, 자동차, 의료 기구 등 꼭 필요한 영역에서 사용될 것이다. 마이클 펠란의 바람처럼, 플라스틱 당구공도 아마 계속 사용될 것이다. 플라스틱 조각은 큰 것이든 작은 것이든 앞으로도 영원히 사라지지 않을 것이다. 그러나 우리 인류는, 플라스틱이라는 거대한 흐름을 막을 수는 없어도 줄일 수는 있다.

서문

1 Brahney, Janice, Margaret Hallerud, Eric Heim, Maura Hahnenberger, and Suja Sukumaran. 2020. "Plastic Rain in Protected Areas of the United States." Science 368:1257–60. https://doi.org/10.1126/science.aaz5819.

2 Simon, Matt. 2020. "Plastic Rain Is the New Acid Rain." Wired. https://www.wired.com/story/plastic-rain-is-the-new-acid-rain/.

3 Zheng, Jiajia, and Sangwon Suh. 2019. "Strategies to Reduce the Global Carbon Footprint of Plastics." Nature Climate Change 9:374–78. https://doi.org/10.1038/s41558-019-0459-z.

1장 플라스틱 행성에 오신 것을 환영합니다.

1 Robbett, Mary Kate. 2018. "Imitation Ivory and the Power of Play." Smithsonian National Museum of American History. https://invention.si.edu/imitation-ivory-and-power-play.

2 Altman, Rebecca. 2021. "The Myth of Historical Bio-Based Plastics." Science 373 (6550): 47–49. https://doi.org/10.1126/science.abj1003; Freinkel, Susan. 2011. Plastic: A Toxic Love Story. New York: Houghton Mifflin Harcourt.

3 Science Museum. 2019. "The Age of Plastic: From Parkesine to Pollution." https://www.sciencemuseum.org.uk/objects-and-stories/chemistry/age-plastic-parkesine-pollution.

4 American Chemical Society National Historic Chemical Landmarks. n.d. "Bakelite: The World's First Synthetic Plastic." http://www.acs.org/content/acs/en/education/whatischemistry/landmarks/bakelite.html.

5 Science History Institute. n.d. "History and Future of Plastics." https://www.sciencehistory.org/the-history-and-future-of-plastics.

6   Nicholson, Joseph L., and G. R. Leighton. 1942. "Plastics Come of Age."
     Harper's Magazine. August 1942.

7   Life Magazine. 1955. "Throwaway Living: Disposable Items Cut Down
     Household Chores." August 1, 1955.

8   OceanCare. 2016. "Microplastics Factsheet."
     https://oceancare.org/wp-content/uploads/2016/07/Factsheet_Mikroplastik_
     EN_2015.pdf.

9   Sundt, Peter, Per-Erik Schulze, and Frode Syversen. 2014. "Sources of
     Microplastic-Pollution to the Marine Environment." Mepex.

10   Bashir, Saidu M., Sam Kimiko, Chu-Wa Mak, James Kar-Hei Fang, and David
     Goncalves. 2021. "Personal Care and Cosmetic Products as a Potential Source
     of Environmental Contamination by Microplastics in a Densely Populated Asian
     City." Frontiers in Marine Science 8.
     https://doi.org/10.3389/fmars.2021.683482.

11   Ayodeji, Amobonye, Bhagwat Prashant, Raveendran Sindhu, Singh Suren,
     and Pillai Santhosh. 2021. "Environmental Impacts of Microplastics and
     Nanoplastics: A Current Overview." Frontiers in Microbiology 12:3728.
     https://doi.org/10.3389/fmicb.2021.768297.

12   Sun, Qing, Shu-Yan Ren, and Hong-Gang Ni. 2020. "Incidence of Microplastics
     in Personal Care Products: An Appreciable Part of Plastic Pollution." Science of
     the Total Environment 742:140218.
     https://doi.org/10.1016/j.scitotenv.2020.140218.

13   Cheung, Pui Kwan, and Lincoln Fok. 2017. "Characterisation of Plastic
     Microbeads in Facial Scrubs and Their Estimated Emissions in n o t e s 175
     Mainland China." Water Research 122:53?61.
     https://doi.org/10.1016/j.watres.2017.05.053.

14   Geyer, Roland, Jenna R. Jambeck, and Kara Lavender Law. 2017. "Production,
     Use, and Fate of All Plastics Ever Made." Science Advances 3 (7): e1700782.
     https://doi.org/10.1126/sciadv.1700782.
     Simon, Matt. 2020. "All the Stuff Humans Make Now Outweighs Earth's
     Organisms." Wired.
     https://www.wired.com/story/all-the-stuff-humans-make-now-outweighs-

278

earths-organisms/.

15 Gross, Michael. 2017. "Our Planet Wrapped in Plastic." Current Biology 27 (16). https://doi.org/10.1016/j.cub.2017.08.007.

16 World Economic Forum. 2016. "The New Plastics Economy: Rethinking the Future of Plastics." https://ellenmacarthurfoundation.org/the-new-plastics-economy-rethinking-the-future-of-plastics.

17 Boucher, Julien, and Damien Friot. 2017. Primary Microplastics in the Oceans: A Global Evaluation of Sources. Gland, Switzerland: International Union for Conservation of Nature.

18 UNEP (United Nations Environment Programme). 2018. "SingleUse Plastics: A Roadmap for Sustainability." https://www.unep.org/resources/report/single-use-plastics-roadmap-sustainability.

19 National Academies of Sciences, Engineering, and Medicine. 2021. Reckoning with the U.S. Role in Global Ocean Plastic Waste. Washington, DC: National Academies Press. https://doi.org/10.17226/26132.

20 Gardiner, Beth. 2019. "The Plastics Pipeline: A Surge of New Production Is on the Way." Yale Environment 360. https://e360.yale.edu/features/the-plastics-pipeline-a-surge-of-new-production-is-on-the-way.

21 UNEP. 2021. From Pollution to Solution: A Global Assessment of Marine Litter and Plastic Pollution. Nairobi: UNEP. https://www.unep.org/resources/pollution-solution-global-assessment-marine-litter-and-plastic-pollution.

22 Sharpe, Pete. 2015. "Making Plastics: From Monomer to Polymer." American Institute of Chemical Engineers. https://www.aiche.org/resources/publications/cep/2015/september/making-plastics-monomer-polymer.

23 Center for International Environmental Law. 2019. "Plastic and Climate: The Hidden Costs of a Plastic Planet."

https://www.ciel.org/plasticandclimate/.

24   Beyond Plastics. 2021. "The New Coal: Plastics and Climate Change."
     https://www.beyondplastics.org/plastics-and-climate.

25   Royer, Sarah-Jeanne, Sara Ferron, Samuel T. Wilson, and David M. Karl. 2018.
     "Production of Methane and Ethylene From Plastic in the Environment." PLoS
     ONE 13 (8): e0200574.
     https://doi.org/10.1371/journal.pone.0200574.

26   Narancic, Tanja, Steven Verstichel, Srinivasa Reddy Chaganti, Laura Morales-
     Gamez, Shane T. Kenny, Bruno De Wilde, Ramesh Babu Padamati, and Kevin
     E. O'Connor. 2018. "Biodegradable Plastic Blends Create New Possibilities for
     End-of-Life Management of Plastics but They Are Not a Panacea for Plastic
     Pollution." Environmental Science and Technology 52 (18): 10441?52.
     https://doi.org/10.1021/acs.est.8b02963.

27   Royal Society Te Aparangi. 2019. "Plastics in the Environment."
     https://www.royalsociety.org.nz/major-issues-and-projects/plastics.

28   Lambert, Scott, and Martin Wagner. 2017. "Environmental Performance of
     Bio-Based and Biodegradable Plastics: The Road Ahead." Chemical Society
     Reviews 46 (22): 6855?71.
     https://doi.org/10.1039/C7CS00149E.

29   Napper, Imogen E., and Richard C. Thompson. 2019. "Environmental
     Deterioration of Biodegradable, Oxo-Biodegradable, Compostable, and
     Conventional Plastic Carrier Bags in the Sea, Soil, and Open-Air over a 3-Year
     Period." Environmental Science and Technology 53 (9): 4775-83.
     https://doi.org/10.1021/acs.est.8b06984.

30   Liao, Jin, and Qiqing Chen. 2021. "Biodegradable Plastics in the Air and Soil
     Environment: Low Degradation Rate and High Microplastics Formation."
     Journal of Hazardous Materials 418:126329.
     https://doi.org/10.1016/j.jhazmat.2021.126329.

31   Zimmermann, Lisa, Andrea Dombrowski, Carolin Volker, and Martin Wagner.
     2020. "Are Bioplastics and Plant-Based Materials Safer Than Conventional
     Plastics? In Vitro Toxicity and Chemical Composition." Environment International
     145:106066.

https://doi.org/10.1016/j.envint.2020.106066.

32 Rillig, Matthias C., Shin Woong Kim, Tae-Young Kim, and Walter R. Waldman. 2021. "The Global Plastic Toxicity Debt." Environmental Science and Technology 55, (5): 2717–19.
    https://doi.org/10.1021/acs.est.0c07781.

33 Halden, Rolf U., Charles Rolsky, and Farhan R. Khan. 2021. "Time: A Key Driver of Uncertainty When Assessing the Risk of Environmental Plastics to Human Health." Environmental Science and Technology 55(19): 12766–69.
    https://doi.org/10.1021/acs.est.1c02580.

34 Zimmermann, Lisa, Georg Dierkes, Thomas A. Ternes, Carolin Volker, and Martin Wagner. 2019. "Benchmarking the in Vitro Toxicity and Chemical Composition of Plastic Consumer Products." Environmental Science and Technology 53 (19): 11467–77.
    https://doi.org/10.1021/acs.est.9b02293; American Chemistry Council. n.d. High-Phthalates."
    https://www.americanchemistry.com/chemistry-in-america/chemistries/high-phthalates.

35 Stenmarck, Asa, Elin L. Belleza, Anna Frane, Niels Busch, Age Larsen, and Margareta Wahlstrom. 2017. "Hazardous Substances in Plastics-Ways to Increase Recycling." Nordic Council of Ministers.
    http://norden.diva-portal.org/smash/record.jsf-pid=diva2%3A1070548&dswid=7787.

36 Turner, Andrew, and Montserrat Filella. 2021. "Hazardous Metal Additives in Plastics and Their Environmental Impacts." Environment International 156:106622.
    https://doi.org/10.1016/j.envint.2021.106622.

37 Muncke, Jane, Anna-Maria Andersson, Thomas Backhaus, Justin M. Boucher, Bethanie Carney Almroth, Arturo Castillo Castillo, Jonathan Chevrier, et al. 2020. "Impacts of Food Contact Chemicals on Human Health: a Consensus Statement." Environmental Health 19.
    https://doi.org/10.1186/s12940-020-0572-5.

38 Walsh, Anna N., Christopher M. Reddy, Sydney F. Niles, Amy M. McKenna,

Colleen M. Hansel, and Collin P. Ward. 2021. "Plastic Formulation Is an Emerging Control of Its Photochemical Fate in the Ocean." Environmental Science and Technology 55 (18): 12383–92. https://doi.org/10.1021/acs.est.1c02272.

39   Ward, Collin P., and Christopher M. Reddy. 2020. "Opinion: We Need Better Data about the Environmental Persistence of Plastic Goods." Proceedings of the National Academy of Sciences. 117 (26): 14618–21. https://doi.org/10.1073/pnas.2008009117.

40   Meides, Nora, Teresa Menzel, Bjorn Poetzschner, Martin G. J. Loder, Ulrich Mansfeld, Peter Strohriegl, Volker Altstaedt, and Jurgen Senker. 2021. "Reconstructing the Environmental Degradation of Polystyrene by Accelerated Weathering." Environmental Science and Technology 55 (12): 7930–38. https://doi.org/10.1021/acs.est.0c07718.

41   Hartmann, Nanna B., Thorsten Huffer, Richard C. Thompson, Martin Hassellov, Anja Verschoor, Anders E. Daugaard, Sinja Rist, et al. 2019. "Are We Speaking the Same Language? Recommendations for a Definition and Categorization Framework for Plastic Debris." Environmental Science and Technology 53 (3): 1039–47. https://doi.org/10.1021/acs.est.8b05297.

42   Arthur, Courtney, Joel Baker, and Holly Bamford. 2009. "Proceedings of the International Research Workshop on the Occurrence, Effects and Fate of Microplastic Marine Debris." NOAA Technical Memorandum NOS–OR&R–30. https://marinedebris.noaa.gov/proceedings-international-research-workshop-microplastic-marine-debris.

43   Ter Halle, Alexandra, Laurent Jeanneau, Marion Martignac, Emilie Jarde, Boris Pedrono, Laurent Brach, and Julien Gigault. 2017. "Nanoplastic in the North Atlantic Subtropical Gyre." Environmental Science and Technology 51 (23): 13689–97. https://doi.org/10.1021/acs.est.7b03667.

44   Mitrano, Denise, Peter Wick, and Bernd Nowack. 2021. "Placing Nanoplastics in the Context of Global Plastic Pollution." Nature Nanotechnology 16:491–500. https://doi.org/10.1038/s41565-021-00888-2.

45   Simon-Sanchez, Laura, Michael Grelaud, Marco Franci, and Patrizia Ziveri. 2022. "Are Research Methods Shaping Our Understanding of Microplastic Pollution-A Literature Review on the Seawater and Sediment Bodies of the Mediterranean Sea." Environmental Pollution 292(B): 118275. https://doi.org/10.1016/j.envpol.2021.118275.

46   Pico, Yolanda, Rodrigo Alvarez-Ruiz, Ahmed H. Alfarhan, Mohamed A. El-Sheikh, Hamad O. Alshahrani, and Damia Barcelo. 2020. "Pharmaceuticals, Pesticides, Personal Care Products and Microplastics Contamination Assessment of Al-Hassa Irrigation Network (Saudi Arabia) and Its Shallow Lakes." Science of the Total Environment 701. https://doi.org/10.1016/j.scitotenv.2019.135021.

47   Schlanger, Zoe. 2019. "Virgin Plastic Pellets Are the Biggest Pollution Disaster You've Never Heard Of." Quartz. https://qz.com/1689529/nurdles-are-the-biggest-pollution-disaster-youve-never-heard-of/.

48   Johnson, Chloe. 2021. "SC Plastic Pellet Spill Lawsuit Settled for $1 Million." Post and Courier (Charleston). https://www.postandcourier.com/news/sc-plastic-pellet-spill-lawsuit-settled-for-1-million/article_5330d994-7b96-11eb-b4e7-b7b8ca40fc27.html.

49   Fernandez, Stacy. 2019. "Plastic Company Set to Pay $50 Million Settlement in Water Pollution Suit Brought on by Texas Residents." Texas Tribune (Austin). https://www.texastribune.org/2019/10/15/formosa-plastics-pay-50-million-texas-clean-water-act-lawsuit/.

50   NOAA Office for Coastal Management. n.d. "Historic Pollution Settlement Awards $1 Million to Nurdle Patrol." https://coast.noaa.gov/states/stories/historic-pollution-settlement-to-nurdle-patrol.html.

51   Reuters. 2012. "Hong Kong Government Criticized over Plastic Spill on Beaches." https://www.reuters.com/article/us-hongkong-spill/hong-kong-government-criticized-over-plastic-spill-on-beaches-

idUSBRE87306J20120805.

52 Partow, Hassan, Camille Lacroix, Stephane Le Floch, and Luigi Alcaro. 2021. "X-Press Pearl Maritime Disaster: Sri Lanka-Report of the UN Environmental Advisory Mission." UNEP. https://wedocs.unep.org/handle/20.500.11822/36608-show=full; McVeigh, Karen. 2021. "Nurdles: The Worst Toxic Waste You've Probably Never Heard Of." Guardian. https://www.theguardian.com/environment/2021/nov/29/nurdles-plastic-pellets-environmental-ocean-spills-toxic-waste-not-classified-hazardous.

53 De Vos, Asha, Lihini Aluwihare, Sarah Youngs, Michelle H. DiBenedetto, Collin P. Ward, Anna P. M. Michel, Beckett C. Colson, et al. 2021. "The M/V X-Press Pearl Nurdle Spill: Contamination of Burnt Plastic and Unburnt Nurdles along Sri Lanka's Beaches." ACS Environmental Au. https://doi.org/10.1021/acsenvironau.1c00031.

54 Erni-Cassola, Gabriel, Vinko Zadjelovic, Matthew I. Gibson, and Joseph A. Christie-Oleza. 2019. "Distribution of Plastic Polymer Types in the Marine Environment: A Meta-Analysis." Journal of Hazardous Materials 369:691-98. https://doi.org/10.1016/j.jhazmat.2019.02.067.

55 The Great Nurdle Hunt. n.d. "The Problem." https://www.nurdlehunt.org.uk/the-problem.html.

56 Lozano, Rebeca Lopez, and John Mouat. 2009. "Marine Litter in the North-East Atlantic Region: Assessment and Priorities for Response." KIMO International.

57 Barbosa, Danilo Balthazar-Silva, and Fabiana T. Moreira. 2014. "Three-Dimensional Distribution of Plastic Pellets in Sandy Beaches: Shifting Paradigms." Scientific Reports 4:4435. https://doi.org/10.1038/srep04435.

58 Abu-Hilal, Ahmad H., and Tariq H. Al-Najjar. 2009. "Plastic Pellets on the Beaches of the Northern Gulf of Aqaba, Red Sea." Aquatic Ecosystem Health and Management 12 (4): 461-70. https://doi.org/10.1080/14634980903361200.

59 Karlsson, Therese M., Lars Arneborg, Goran Brostrom, Bethanie Carney Almroth, Lena Gipperth, and Martin Hassellov. 2018. "The Unaccountability

Case of Plastic Pellet Pollution." Marine Pollution Bulletin 129 (1): 52–60. https://doi.org/10.1016/j.marpolbul.2018.01.041; Fidra. n.d. Study to Quantify Plastic Pellet Loss in the UK: Report Briefing. East Lothian, Scotland. http://www.nurdlehunt.org.uk/images/Leaflets/Report_briefing.pdf.

60   Cole, Matthew, Pennie Lindeque, Claudia Halsband, and Tamara S. Galloway. 2011. "Microplastics as Contaminants in the Marine Environment: A Review." Marine Pollution Bulletin 62 (12): 2588–97. https://doi.org/10.1016/j.marpolbul.2011.09.025.

61   Rochman, Chelsea, Cole Brookson, Jacqueline Bikker, Natasha Djuric, Arielle Earn, Kennedy Bucci, Samantha Athey, et al. 2019. "Rethinking Microplastics as a Diverse Contaminant Suite." Environmental Toxicology and Chemistry 38 (4): 703–11. https://doi.org/10.1002/etc.4371.

62   Environmental Protection Agency (EPA). 1998. "How Wastewater Treatment Works." https://www3.epa.gov/npdes/pubs/bastre.pdf.

63   Altreuter, Roisin Magee. 2017. Microfibers, Macro Problems. Los Angeles: 5 Gyres Institute. https://static1.squarespace.com/static/5522e85be4b0b65a7c78ac96/t/5a66 456cc83025f49135fbc2/1516651904354/Microfibers%2C+Macro+problems. pdf.

64   Ellen MacArthur Foundation. 2017. "A New Textiles Economy: Redesigning Fashion's Future." https://ellenmacarthurfoundation.org/a-new-textiles-economy.

65   UNEP. 2019. "Fashion's Tiny Hidden Secret." https://www.unep.org/news-and-stories/story/fashions-tiny-hidden-secret.

66   Athey, Samantha, and Lisa Erdle. 2021. "Are We Underestimating Anthropogenic Microfiber Pollution–A Critical Review of Occurrence, Methods and Reporting." Environmental Toxicology and Chemistry. https://doi.org/10.1002/etc.5173.

67   McIlwraith, Hayley K., Jack Lin, Lisa M. Erdle, Nicholas Mallos, Miriam L. Diamond, and Chelsea M. Rochman. 2019. "Capturing Microfibers: Marketed

Technologies Reduce Microfiber Emissions from Washing Machines." Marine Pollution Bulletin 139:40?45. https://doi.org/10.1016/j.marpolbul.2018.12.012.

68 Napper, Imogen E., and Richard C. Thompson. 2016. "Release of Synthetic Microplastic Plastic Fibres from Domestic Washing Machines: Effects of Fabric Type and Washing Conditions." Marine Pollution Bulletin112: 39–45. https://doi.org/10.1016/j.marpolbul.2016.09.025.

69 Almroth, Bethanie M. Carney, Linn Astrom, Sofia Roslund, Hanna Petersson, Mats Johansson, and Nils-Krister Persson. 2018. "Quantifying Shedding of Synthetic Fibers From Textiles: A Source of Microplastics Released into the Environment." Environmental Science and Pollution Research 25:1191–99. https://doi.org/10.1007/s11356-017-0528-7.

70 De Falco, Francesca, Maria Pia Gulloa, Gennaro Gentile, Emilia Di Pace, Mariacristina Cocca, Laura Gelabert, Marolda Brouta-Agnesa, et al. 2018. "Evaluation of Microplastic Release Caused by Textile Washing Processes of Synthetic Fabrics." Environmental Pollution 236:916–25. https://doi.org/10.1016/j.envpol.2017.10.057.

71 Yang, Tong, Jialuo Luo, and Bernd Nowack. 2021. "Characterization of Nanoplastics, Fibrils, and Microplastics Released during Washing and Abrasion of Polyester Textiles." Environmental Science and Technology 55 (23): 15873–81. https://doi.org/10.1021/acs.est.1c04826.

72 Murphy, Fionn, Ciaran Ewins, Frederic Carbonnier, and Brian Quinn. 2016. "Wastewater Treatment Works (WwTW) as a Source of Microplastics in the Aquatic Environment." Environmental Science and Technology 50 (11): 5800–5808. https://doi.org/10.1021/acs.est.5b05416.

73 Conley, Kenda, Allan Clum, Jestine Deepe, Haven Lane, and Barbara Beckingham. 2019. "Wastewater Treatment Plants as a Source of Microplastics to an Urban Estuary: Removal Efficiencies and Loading per Capita over One Year." Water Research X 3:100030. https://doi.org/10.1016/j.wroa.2019.100030.

74 Utrecht University. 2021. "Half of Global Wastewater Treated, Rates in Developing Countries Still Lagging." Science Daily. https://www.sciencedaily.com/releases/2021/02/210208085457.htm.

75 Jones, Edward R., Michelle T. H. van Vliet, Manzoor Qadir, and Marc F. P. Bierkens. 2021. "Country-Level and Gridded Estimates of Wastewater Production, Collection, Treatment and Reuse." Earth System Science Data 13 (2): 237. https://doi.org/10.5194/essd-13-237-2021.

76 Gavigan, Jenna, Timnit Kefela, Ilan Macadam-Somer, Sangwon Suh, and Roland Geyer. 2020. "Synthetic Microfiber Emissions to Land Rival Those to Waterbodies and Are Growing." PLoS ONE 15 (9): e0237839. https://doi.org/10.1371/journal.pone.0237839.

77 European Parliament. 2020. "Plastic Microfibre Filters for New Washing Machines by 2025." https://www.europarl.europa.eu/doceo/document/E-9-2020-001371_EN.html.

78 Geyer, Roland, Jenna Gavigan, Alexis M. Jackson, Vienna R. Saccomanno, Sangwon Suh, and Mary G. Gleason. 2022. "Quantity and Fate of Synthetic Microfiber Emissions from Apparel Washing in California and Strategies for Their Reduction." Environmental Pollution 298:118835. https://doi.org/10.1016/j.envpol.2022.118835.

79 Dempsey, Tom. 2021. "Toward Eliminating Pre-Consumer Emissions of Microplastics from the Textile Industry." Nature Conservancy and Bain and Company. https://www.nature.org/content/dam/tnc/nature/en/documents/210322TNCBain_Pre-ConsumerMicrofiberEmissionsv6.pdf; Simon, Matt. 2021. "Your Clothes Spew Microfibers before They're Even Clothes." Wired. https://www.wired.com/story/your-clothes-spew-microfibers-before-theyre-even-clothes/.

80 Microfibre Consortium. n.d. "Our Signatories to The Microfibre 2030 Commitment."

https://www.microfibreconsortium.com/signatories.

81 Vassilenko, Ekaterina, Mathew Watkins, Stephen Chastain, Joel Mertens, Anna
    M. Posacka, Shreyas Patankar, and Peter S. Ross. 2021. "Domestic Laundry
    and Microfiber Pollution: Exploring Fiber Shedding from Consumer Apparel
    Textiles." PLoS ONE 16 (7): e0250346.
    https://doi.org/10.1371/journal.pone.0250346.

82 Khan, Anum, Barry Orr, and Darko Joksimovic. 2019. "Defining 'Flushability' for
    Sewer Use: Ryerson Urban Water."
    https://www.ryerson.ca/water/research/flushability/.

83 O Briain, Oisin, Ana R. Marques Mendes, Stephen McCarron, Mark G. Healy,
    and Liam Morrison. 2020. "The Role of Wet Wipes and Sanitary Towels as
    a Source of White Microplastic Fibres in the Marine Environment." Water
    Research 182:116021.
    https://doi.org/10.1016/j.watres.2020.116021.

2장 플라스틱의 바다로 항해하기

1 Carpenter, Edward J., and K. L. Smith. 1972. "Plastics on the Sargasso Sea
   Surface." Science 175 (4027): 1240?41.
   https://doi.org/10.1126/science.175.4027.1240; Ryan, Peter. 2015. "A Brief
   History of Marine Litter Research." In Marine Anthropogenic Litter, edited
   by Melanie Bergmann, Lars Gutow, and Michael Klages. N.p.: Springer.
   https://doi.org/10.1007/978-3-319-16510-3_1.

2 Frias, J. P. G. L., and Roisin Nash. 2019. "Microplastics: Finding a Consensus
   on the Definition." Marine Pollution Bulletin 138:145-47.
   https://doi.org/10.1016/j.marpolbul.2018.11.022.

3 Carpenter, Edward J., Susan J. Anderson, George R. Harvey, Helen P. Miklas,
   and Bradford B. Peck. 1972. "Polystyrene Spherules in Coastal Waters."
   Science 178 (4062): 749-50.
   https://doi.org/10.1126/science.178.4062.749.

4   Rensberger, Boyce. 1972. "Plastic Is Found in the Sargasso Sea." New York Times, March 19, 1972.

5   Eriksen, Marcus, Laurent C. M. Lebreton, Henry S. Carson, Martin Thiel, Charles J. Moore, Jose C. Borerro, Francois Galgani, Peter G. Ryan, and Julia Reisser. 2014. "Plastic Pollution in the World's Oceans: More than 5 Trillion Plastic Pieces Weighing Over 250,000 Tons Afloat at Sea." PLoS ONE 9 (12): e111913. https://doi.org/10.1371/journal.pone.0111913.

6   Pabortsava, Katsiaryna, and Richard S. Lampitt. 2020. "High Concentrations of Plastic Hidden Beneath the Surface of the Atlantic Ocean." Nature Communications 11:4073. https://doi.org/10.1038/s41467-020-17932-9; Simon, Matt. 2020. "Wait, How Much Microplastic Is Swirling in the Atlantic?" Wired. https://www.wired.com/story/how-much-microplastic-is-swirling-in-the-atlantic/.

7   Simon, Matt. 2019. "Monterey Bay Is a Natural Wonder-Poisoned with Microplastic." Wired. https://www.wired.com/story/monterey-bay-microplastic/; Choy, C. Anela, Bruce H. Robison, Tyler O. Gagne, Benjamin Erwin, Evan Firl, Rolf U. Halden, J. Andrew Hamilton, et al. "The Vertical Distribution and Biological Transport of Marine Microplastics across the Epipelagic and Mesopelagic Water Column." Scientific Reports 9:7843. https://doi.org/10.1038/s41598-019-44117-2.

8   Brandon, Jennifer A., Alexandra Freibott, and Linsey M. Sala. 2020. "Patterns of Suspended and Salp-Ingested Microplastic Debris in the North Pacific Investigated with Epifluorescence Microscopy." Limnology and Oceanography Letters 5 (1). https://doi.org/10.1002/lol2.10127.

9   Isobe, Atsuhiko, Takafumi Azuma, Muhammad Reza Cordova, Andres Cozar, Francois Galgani, Ryuichi Hagita, La Daana Kanhai, et al. 2021. "A Multilevel Dataset of Microplastic Abundance in the World's Upper Ocean and the Laurentian Great Lakes." Microplastics and Nanoplastics 1:16. https://doi.org/10.1186/s43591-021-00013-z.

10   Franklin Rey, Savannah, Janet Franklin, and Sergio J. Rey. 2021. "Microplastic Pollution on Island Beaches, Oahu, Hawaii." PLoS ONE 16 (2): e0247224. https://doi.org/10.1371/journal.pone.0247224.

11   Hidalgo-Ruz, Valeria, and Martin Thiel. 2013. "Distribution and Abundance of Small Plastic Debris on Beaches in the SE Pacific (Chile): A Study Supported by a Citizen Science Project." Marine Environmental Research 87-88:12-18. https://doi.org/10.1016/j.marenvres.2013.02.015; Jones, Jen S., Adam Porter, Juan Pablo Munoz-Perez, Daniela Alarcon-Ruales, Tamara S. Galloway, Brendan J. Godleye, David Santillo, et al. 2021. "Plastic Contamination of a Galapagos Island (Ecuador) and the Relative Risks to Native Marine Species." Science of the Total Environment 789:147704. https://doi.org/10.1016/j.scitotenv.2021.147704.

12   Lavers, Jennifer L., and Alexander L. Bond. 2017. "Exceptional and Rapid Accumulation of Anthropogenic Debris on One of the World's Most Remote and Pristine Islands." Proceedings of the National Academy of Sciences 114 (23): 6052-55. https://doi.org/10.1073/pnas.1619818114.

13   Lavers, Jennifer L., Jack Rivers-Auty, and Alexander L. Bond. 2021. "Plastic Debris Increases Circadian Temperature Extremes in Beach Sediments." Journal of Hazardous Materials 416:126140. https://doi.org/10.1016/j.jhazmat.2021.126140.

14   Guarino, Ben. 2018. "Climate Change Is Turning 99 Percent of These Baby Sea Turtles Female." Washington Post. https://www.washingtonpost.com/news/speaking-of-science/wp/2018/01/08/climate-change-is-turning-99-percent-of-these-baby-sea-turtles-female/.

15   Zhang, Ting, Liu Lin, Deqin Li, Shannan Wu, Li Kong, Jichao Wang, and Haitao Shi. 2021. "The Microplastic Pollution in Beaches That Served as Historical Nesting Grounds for Green Turtles on Hainan Island, China." Marine Pollution Bulletin 173 (B): 113069. https://doi.org/10.1016/j.marpolbul.2021.113069.

16   Kane, Ian A., Michael A. Clare, Elda Miramontes, Roy Wogelius, James

J. Rothwell, Pierre Garreau, and Florian Pohl. 2020. "Seafloor Microplastic Hotspots Controlled by Deep-Sea Circulation." Science 368 (6495): 1140-45. https://doi.org/10.1126/science.aba5899.

17   Simon, Matt. 2020. "'Microplastic Hot Spots' Are Tainting Deep-Sea Ecosystems." Wired.
     https://www.wired.com/story/microplastic -hotspots/.

18   European Environmental Agency. 2015. "Mediterranean Sea Region Briefing: The European Environment-State and Outlook 2015."
     https://www.eea.europa.eu/soer/2015/countries/mediterranean.

19   United Nations Environment Programme. 2010. Assessment of the State of Microbial Pollution in the Mediterranean Sea. Mediterranean Action Plan Technical Reports, Series No. 170. Athens: UNEP/MAP.
     https://wedocs.unep.org/bitstream/handle/20.500.11822/520/mts170.pdf?sequence=2.

20   Abreu, Andre, and Maria Luiza Pedrotti. 2019. "Microplastics in the Oceans: The Solutions Lie on Land." Field Actions Science Reports (special issue 19): 62-67.
     http://journals.openedition.org/factreports/5290.

21   Kuczenski, Brandon, Camila Vargas Poulsen, Eric L. Gilman, Michael Musyl, Roland Geyer, and Jono Wilson. 2021. "Plastic Gear Loss Estimates from Remote Observation of Industrial Fishing Activity." Fish and Fisheries 23 (1): 22-33.
     https://doi.org/10.1111/faf.12596.

22   Dowarah, Kaushik, and Suja P. Devipriya. 2019. "Microplastic Prevalence in the Beaches of Puducherry, India and Its Correlation with Fishing and Tourism/ Recreational Activities." Marine Pollution Bulletin 148:123-33.
     https://doi.org/10.1016/j.marpolbul.2019.07.066.

23   Lusher, Amy, Peter Hollman, and Jeremy Mendoza-Hill. 2017. Microplastics in Fisheries and Aquaculture: Status of Knowledge on Their Occurrence and Implications for Aquatic Organisms and Food Safety. FAO Fisheries and Aquaculture Technical Paper No. 615. Rome: FAO.
     https://www.fao.org/documents/card/en/c/59bfa1fc-0875-4216-bd33-

55b6003cfad8/.

24   Napper, Imogen Ellen, Luka Seamus Wright, Aaron C.Barrett, Florence N.
     F. Parker-Jurd, and Richard C. Thompson. 2022. "Potential Microplastic
     Release from the Maritime Industry: Abrasion of Rope." Science of The Total
     Environment 804:150155.
     https://doi.org/10.1016/j.scitotenv.2021.150155.

25   Dibke, Christopher, Marten Fischer, and Barbara M. Scholz-Bottcher. 2021.
     "Microplastic Mass Concentrations and Distribution in German Bight Waters
     by Pyrolysis/Gas Chromatography/Mass Spectrometry/Thermochemolysis
     Reveal Potential Impact of Marine Coatings: Do Ships Leave Skid Marks?"
     Environmental Science and Technology 55 (4): 2285-95.
     https://doi.org/10.1021/acs.est.0c04522.

26   Gaylarde, Christine C., Jose Antonio Baptista Neto, and Estefan Monteiro da
     Fonseca. 2021. "Paint Fragments as Polluting Microplastics: A Brief Review."
     Marine Pollution Bulletin 162:111847.
     https://doi.org/10.1016/j.marpolbul.2020.111847; Cardozo, Ana L. P.,
     Eduardo G. G. Farias, Jorge L. Rodrigues-Filho, Isabel B. Moteiro, Tatianny M.
     Scandolo, and David V. Dantas. 2018. "Feeding Ecology and Ingestion of Plastic
     Fragments by Priacanthus arenatus: What's the Fisheries Contribution to the
     Problem?" Marine Pollution Bulletin 130:19-27.
     https://doi.org/10.1016/j.marpolbul.2018.03.010.

27   Costamare Inc. n.d. "Container Facts."
     https://www.costamare.com/industry_containerisation.

28   Research and Markets. 2020. "Global Sea Freight Forwarding Market (2020 to
     2025)-Growth, Trends, and Forecasts."
     https://www.globenewswire.com/news-release/2020/12/03/2138926/0/en/
     Global-Sea-Freight-Forwarding-Market-2020-to-2025-Growth-Trends-and-
     Forecasts.html.

29   Leistenschneider, Clara, Patricia Burkhardt-Holm, Thomas Mani, Sebastian
     Primpke, Heidi Taubner, and Gunnar Gerdts. 2021. "Microplastics in the
     Weddell Sea (Antarctica): A Forensic Approach for Discrimination between
     Environmental and Vessel-Induced Microplastics." Environmental Science and

Technology 55 (23): 15900–11.
https://doi.org/10.1021/acs.est.1c05207.

30 Peng, Guyu, Baile Xu, and Daoji Li. 2021. "Gray Water from Ships: A Significant Sea–Based Source of Microplastics?" Environmental Science and Technology 56 (1): 4–7.
https://doi.org/10.1021/acs.est.1c05446.

31 Turner, Andrew. 2021. "Paint Particles in the Marine Environment: An Overlooked Component of Microplastics." Water Research X 12:100110.
https://doi.org/10.1016/j.wroa.2021.100110.

32 Brandon, Jennifer A., William Jones, and Mark D. Ohman. 2019. "Multidecadal Increase in Plastic Particles in Coastal Ocean Sediments." Science Advances 5 (9): eaax0587.
https://doi.org/10.1126/sciadv.aax0587; Simon, Matt. 2019. "Plastic Will Be the Shameful Artifact Our Descendants Dig Up." Wired.
https://www.wired.com/story/microplastic–core–samples/.

33 Matsuguma, Yukari, Hideshige Takada, Hidetoshi Kumata, Hirohide Kanke, Shigeaki Sakurai, Tokuma Suzuki, Maki Itoh, et al. 2017. "Microplastics in Sediment Cores from Asia and Africa as Indicators of Temporal Trends in Plastic Pollution." Archives of Environmental Contamination and Toxicology 73 (2): 230–39.
https://doi.org/10.1007/s00244–017–0414–9.
Martin, C., F. Baalkhuyur, L. Valluzzi, V. Saderne, M. Cusack, H. Almahasheer, P. K. Krishnakumar, et al. 2020. "Exponential Increase of Plastic Burial in Mangrove Sediments as a Major Plastic Sink." Science Advances 6 (44).
https://doi.org/10.1126/sciadv.aaz5593.

34 Barrett, Justine, Zanna Chase, Jing Zhang, Mark M. Banaszak Holl, Kathryn Willis, Alan Williams, Britta D. Hardesty, and Chris Wilcox. 2020. "Microplastic Pollution in Deep–Sea Sediments from the Great Australian Bight." Frontiers in Marine Science 7.
https://doi.org/10.3389/fmars.2020.576170.

35 Zalasiewicz, Jan, Colin N. Waters, Juliana A. Ivar do Sul, Patricia L. Corcoran, Anthony D. Barnosky, Alejandro Cearreta, Matt Edgeworth, et al. 2016. "The

Geological Cycle of Plastics and Their Use as a Stratigraphic Indicator of the Anthropocene." Anthropocene 13:4–17. https://doi.org/10.1016/j.ancene.2016.01.002.

36   Ross, Peter, Stephen Chastain, Ekaterina Vassilenko, Anahita Etemadifar, Sarah Zimmermann, Sarah-Ann Quesnel, Jane Eert, et al. 2021. "Pervasive Distribution of Polyester Fibres in the Arctic Ocean Is Driven by Atlantic Inputs." Nature Communications 12:106. https://doi.org/10.1038/s41467-020-20347-1.

37   Simon, Matt. 2021. "The Arctic Ocean Is Teeming with Microfibers from Clothes." Wired. https://www.wired.com/story/the-arctic-ocean-is-teeming-with-microfibers-from-clothes/.

38   Athey, Samantha N., Jennifer K. Adams, Lisa M. Erdle, Liisa M. Jantunen, Paul A. Helm, Sarah A. Finkelstein, and Miriam L. Diamond. 2020. "The Widespread Environmental Footprint of Indigo Denim Microfibers from Blue Jeans." Environmental Science and Technology Letters7 (11): 840–847. https://doi.org/10.1021/acs.estlett.0c00498.

39   Simon, Matt. 2020. "Your Beloved Blue Jeans Are Polluting the Ocean Big Time." Wired. https://www.wired.com/story/your-blue-jeans-are-polluting-the-ocean/.

40   Arvai, Antonette. 2013. "More on IJC's Great Lakes Wastewater Treatment Study and Removing Chemicals of Emerging Concern." International Joint Commission. https://www.ijc.org/en/more-ijcs-great-lakes-wastewater-treatment-study-and-removing-chemicals-emerging-concern.

41   Voosen, Paul. 2021. "The Arctic Is Warming Four Times Faster Than the Rest of the World." Science News. https://www.science.org/content/article/arctic-warming-four-times-faster-rest-world.

42   Obbard, Rachel W., Saeed Sadri, Ying Qi Wong, Alexandra A. Khitun, Ian Baker, and Richard C. Thompson. 2014. "Global Warming Releases Microplastic Legacy Frozen in Arctic Sea Ice." Earth's Future 2:315–20.

https://doi.org/10.1002/2014EF000240.

43   Peeken, Ilka, Sebastian Primpke, Birte Beyer, Julia Gutermann, Christian Katlein, Thomas Krumpen, Melanie Bergmann, Laura Hehemann, and Gunnar Gerdts. 2018. "Arctic Sea Ice Is an Important Temporal Sink and Means of Transport for Microplastic." Nature Communications 9:1505. https://doi.org/10.1038/s41467-018-03825-5.

44   Katija, Kakani, C. Anela Choy, Rob E. Sherlock, Alana D. Sherman, Bruce H. Robison. 2017. "From the Surface to the Seafloor: How Giant Larvaceans Transport Microplastics into the Deep Sea." Science Advances 3 (8): e1700715. https://doi.org/10.1126/sciadv.1700715.

45   Niiler, Eric. 2017. "Plankton 'Mucus Houses' Could Pull Microplastics from the Sea." Wired. https://www.wired.com/story/plankton-mucus-houses-could-pull-microplastics-from-the-sea/.

46   Santos, Robson G., Gabriel E. Machovsky-Capuska, and Ryan Andrades. 2021. "Plastic Ingestion as an Evolutionary Trap: Toward a Holistic Understanding." Science 373 (6550): 56–60. https://doi.org/10.1126/science.abh0945.

47   Davison, Peter, and Rebecca G. Asch. 2011. "Plastic Ingestion by Mesopelagic Fishes in the North Pacific Subtropical Gyre." Marine Ecology Progress Series 432:173–80. https://doi.org/10.3354/meps09142.

48   Jamieson, Alan J., Lauren Brooks, William D. K. Reid, Stuart B. Pierntey, and Bhavani E. Narayanaswamy. 2019. "Microplastics and Synthetic Particles Ingested by Deep-Sea Amphipods in Six of the Deepest Marine Ecosystems on Earth." Royal Society Open Science 6 (2): 1–11. https://doi.org/10.1098/rsos.180667.

49   Peng, Xiaotong, M. Chen, Shun Chen, Shamik Dasgupta, Hengchao Xu, Kaiwen Ta, Mengran Du, et al. 2018. "Microplastics Contaminate the Deepest Part of the World's Ocean." Geochemical Perspectives Letters 9:1–5. https://doi.org/10.7185/geochemlet.1829.

50   McGoran, Alexandra R., James S. Maclaine, Paul F. Clark, and David Morritt.

2021. "Synthetic and Semi-Synthetic Microplastic Ingestion by Mesopelagic Fishes from Tristan da Cunha and St Helena, South Atlantic." Frontiers in Marine Science 8:78.
https://doi.org/10.3389/fmars.2021.633478.

51   Miller, Michaela E., Mark Hamann, and Frederieke J. Kroon. 2020."Bioaccumulation and Biomagnification of Microplastics in Marine Organisms: A Review and Meta-Analysis of Current Data." PLoS ONE 15 (10): e0240792.
https://doi.org/10.1371/journal.pone.0240792.

52   University of Leicester. 2015. "Failing Phytoplankton, Failing Oxygen: Global Warming Disaster Could Suffocate Life on Planet Earth." ScienceDaily.
https://www.sciencedaily.com/releases/2015/12/151201094120.htm.

53   Thompson, Richard C., Ylva Olsen, Richard P. Mitchell, Anthony Davis, Steven J. Rowland, Anthony W. G. John, Daniel McGonigle, and Andrea E. Russell. 2004. "Lost at Sea: Where Is All the Plastic?" Science 304 (5672): 838.
https://doi.org/10.1126/science.1094559.

54   Absher, Theresinha Monteiro, Silvio Luiz Ferreira, Yargos Kern, Augusto Luiz Ferreira Jr., Susete Wambier Christo, and Romulo Augusto Ando. 2019. "Incidence and Identification of Microfibers in Ocean Waters in Admiralty Bay, Antarctica." Environmental Science and Pollution Research 26:292-98.
https://doi.org/10.1007/s11356-018-3509-6.

55   Lin, Vivian S. 2016. "Research Highlights: Impacts of Microplastics on Plankton." Environmental Science: Processes and Impacts 18:160-63.
https://doi.org/10.1039/C6EM90004F.
Desforges, Jean-Pierre W.,Moira Galbraith, and Peter Ross. "Ingestion of Microplastics by Zooplankton in the Northeast Pacific Ocean." Archives of Environmental Contamination and Toxicology 69:320-30.
https://doi.org/10.1007/s00244-015-0172-5.

56   Sun, Xiaoxia, Qingjie Li, Mingliang Zhu, Junhua Liang, Shan Zheng, and Yongfang Zhao. 2017. "Ingestion of Microplastics by Natural Zooplankton Groups in the Northern South China Sea." Marine Pollution Bulletin 115 (1-2): 217-24.

https://doi.org/10.1016/j.marpolbul.2016.12.004.

57 Markic, Ana, Clarisse Niemand, James H. Bridson, Nabila Mazouni-Gaertner, Jean-Claude Gaertner, Marcus Eriksen, and Melissa Bowen. 2018. "Double Trouble in the South Pacific Subtropical Gyre: Increased Plastic Ingestion by Fish in the Oceanic Accumulation Zone." Marine Pollution Bulletin 136:547–64. https://doi.org/10.1016/j.marpolbul.2018.09.031.

58 Botterell, Zara L. R., Nicola Beaumont, Matthew Cole, Frances E. Hopkins, Michael Steinke, Richard C. Thompson, and Penelope K. Lindeque. 2020. "Bioavailability of Microplastics to Marine Zooplankton: Effect of Shape and Infochemicals." Environmental Science and Technology 54 (19): 12024–33. https://doi.org/10.1021/acs.est.0c02715.

59 Yang, Yuyi, Wenzhi Liu, Zulin Zhang, Hans-Peter Grossart, and Geoffrey Michael Gadd. 2020. "Microplastics Provide New Microbial Niches in Aquatic Environments." Applied Microbiology and Biotechnology 104:6501–11. https://doi.org/10.1007/s00253-020-10704-x.

60 Zettler, Erik R., Tracy J. Mincer, and Linda A. Amaral-Zettler. 2013. "Life in the 'Plastisphere': Microbial Communities on Plastic Marine Debris." Environmental Science and Technology 47 (13): 7137–46. https://doi.org/10.1021/es401288x.

61 Amaral-Zettler, Linda A., Erik R. Zettler, Tracy J. Mincer, Michiel A. Klaassen, and Scott M. Gallager. 2021. "Biofouling Impacts on Polyethylene Density and Sinking in Coastal Waters: A Macro/Micro Tipping Point?" Water Research 201:117289. https://doi.org/10.1016/j.watres.2021.117289.

62 Amaral-Zettler, Linda A., Erik R. Zettler, and Tracy J. Mincer. 2020. "Ecology of the Plastisphere." Nature Reviews Microbiology 18:139–51. https://doi.org/10.1038/s41579-019-0308-0.

63 Bowley, Jake, Craig Baker-Austin, Adam Porter, Rachel Hartnell, and Ceri Lewis. 2021. "Oceanic Hitchhikers: Assessing Pathogen Risks from Marine Microplastic." Trends in Microbiology 29 (2): 107–16. https://doi.org/10.1016/j.tim.2020.06.011.

64 Amaral-Zettler, Linda A., Tosca Ballerini, Erik R. Zettler, Alejandro Abdala

Asbuna, Alvaro Adamee, Raffaella Casotti, Bruno Dumontet, et al. 2021. "Diversity and Predicted Inter- and Intra-Domain Interactions in the Mediterranean Plastisphere." Environmental Pollution 286:117439. https://doi.org/10.1016/j.envpol.2021.117439.

65   Harrison, Jesse P., Timothy J. Hoellein, Melanie Sapp, Alexander S. Tagg, Yon Ju-Nam, and Jesus J. Ojeda. 2018. "Microplastic-Associated Biofilms: A Comparison of Freshwater and Marine Environments." In Freshwater Microplastics: Emerging Environmental Contaminants? The Handbook of Environmental Chemistry 58, edited by Martin Wagner and Scott Lambert. https://doi.org/10.1007/978-3-319-61615-5_11.

66   Kooi, Merel, Egbert H. van Nes, Marten Scheffer, and Albert A. Koelmans. 2017. "Ups and Downs in the Ocean: Effects of Biofouling on Vertical Transport of Microplastics." Environmental Science and Technology 51 (14). https://doi.org/10.1021/acs.est.6b04702.

67   Kaiser, David, Nicole Kowalski, and Joanna J. Waniek. 2017. "Effects of Biofouling on the Sinking Behavior of Microplastics." Environmental Research Letters 12 (12). http://dx.doi.org/10.1088/1748-9326/aa8e8b.

68   Coyle, Roisin, Gary Hardiman, and Kieran O' Driscoll. 2020. "Microplastics in the Marine Environment: A Review of Their Sources, Distribution Processes, Uptake and Exchange in Ecosystems." Case Studies in Chemical and Environmental Engineering 2:100010. https://doi.org/10.1016/j.cscee.2020.100010.

69   Amaral-Zettler, Linda A., Erik R. Zettler, Beth Slikas, Gregory D. Boyd, Donald W. Melvin, Clare E. Morrall, Giora Proskurowski, and Tracy J. Mincer. 2015. "The Biogeography of the Plastisphere: Implications for Policy." Frontiers in Ecology and the Environment 13:541-46. https://doi.org/10.1890/150017.

70   Nava, Veronica, and Barbara Leoni. 2021. "A Critical Review of Interactions between Microplastics, Microalgae and Aquatic Ecosystem Function." Water Research 188:116476. https://doi.org/10.1016/j.watres.2020.116476.

71 Prata, Joana C., Joao P. da Costa, Isabel Lopes, Anthony L. Andrady, Armando C. Duarte, and Teresa Rocha-Santos. 2021. "A One Health Perspective of the Impacts of Microplastics on Animal, Human and Environmental Health." Science of the Total Environment 777:146094. https://doi.org/10.1016/j.scitotenv.2021.146094.

72 Everaert, Gert, Lisbeth Van Cauwenberghe, Maarten De Rijcke, Albert A. Koelmans, Jan Mees, Michiel Vandegehuchte, and Colin R. Janssen. 2018. "Risk Assessment of Microplastics in the Ocean: Modelling Approach and First Conclusions." Environmental Pollution 242 (B):1930–38. https://doi.org/10.1016/j.envpol.2018.07.069.

73 Villarrubia-Gomez, Patricia, Sarah E. Cornell, and Joan Fabres. 2018. "Marine Plastic Pollution as a Planetary Boundary Threat–The Drifting Piece in the Sustainability Puzzle." Marine Policy 96:213–20. https://doi.org/10.1016/j.marpol.2017.11.035.

74 Gruber, Nicolas, Dominic Clement, Brendan R. Carter, Richard A. Feely, Steven van Heuven, Mario Hoppema, Masao Ishii, et al. 2019. "The Oceanic Sink for Anthropogenic CO2 from 1994 to 2007." Science 363 (6432): 1193–99. https://doi.org/10.1126/science.aau5153.

75 Cole, Matthew, Pennie Lindeque, Elaine Fileman, Claudia Halsband, Rhys Goodhead, Julian Moger, and Tamara S. Galloway. 2013. "Microplastic Ingestion by Zooplankton." Environmental Science and Technology 47 (12), 6646–55. https://doi.org/10.1021/es400663f.

76 Setala, Outi, Vivi Fleming-Lehtinen, and Maiju Lehtiniemi. 2014. "Ingestion and Transfer of Microplastics in the Planktonic Food Web." Environmental Pollution 185:77–83. https://doi.org/10.1016/j.envpol.2013.10.013.

77 Sipps, Karli, Georgia Arbuckle-Keil, Robert Chant, Nicole Fahrenfeld, Lori Garzio, Kasey Walsh, and Grace Saba. 2022. "Pervasive Occurrence of Microplastics in Hudson-Raritan Estuary Zooplankton." Science of the Total Environment 817:152812. https://doi.org/10.1016/j.scitotenv.2021.152812.

78   Cole, Matthew, Penelope K. Lindeque, Elaine Fileman, James Clark, Ceri Lewis, Claudia Halsband, and Tamara S. Galloway. 2016. "Microplastics Alter the Properties and Sinking Rates of Zooplankton Faecal Pellets." Environmental Science and Technology 50 (6): 3239–46. https://doi.org/10.1021/acs.est.5b05905.

79   Perez-Guevara, Fermin, Priyadarsi D. Roy, Gurusamy KutralamMuniasamy, and V. C. Shruti. 2021. "A Central Role for Fecal Matter in the Transport of Microplastics: An Updated Analysis of New Findings and Persisting Questions." Journal of Hazardous Materials Advances 4:100021. https://doi.org/10.1016/j.hazadv.2021.100021.

80   Cole, Matthew, Pennie Lindeque, Elaine Fileman, Claudia Halsband, and Tamara S. Galloway. 2015. "The Impact of Polystyrene Microplastics on Feeding, Function and Fecundity in the Marine Copepod Calanus helgolandicus." Environmental Science and Technology 49 (2): 1130–37. https://doi.org/10.1021/es504525u.

81   Kvale, Karin, A. E. Friederike Prowe, Chia-Te Chien, Landolfi Angela, and Andreas Oschlies. 2020. "The Global Biological Microplastic Particle Sink." Scientific Reports 10:16670. https://doi.org/10.1038/s41598-020-72898-4.

82   Gove, Jamison M., Jonathan L. Whitney, Margaret A. McManus, Joey Lecky, Felipe C. Carvalho, Jennifer M. Lynch, Jiwei Li, et al. 2019. "Prey-Size Plastics Are Invading Larval Fish Nurseries." Proceedings of the National Academy of Sciences 116 (48): 24143–49. https://doi.org/10.1073/pnas.1907496116.

83   Simon, Matt. 2019. "Baby Fish Feast on Microplastics, and Then Get Eaten." Wired. https://www.wired.com/story/baby-fish-are-feasting-on-microplastics/.

84   Nelms, Sarah, James Barnett, Andrew Brownlow, Nick J. Davison, Rob Deaville, Tamara Susan Galloway, P. K. Lindeque, et al. 2019. "Microplastics in Marine Mammals Stranded around the British Coast: Ubiquitous but Transitory?" Scientific Reports 9:1075. https://doi.org/10.1038/s41598-018-37428-3.

85　Lusher, Amy L., Gema Hernandez-Milian, Joanne O'Brien, Simon Berrow, Ian O'Connor, and Rick Officer. 2015. "Microplastic and Macroplastic Ingestion by a Deep Diving, Oceanic Cetacean: The True's Beaked Whale Mesoplodon mirus." Environmental Pollution 199:185–91. https://doi.org/10.1016/j.envpol.2015.01.023.

86　Carlsson, Pernilla, Cecilie Singdahl-Larsen, and Amy L. Lusher. 2021. "Understanding the Occurrence and Fate of Microplastics in Coastal Arctic Ecosystems: The Case of Surface Waters, Sediments and Walrus (Odobenus rosmarus)." Science of the Total Environment 792:148308. https://doi.org/10.1016/j.scitotenv.2021.148308.

Eriksson, Cecilia, and Harry Burton. 2003. "Origins and Biological Accumulation of Small Plastic Particles in Fur Seals from Macquarie Island." AMBIO: A Journal of the Human Environment 32 (6): 380–84. https://doi.org/10.1579/0044-7447-32.6.380.

87　Nelms, Sarah E., Tamara S. Galloway, Brendan J. Godley, Dan S. Jarvis, and Penelope K. Lindeque. 2018. "Investigating Microplastic Trophic Transfer in Marine Top Predators." Environmental Pollution 238:999–1007. https://doi.org/10.1016/j.envpol.2018.02.016.

88　National Oceanic and Atmospheric Administration. "Gray Seal." https://www.fisheries.noaa.gov/species/gray-seal.

89　Parry, Wynne. 2010. "Whales Swallow Half a Million Calories in Single Mouthful." Live Science. https://www.livescience.com/10332-whales-swallow-million-calories-single-mouthful.html. Fritts, Rachel. 2021. "Baleen Whales Eat Three Times as Much as Scientists Thought." Science. https://www.science.org/content/article/baleen-whales-eat-three-times-much-scientists-thought.

90　Garcia-Garin, Odei, Alex Aguilar, Morgana Vighi, Gisli A. Vikingsson, Valerie Chosson, and Asuncion Borrell. 2021. "Ingestion of Synthetic Particles by Fin Whales Feeding off Western Iceland in Summer." Chemosphere 279:130564. https://doi.org/10.1016/j.chemosphere.2021.130564.

91　Zantis, L. J., T. Bosker, F. Lawler, S. E. Nelms, R. O'Rorke, R. Constantine,

M. Sewell, and E. L. Carroll. 2021. "Assessing Microplastic Exposure of Large Marine Filter-Feeders." Science of the Total Environment 818:151815. https://doi.org/10.1016/j.scitotenv.2021.151815.

92 Jabeen, Khalida, Bowen Li, Qiqing Chen, Lei Su, Chenxi Wu, Henner Hollert, and Huahong Shi. 2018. "Effects of Virgin Microplastics on Goldfish (Carassius auratus)." Chemosphere 213:323–32. https://doi.org/10.1016/j.chemosphere.2018.09.031.

93 Kim, Lia, Sang A. Kim, Tae Hee Kim, Juhea Kim, and Youn-Joo An. 2021. "Synthetic and Natural Microfibers Induce Gut Damage in the Brine Shrimp Artemia franciscana." Aquatic Toxicology 232:105748. https://doi.org/10.1016/j.aquatox.2021.105748.

94 Carlos de Sa, Luis, Luis G. Luis, and Lucia Guilhermino. 2015. "Effects of Microplastics on Juveniles of the Common Goby (Pomatoschistus microps): Confusion with Prey, Reduction of the Predatory Performance and Efficiency, and Possible Influence of Developmental Conditions." Environmental Pollution 196:359–62. https://doi.org/10.1016/j.envpol.2014.10.026.

95 Athey, Samantha N., Samantha D. Albotra, Cessely A. Gordon, Bonnie Monteleone, Pamela Seaton, Anthony L. Andrady, Alison R. Taylor, and Susanne M. Brander. 2020. "Trophic Transfer of Microplastics in an Estuarine Food Chain and the Effects of a Sorbed Legacy Pollutant." Limnology and Oceanography 5:154–62. https://doi.org/10.1002/lol2.10130.
Baechler, Britta R., Cheyenne D. Stienbarger, Dorothy A. Horn, Jincy Joseph, Alison R. Taylor, Elise F. Granek, and Susanne M. Brander. 2020. "Microplastic Occurrence and Effects in Commercially Harvested North American Finfish and Shellfish: Current Knowledge and Future Directions." Limnology and Oceanography 5:113–36. https://doi.org/10.1002/lol2.10122.

96 Duncan, Emily, Annette C. Broderick, Wayne J. Fuller, Tamara S. Galloway, Matthew H. Godfrey, Mark Hamann, Colin J. Limpus, et al. 2019. "Microplastic Ingestion Ubiquitous in Marine Turtles." Global Change Biology 25 (2):744–52.

https://doi.org/10.1111/gcb.14519.

97 Li, Weixin, Xiaofeng Chen, Minqian Li, Zeming Cai, Han Gong, and Muting Yan. 2022. "Microplastics as an Aquatic Pollutant Affect Gut Microbiota within Aquatic Animals." Journal of Hazardous Materials 423 (B): 127094. https://doi.org/10.1016/j.jhazmat.2021.127094.

98 Auta, Helen Shnada, Chijioke Emenike, and Shahul Hamid Fauziah. 2017. "Distribution and Importance of Microplastics in the Marine Environment: A Review of the Sources, Fate, Effects, and Potential Solutions." Environment International 102:165–76. https://doi.org/10.1016/j.envint.2017.02.013.

99 Botterell, Zara L. R., Nicola Beaumont, Tarquin Dorrington, Michael Steinke, Richard C. Thompson, and Penelope K. Lindeque. 2019. "Bioavailability and Effects of Microplastics on Marine Zooplankton: Anotes 195 Review." Environmental Pollution 245:98–110. https://doi.org/10.1016/j.envpol.2018.10.065.

100 Nobre, C. R., M. F. M. Santana, A. Malufa, F. S. Cortez, A. Cesar, C. D. S. Pereira, and A. Turra. 2015. "Assessment of Microplastic Toxicity to Embryonic Development of the Sea Urchin Lytechinus variegatus (Echinodermata: Echinoidea)." Marine Pollution Bulletin 92 (1–2): 99–104. https://doi.org/10.1016/j.marpolbul.2014.12.050.

101 Cormier, Bettie, Chiara Gambardella, Tania Tato, Quentin Perdriat, Elisa Costa, Cloe Veclin, Florane Le Bihanic, et al. 2021. "Chemicals Sorbed to Environmental Microplastics Are Toxic to Early Life Stages of Aquatic Organisms." Ecotoxicology and Environmental Safety 208:111665. https://doi.org/10.1016/j.ecoenv.2020.111665.

102 Woods, Madelyn N., Theresa J. Hong, Donaven Baughman, Grace Andrews, David M. Fields, and Patricia A. Matra. 2020. "Accumulation and Effects of Microplastic Fibers in American Lobster Larvae (Homarus americanus)." Marine Pollution Bulletin 157:111280. https://doi.org/10.1016/j.marpolbul.2020.111280.

103 Jensen, Lene H., Cherie A. Motti, Anders L. Garm, Hemerson Tonin, and Frederieke J. Kroon. 2019. "Sources, Distribution and Fate of Microfibres on the

Great Barrier Reef, Australia." Scientific Reports 9:9021.
https://doi.org/10.1038/s41598-019-45340-7.

104 Utami, Dwi Amanda, Lars Reuning, Olga Konechnaya, and Jan Schwarzbauer. 2021. "Microplastics as a Sedimentary Component in Reef Systems: A Case Study from the Java Sea." Sedimentology 68:2270-92. https://doi.org/10.1111/sed.12879.

105 Chapron, Leila, Erwan Peru, A. Engler, Jean-Francois Ghiglione, Anne-Leila Meistertzheim, Audry M. Pruski, Autun Purser, et al. 2018. "Macro- and Microplastics Affect Cold-Water Corals Growth, Feeding and Behaviour." Scientific Reports 8:15299. https://doi.org/10.1038/s41598-018-33683-6.

106 John, Juliana, A. R. Nandhini, Padmanaban Velayudhaperumal Chellam, and Mika Sillanpaa. 2021. "Microplastics in Mangroves and Coral Reef Ecosystems: A Review." Environmental Chemistry Letters. https://doi.org/10.1007/s10311-021-01326-4.

107 Montano, Simone, Davide Seveso, Davide Maggioni, Paolo Galli, Stefano Corsarini, and Francesco Saliu. 2020. "Spatial Variability of Phthalates Contamination in the Reef-Building Corals Porites lutea, Pocillopora verrucosa and Pavona varians." Marine Pollution Bulletin 155:111117. https://doi.org/10.1016/j.marpolbul.2020.111117.

108 Reichert, Jessica, Angelina L. Arnold, Nils Hammer, Ingo B. Miller, Marvin Rades, Patrick Schubert, Maren Ziegler, and Thomas Wilke. 2021. "Reef-Building Corals Act as Long-Term Sink for Microplastic." Global Change Biology 28 (1): 33-45. https://doi.org/10.1111/gcb.15920.

109 Foley, Carolyn J., Zachary S. Feiner, Timothy D. Malinich, and Tomas O. Hook. 2018. "A Meta-Analysis of the Effects of Exposure to Microplastics on Fish and Aquatic Invertebrates." Science of the Total Environment 631-32:550-59. https://doi.org/10.1016/j.scitotenv.2018.03.046.

110 Hou, Loren, Caleb D. McMahan, Rae E. McNeish, Keenan Munno, Chelsea M. Rochman, and Timothy J. Hoellein. 2021. "A Fish Tale: A Century of Museum Specimens Reveal Increasing Microplastic Concentrations in Freshwater Fish."

Ecological Applications 31 (5).
https://doi.org/10.1002/eap.2320.

111 Savoca, Matthew S., Alexandra G. McInturf, and Elliott L. Hazen. 2021. "Plastic Ingestion by Marine Fish Is Widespread and Increasing." Global Change Biology 27 (10): 2188–99.
https://doi.org/10.1111/gcb.15533.

112 Collard, France, Bernard Gilbert, Philippe Compere, Gauthier Eppe, Krishna Das, Thierry Jauniaux, and Eric Parmentier. 2017. "Microplastics in Livers of European Anchovies (Engraulis encrasicolus, L.)" Environmental Pollution 229:1000–1005.
https://doi.org/10.1016/j.envpol.2017.07.089.
McIlwraith, Hayley K., Joel Kim, Paul Helm, Satyendra P. Bhavsar, Jeremy S. Metzger, and Chelsea M. Rochman. 2021. "Evidence of Microplastic Translocation in Wild-Caught Fish and Implications for Microplastic Accumulation Dynamics in Food Webs." Environmental Science and Technology 55 (18): 12372–82.
https://doi.org/10.1021/acs.est.1c02922.
Sequeira, Ines F., Joana C. Prata, Joao P. da Costa, Armando C. Duarte, and Teresa Rocha-Santos. 2020. "Worldwide Contamination of Fish with Microplastics: A Brief Global Overview." Marine Pollution Bulletin 160:111681.
https://doi.org/10.1016/j.marpolbul.2020.111681.

113 De Sales-Ribeiro, Carolina, Yeray Brito-Casillas, and Antonio Fernandez. 2020. "An End to the Controversy over the Microscopic Detection and Effects of Pristine Microplastics in Fish Organs." Scientific Reports 10:12434.
https://doi.org/10.1038/s41598-020-69062-3.
Zeytin, Sinem, Gretchen Wagner, Nick Mackay-Roberts, Gunnar Gerdts, Erwin Schuirmann, Sven Klockmann, and Matthew Slater. 2020. "Quantifying Microplastic Translocation from Feed to the Fillet in European Sea Bass Dicentrarchus labrax." Marine Pollution Bulletin 156:111210.
https://doi.org/10.1016/j.marpolbul.2020.111210.

114 Ribeiro, Francisca, Elvis D. Okoffo, Jake W. O'Brien, Sarah Fraissinet-Tachet, Stacey O'Brien, Michael Gallen, Saer Samanipour, et al. 2020. "Quantitative

Analysis of Selected Plastics in High-Commercial-Value Australian Seafood by Pyrolysis Gas Chromatography Mass Spectrometry." Environmental Science and Technology 54 (15), 9408–17. https://doi.org/10.1021/acs.est.0c02337.

115 Dawson, Amanda L., Marina F. M. Santana, Michaela E. Miller, and Frederieke J. Kroon. 2021. "Relevance and Reliability of Evidence for Microplastic Contamination in Seafood: A Critical Review Using Australian Consumption Patterns as a Case Study." Environmental Pollution 276:116684. https://doi.org/10.1016/j.envpol.2021.116684.

116 Mattsson, Karin, Elyse V. Johnson, Anders Malmendal, Sara Linse, Lars-Anders Hansson, and Tommy Cedervall. 2017. "Brain Damage and Behavioural Disorders in Fish Induced by Plastic Nanoparticles Delivered through the Food Chain." Scientific Reports 7:11452. https://doi.org/10.1038/s41598-017-10813-0.

117 Cunningham, Eoghan M., Amy Mundye, Louise Kregting, Jaimie T. A. Dick, Andrew Crump, Gillian Riddell, and Gareth Arnott. 2021. "Animal Contests and Microplastics: Evidence of Disrupted Behaviour in Hermit Crabs Pagurus bernhardus." Royal Society Open Science 8 (10). http://doi.org/10.1098/rsos.211089.

118 Chae, Yooeun, Dokyung Kim, Shin Woong Kim, and Youn-Joo An. 2018. "Trophic Transfer and Individual Impact of Nano-Sized Polystyrene in a Four-Species Freshwater Food Chain." Scientific Reports 8:284. https://doi.org/10.1038/s41598-017-18849-y.

119 Dawson, Amanda, So Kawaguchi, Catherine K. King, Kathy A. Townsend, Robert King, Wilhelmina M. Huston, and Susan M. Bengtson Nash. 2018. "Turning Microplastics into Nanoplastics through Digestive Fragmentation by Antarctic Krill." Nature Communications 9:1001. https://doi.org/10.1038/s41467-018-03465-9.

120 Seo, Hannah. 2021. "Fish Farming Has a Plastic Problem." Environmental Health News. https://www.ehn.org/plastic-in-farmed-fish-2650268080.html.

121 FAO (Food and Agriculture Organization). 2020. The State of World Fisheries

and Aquaculture 2020: Sustainability in Action. Rome: FAO.
https://doi.org/10.4060/ca9229en.

122　Thiele, Christina J., Malcolm D. Hudson, Andrea E. Russell, Marilin Saluveer, and Giovanna Sidaoui-Haddad. 2021. "Microplastics in Fish and Fishmeal: An Emerging Environmental Challenge?" Scientific Reports 11:2045. https://doi.org/10.1038/s41598-021-81499-8.

123　Hanachi, Parichehr, Samaneh Karbalaei, Tony R. Walker, Matthew Cole, and Seyed V. Hosseini. 2019. "Abundance and Properties of Microplastics Found in Commercial Fish Meal and Cultured Common Carp (Cyprinus carpio)." Environmental Science and Pollution Research 26:23777-87. https://doi.org/10.1007/s11356-019-05637-6.

124　Mathalon, Alysse, and Paul Hill. 2014. "Microplastic Fibers in the Intertidal Ecosystem Surrounding Halifax Harbor, Nova Scotia." Marine Pollution Bulletin 81 (1): 69-79. https://doi.org/10.1016/j.marpolbul.2014.02.018.

125　Van Cauwenberghe, Lisbeth, and Colin R. Janssen. 2014. "Microplastics in Bivalves Cultured for Human Consumption." Environmental Pollution 193:65-70. https://doi.org/10.1016/j.envpol.2014.06.010.

126　Akoueson, Fleurine, Lisa M. Sheldon, Evangelos Danopoulos, Steve Morris, Jessica Hotten, Emma Chapman, Jiana Li, and Jeanette M. Rotchell. 2020. "A Preliminary Analysis of Microplastics in Edible versus Non-Edible Tissues from Seafood Samples." Environmental Pollution 263 (A): 114452. https://doi.org/10.1016/j.envpol.2020.114452.

3장 오염된 땅

1　Tian, Zhenyu, Haoqi Zhao, Katherine T. Peter, Melissa Gonzalez, Jill Wetzel, Christopher Wu, Ximin Hu, et al. 2021. "A Ubiquitous Tire Rubber-Derived Chemical Induces Acute Mortality in Coho Salmon." Science 371 (6525): 185-

89. https://doi.org/10.1126/science.abd6951.

2   American Chemical Society National Historic Chemical Landmarks. n.d. "U.S. Synthetic Rubber Program." http://www.acs.org/content/acs/en/education/whatischemistry/landmarks/syntheticrubber.html.

3   Wagner, Stephan, Thorsten Huffer, Philipp Klockner, Maren Wehrhahn, Thilo Hofmann, and Thorsten Reemtsma. 2018. "Tire Wear Particles in the Aquatic Environment: A Review on Generation, Analysis, Occurrence, Fate and Effects." Water Research 139:83–100. https://doi.org/10.1016/j.watres.2018.03.051.

4   Tamis, Jacqueline E., Albert A. Koelmans, Rianne Droge, Nicolaas H. B. M. Kaag, Marinus C. Keur, Peter C. Tromp, and Ruud H. Jongbloed. 2021. "Environmental Risks of Car Tire Microplastic Particles and Other Road Runoff Pollutants." Microplastics and Nanoplastics 1:10. https://doi.org/10.1186/s43591-021-00008-w.

5   Huntink, Nicolaas Maria. 2003. "Durability of Rubber Products: Development of New Antidegradants for Long-Term Protection." PhD thesis, Twente University Press. https://research.utwente.nl/en/publications/durability-of-rubber-products-development-of-new-antidegradants-f.

6   Csere, Csaba. 2000. "A Look Behind the Tire Hysteria." Car and Driver. https://www.caranddriver.com/features/a15139795/a-look-behind-the-tire-hysteria/.

7   Kole, Pieter Jan, Ansje J. Lohr, Frank G. A. J. Van Belleghem, and Ad M. J. Ragas. 2017. "Wear and Tear of Tyres: A Stealthy Source of Microplastics in the Environment." International Journal of Environmental Research and Public Health 14 (10): 1265. https://dx.doi.org/10.3390%2Fijerph14101265.

8   McIntyre, Jenifer K., Jasmine Prat, James Cameron, Jillian Wetzel, Emma Mudrock, Katherine T. Peter, Zhenyu Tian, et al. 2021. "Treading Water: Tire Wear Particle Leachate Recreates an Urban Runoff Mortality Syndrome in

Coho but Not Chum Salmon." Environmental Science and Technology 55 (17): 11767–74.
https://doi.org/10.1021/acs.est.1c03569.

9   Brinkmann, Markus, David Montgomery, Summer Selinger, Justin G. P. Miller, Eric Stock, Alper James Alcaraz, Jonathan K. Challis, et al. 2022. "Acute Toxicity of the Tire Rubber–Derived Chemical 6PPD–Quinone to Four Fishes of Commercial, Cultural, and Ecological Importance." Environmental Science and Technology Letters.
https://doi.org/10.1021/acs.estlett.2c00050.

10   Simon, Matt. 2020. "This Bizarre Insect Is Building Shelters Out of Microplastic." Wired.
https://www.wired.com/story/caddisfly-microplastic/.

11   Triebskorn, Rita, Thomas Braunbeck, Tamara Grummt, Lisa Hanslik, Sven Huppertsberg, Martin Jekel, Thomas P. Knepper, et al. 2019. "Relevance of Nano- and Microplastics for Freshwater Ecosystems: A Critical Review." TrAC Trends in Analytical Chemistry 110:375–92.
https://doi.org/10.1016/j.trac.2018.11.023.

12   Hurley, Rachel, Jamie Woodward, and James J. Rothwell. 2018. "Microplastic Contamination of River Beds Significantly Reduced by Catchment-Wide Flooding." Nature Geoscience 11:251–57.
https://doi.org/10.1038/s41561-018-0080-1.

13   Leslie, H. A., Sicco H. Brandsma, M. J. M. Van Velzen, and Andre Dick Vethaak. 2017. "Microplastics en Route: Field Measurements in the Dutch River Delta and Amsterdam Canals, Wastewater Treatment Plants, North Sea Sediments and Biota." Environment International 101:133–42.
https://doi.org/10.1016/j.envint.2017.01.018.

14   Moore, Charles James, Gwendolyn L. Lattin, and A. F. Zellers. 2011. "Quantity and Type of Plastic Debris Flowing from Two Urban Rivers to Coastal Waters and Beaches of Southern California." Journal of Integrated Coastal Zone Management 11 (1): 65–73.
http://dx.doi.org/10.5894/rgci194.

15   Napper, Imogen E., Anju Baroth, Aaron C. Barrett, Sunanda Bhola, Gawsia W.

Chowdhury, Bede F. R. Davies, Emily M. Duncan, et al. 2021. "The Abundance and Characteristics of Microplastics in Surface Water in the Transboundary Ganges River." Environmental Pollution 274:116348. https://doi.org/10.1016/j.envpol.2020.116348.

16 Waterfront Partnership of Baltimore. n.d. "Mr. Trash Wheel: A Proven Solution to Ocean Plastics." https://www.mrtrashwheel.com/.

17 Simon, Matt. 2019. "7 Trillion Microplastic Particles Pollute the San Francisco Bay Each Year." Wired. https://www.wired.com/story/microplastic-san-francisco-bay/.

18 Napper, Imogen E., Bede F. R. Davies, Heather Clifford, Sandra Elvin, Heather J. Koldewey, Paul A. Mayewski, Kimberley R. Miner, et al. 2020. "Reaching New Heights in Plastic Pollution: Preliminary Findings of Microplastics on Mount Everest." One Earth 3 (5): 621–30. https://doi.org/10.1016/j.oneear.2020.10.020.

19 Green, Dannielle S., Andrew D. W. Tongue, and Bas Boots. 2021. "The Ecological Impacts of Discarded Cigarette Butts." Trends in Ecology and Evolution 37 (2): 183–92. https://doi.org/10.1016/j.tree.2021.10.001.

20 Belzagui, Francisco, Valentina Buscio, Carmen Gutierrez-Bouzan, and Mercedes Vilaseca. 2021. "Cigarette Butts as a Microfiber Source with a Microplastic Level of Concern." Science of the Total Environment 762:144165. https://doi.org/10.1016/j.scitotenv.2020.144165.

21 Ocean Conservancy. 2017. International Coastal Cleanup Report. Washington, DC: Ocean Conservancy. https://oceanconservancy.org/wp-content/uploads/2017/06/International-Coastal-Cleanup_2017-Report.pdf.

22 Parson, Ann. 2021. "How Paving with Plastic Could Make a Dent in the Global Waste Problem." Yale Environment 360. https://e360.yale.edu/features/how-paving-with-plastic-could-make-a-dent-in-the-global-waste-problem.

23 Magnusson, Kerstin, Karin Eliasson, Anna Frane, Kalle Haikonen, Johan Hulten, Mikael Olshammar, Johanna Stadmark, and Anais Voisin. 2016. Swedish

Sources and Pathways for Microplastics to the Marine Environment. Stockholm: IVL Swedish Environmental Research Institute. https://www.ccb.se/documents/ML_background/SE_Study_MP_sources.pdf.

24 Werbowski, Larissa M., Alicia N. Gilbreath, Keenan Munno, Xia Zhu, Jelena Grbic, Tina Wu, Rebecca Sutton, et al. 2021. "Urban Stormwater Runoff: A Major Pathway for Anthropogenic Particles, Black Rubbery Fragments, and Other Types of Microplastics to Urban Receiving Waters." ACS ES&T Water 1 (6): 1420–28. https://doi.org/10.1021/acsestwater.1c00017.

25 Fidra. 2020. "Microplastic Loss from Artificial (3G) Pitches in Context of the ECHA Proposed Restriction of Microplastics Intentionally Added to Products." https://www.plasticsoupfoundation.org/wp-content/uploads/2020/09/Fidra-Microplastic-loss-from-artificial-3G-pitches_v2-.pdf.

26 Løkkegaard, Hanne, Bjørn Malmgren-Hansen, and Nils H. Nilsson. 2018. Mass Balance of Rubber Granulate Lost from Artificial Turf Fields, Focusing on Discharge to the Aquatic Environment. Viborg: Danish Technological Institute. https://www.genan.eu/wp-content/uploads/2020/02/Teknologisk-Institut_Mass-balance-of-rubber-granulate-lost-from-artificial-turf-fields_May-2019_v1.pdf.

27 Hann, Simon, Chris Sherrington, Olly Jamieson, Molly Hickman, and Ayesha Bapasola. 2018. "Investigating Options for Reducing Releases in the Aquatic Environment of Microplastics Emitted by Products." Eunomia. https://www.eunomia.co.uk/reports-tools/investigating-options-for-reducing-releases-in-the-aquatic-environment-of-microplastics-emitted-by-products/.

28 Swedish Environmental Protection Agency. 2021. "Microplastics in the Environment 2019: Report on a Government Commission." Bromma: Swedish EPA. https://www.naturvardsverket.se/globalassets/media/publikationer-pdf/6900/978-91-620-6957-5.pdf.

29 Gilbreath, Alicia, Lester McKee, Ila Shimabuku, Diana Lin, Larissa M. Werbowski, Xia Zhu, Jelena Grbic, and Chelsea Rochman. 2019. "Multiyear

Water Quality Performance and Mass Accumulation of PCBs, Mercury, Methylmercury, Copper, and Microplastics in a Bioretention Rain Garden." Journal of Sustainable Water in the Built Environment 5(4). https://doi.org/10.1061/JSWBAY.0000883

30 Moran, Kelly, Ezra Miller, Miguel Mendez, Shelly Moore, Alicia Gilbreath, Rebecca Sutton, and Diana Lin. 2021. A Synthesis of Microplastic Sources and Pathways to Urban Runoff. SFEI Technical Report: SFEI Contribution #1049. Richmond, CA: San Francisco Estuary Institute.

31 Simon, Matt. 2021. "Climate Change Is Turning Cities into Ovens." Wired. https://www.wired.com/story/climate-change-is-turning-cities-into-ovens/.

32 United Nations. 2018. "68% of the World Population Projected to Live in Urban Areas by 2050, Says UN." https://www.un.org/development/desa/en/news/population/2018-revision-of-world-urbanization-prospects.html.

33 Anderson, Kendall W. 2019. Occupational Health Risks from Class B Biosolids. Chicago: Illinois Injury Prevention Center. http://illinoisinjuryprevention.org/Industry_Spotlight_Class%20B%20Biosolids%20Brief.pdf.

34 Nizzetto, Luca, Sindre Langaas, and Martyn Futter. 2016. "Pollution: Do Microplastics Spill on to farm soils?" Nature 537 (488). https://doi.org/10.1038/537488b.

35 Nizzetto, Luca, Martyn Futter, and Sindre Langaas. 2016. "Are Agricultural Soils Dumps for Microplastics of Urban Origin?" Environmental Science and Technology 50 (20): 10777-79. https://doi.org/10.1021/acs.est.6b04140.

36 Lusher, Amy L., Rachel Hurley, Christian Vogelsang, Luca Nizzetto, and Marianne Olsen. 2017. "Mapping Microplastics in Sludge." Norwegian Institute for Water Research. https://niva.brage.unit.no/niva-xmlui/handle/11250/2493527.

37 Mahon, Anne Marie, Brendan O'Connell, Mark Gerard Healy, Ian O'Connor, Rick Andrew Officer, Roisin Nash, and Liam Morrison. 2017. "Microplastics in Sewage Sludge: Effects of Treatment." Environmental Science and Technology

51 (2): 810–18.
http://dx.doi.org/10.1021/acs.est.6b04048.

38 Magnusson, Kerstin, and Fredrik Noren. 2014. Screening of Microplastic Particles in and Down-Stream of a Wastewater Treatment Plant. Stockholm: IVL Swedish Environmental Research Institute.
https://www.diva-portal.org/smash/get/diva2:773505/FULLTEXT01.pdf.

39 Mintenig, S. M., I. Int-Veen, M. G. J. Loder, S. Primpke, and G. Gerdts. 2017. "Identification of Microplastic in Effluents of Waste Water Treatment Plants Using Focal Plane Array Based Micro Fourier Transform Infrared Imaging." Water Research 108:365–72.
https://doi.org/10.1016/j.watres.2016.11.015.

40 Sujathan, Surya, Ann-Kathrin Kniggendorf, Arun Kumar, Bernhard Roth, Karl-Heinz Rosenwinkel, and Regina Nogueira. 2017. "Heat and Bleach: A Cost-Efficient Method for Extracting Microplastics from Return Activated Sludge." Archives of Environmental Contamination and Toxicology 73:641–48.
https://doi.org/10.1007/s00244-017-0415-8.

41 Gavigan, Jenna, Timnit Kefela, Ilan Macadam-Somer, Sangwon Suh, and Roland Geyer. 2020. "Synthetic Microfiber Emissions to Land Rival Those to Waterbodies and Are Growing." PLoS ONE 15 (9): e0237839.
https://doi.org/10.1371/journal.pone.0237839.

42 Zubris, Kimberly Ann V., and Brian K. Richards. 2005. "Synthetic Fibers as an Indicator of Land Application of Sludge." Environmental Pollution 138 (2): 201–11.
https://doi.org/10.1016/j.envpol.2005.04.013.

43 Corradini, Fabio, Pablo Meza, Raul Eguiluz, Francisco Casado, Esperanza Huerta-Lwanga, and Violette Geissen. 2019. "Evidence of Microplastic Accumulation in Agricultural Soils from Sewage Sludge Disposal." Science of the Total Environment 671:411–20.
https://doi.org/10.1016/j.scitotenv.2019.03.368.

44 Crossman, Jill, Rachel R. Hurley, Martyn Futter, and Luca Nizzetto. 2020. "Transfer and Transport of Microplastics from Biosolids to Agricultural Soils and the Wider Environment." Science of the Total Environment 724:138334.

https://doi.org/10.1016/j.scitotenv.2020.138334.

45 Roebroek, Caspar T. J., Shaun Harrigan, Tim H. M. van Emmerik, Calum Baugh, Dirk Eilander, Christel Prudhomme, and Florian Pappenberger. 2021. "Plastic in Global Rivers: Are Floods Making It Worse?" Environmental Research Letters 16 (2). http://dx.doi.org/10.1088/1748-9326/abd5df.

46 Weithmann, Nicolas, Julia N. Moller, Martin G. J. Loder, Sarah Piehl, Christian Laforsch, and Ruth Freitag. 2018. "Organic Fertilizer as a Vehicle for the Entry of Microplastic into the Environment." Science Advances 4 (4). https://doi.org/10.1126/sciadv.aap8060.

47 Kelly, John J., Maxwell G. London, Amanda R. McCormick, Miguel Rojas, John W. Scott, and Timothy J. Hoellein. 2021. "Wastewater Treatment Alters Microbial Colonization of Microplastics." PLoS ONE 16 (1): e0244443. https://doi.org/10.1371/journal.pone.0244443.

48 McCormick, Amanda R., Timothy J. Hoellein, Maxwell G. London, Joshua Hittie, John W. Scott, and John J. Kelly. 2016. "Microplastic in Surface Waters of Urban Rivers: Concentration, Sources, and Associated Bacterial Assemblages." Ecosphere 7 (11). https://doi.org/10.1002/ecs2.1556.

49 Pham, Dung Ngoc, Lerone Clark, and Mengyan Li. 2021. "Microplastics as Hubs Enriching Antibiotic-Resistant Bacteria and Pathogens in Municipal Activated Sludge." Journal of Hazardous Materials Letters 2:100014. https://doi.org/10.1016/j.hazl.2021.100014.

50 New Jersey Institute of Technology. 2021. "How Our Microplastic Waste Becomes 'Hubs' for Pathogens, Antibiotic-Resistant Bacteria." https://www.eurekalert.org/pub_releases/2021-03/njio-hom031921.php.

51 Arias-Andres, Maria, Uli Klumper, Keilor Rojas-Jimenez, and HansPeter Grossart. 2018. "Microplastic Pollution Increases Gene Exchange in Aquatic Ecosystems." Environmental Pollution 237:253?61. https://doi.org/10.1016/j.envpol.2018.02.058.

52 Landis, Thomas D., and R. Kasten Dumroese. 2009. "Using Polymer-Coated Controlled-Release Fertilizers in the Nursery and after Outplanting." Forest

Nursery Notes (Winter): 5–12.
https://www.srs.fs.usda.gov/pubs/34172.

53   International Plant Nutrition Institute. n.d. Coated Fertilizer. Norcross, GA:
     INPNI.
     http://www.ipni.net/publication/nss.nsf/0/33C6A283CC38EE26852579AF007
     682E3/$FILE/NSS-20%20Coated%20Fertilizer.pdf.

54   Katsumi, Naoya, Takasei Kusube, Seiya Nagao, and Hiroshi Okochi. 2021.
     "Accumulation of Microcapsules Derived from Coated Fertilizer in Paddy
     Fields." Chemosphere 267:129185.
     https://doi.org/10.1016/j.chemosphere.2020.129185.

55   Katsumi, Naoya, Takasei Kusube, Seiya Nagao, and Hiroshi Okochi. 2020. "The
     Role of Coated Fertilizer Used in Paddy Fields as a Source of Microplastics in
     the Marine Environment." Marine Pollution Bulletin 161 (B): 111727.
     https://doi.org/10.1016/j.marpolbul.2020.111727.

56   Spence, Carol Lea. 2007. "'Revolutionary' Greenhouse Has Roots at UK."
     University of Kentucky College of Agriculture, Food, and Environment.
     https://news.ca.uky.edu/article/'revolutionary'-greenhouse-has-roots-uk.

57   Grubinger, Vern. 2004. "Plastic Mulch Primer." University of Vermont
     Extension.
     https://www.uvm.edu/vtvegandberry/factsheets/plasticprimer.html.

58   Kasirajan, Subrahmaniyan, and Mathieu Ngouajio. 2012. "Polyethylene and
     Biodegradable Mulches for Agricultural Applications: A Review." Agronomy for
     Sustainable Development 32:501–29.
     http://dx.doi.org/10.1007/s13593-011-0068-3.

59   Maughan, Tiffany, and Dan Drost. 2016. "Use of Plastic Mulch for Vegetable
     Production." Utah State University Extension.
     https://extension.usu.edu/productionhort/files-ou/Use-of-Plastic-Mulch-
     for-Vegetable-Production.pdf.

60   Shrefler, Jim, and Lynn Brandenberger. 2016. "Use of Plastic Mulch and Row
     Covers in Vegetable Production." Oklahoma State University Extension.
     https://extension.okstate.edu/fact-sheets/use-of-plastic-mulch-and-row-
     covers-in-vegetable-production.html.

61 Steinmetz, Zacharias, Claudia Wollmann, Miriam Schaefer, Christian Buchmann, Jan David, Josephine Troger, Katherine Munoz, Oliver Fror, and Gabriele Ellen Schaumann. 2016. "Plastic Mulching in Agriculture. Trading Short-Term Agronomic Benefits for Long-Term Soil Degradation?" Science of the Total Environment 550:690?705. https://doi.org/10.1016/j.scitotenv.2016.01.153.

62 Moore, Jenny, and Annette Wszelaki. 2016. "Plastic Mulch in Fruit and Vegetable Production: Challenges for Disposal." Report No. FA-2016-02. https://ag.tennessee.edu/biodegradablemulch/Documents/Plastic_Mulch_in_ Fruit_and_Vegetable_Production_12_20factsheet.pdf.

63 Sintim, Henry Y., and Markus Flury. 2017. "Is Biodegradable Plastic Mulch the Solution to Agriculture's Plastic Problem?" Environmental Science and Technology 51 (3): 1068?69. https://doi.org/10.1021/acs.est.6b06042.

64 Beriot, Nicolas, Joost Peek, Raul Zornoza, Violette Geissen, and Esperanza Huerta Lwanga. 2021. "Low Density-Microplastics Detected in Sheep Faeces and Soil: A Case Study from the Intensive Vegetable Farming in Southeast Spain." Science of the Total Environment 755 (1): 142653. https://doi.org/10.1016/j.scitotenv.2020.142653.

65 Wenqing, He, Liu Enke, Liu Qin, Liu Shuang, Neil C. Turner, and Yan Changrong. 2014. "Plastic-Film Mulch in Chinese Agriculture: Importance and Problems." World Agriculture 4 (2): 32-36.

66 Neretin, Lev. 2021. "Fields of Plastics." International Institute for Sustainable Development. http://sdg.iisd.org/commentary/guest-articles/fields-of-plastics/.

67 Guo, Jing-Jie, Xian-Pei Huang, Lei Xiang, Yi-Ze Wang, Yan-Wen Li, Hui Li, Quan-Ying Cai, Ce-Hui Mo, and Ming-Hung Wong. 2020. "Source, Migration and Toxicology of Microplastics in Soil." Environment International 137:105263. https://doi.org/10.1016/j.envint.2019.105263.

68 Huang, Yi, Qin Liu, Weiqian Jia, Changrong Yan, and Jie Wang. "Agricultural Plastic Mulching as a Source of Microplastics in the Terrestrial Environment." Environmental Pollution 260:114096.

https://doi.org/10.1016/j.envpol.2020.114096.

69   Zhang, Huan, Markus Flury, Carol Miles, Hang Liu, and Lisa DeVetter. 2020.
     "Soil-Biodegradable Plastic Mulches Undergo Minimal in-Soil Degradation in a
     Perennial Raspberry System after 18 Months." Horticulturae 6 (3): 47.
     https://doi.org/10.3390/horticulturae6030047.

70   Zhang, G. S., and Y. F. Liu. 2018. "The Distribution of Microplastics in Soil
     Aggregate Fractions in Southwestern China." Science of the Total Environment
     642:12-20.
     https://doi.org/10.1016/j.scitotenv.2018.06.004.

71   Zhang, Dan, Ee Ling Ng, Wanli Hu, Hongyuan Wang, Pablo Galaviz, Hude Yang,
     Wentao Sun, et al. 2020. "Plastic Pollution in Croplands Threatens Long-Term
     Food Security." Global Change Biology 26:3356-67.
     https://doi.org/10.1111/gcb.15043.

72   Caparros-Martinez, Jose Luis, Nuria Rueda-Lope, Juan Milan-Garcia, and
     Jaime de Pablo Valenciano. 2020. "Public Policies for Sustainability and Water
     Security: The Case of Almeria (Spain)." Global Ecology and Conservation
     23:e01037.
     https://doi.org/10.1016/j.gecco.2020.e01037.

73   Dahl, Martin, Sanne Bergman, Mats Bjork, Elena Diaz-Almela, Maria Granberg,
     Martin Gullstrom, Carmen Leiva-Duenas, et al. 2021. "A Temporal Record of
     Microplastic Pollution in Mediterranean Seagrass Soils." Environmental Pollution
     273:116451.
     https://doi.org/10.1016/j.envpol.2021.116451.

74   FAO (Food and Agriculture Organization). 2021. Assessment of Agricultural
     Plastics and Their Sustainability: A Call for Action. Rome: FAO.
     https://doi.org/10.4060/cb7856en.

75   Rillig, Matthias C., Lisa Ziersch, and Stefan Hempel. 2017. "Microplastic
     Transport in Soil by Earthworms." Scientific Reports 7:1362.
     http://dx-.doi.org/10.1038/s41598-017-01594-7.

76   Lwanga, Esperanza Huerta, Hennie Gertsen, Harm Gooren, Piet Peters, Tamas
     Salanki, Martine van der Ploeg, Ellen Besseling, Albert A. Koelmans, and
     Violette Geissen. 2017. "Incorporation of Microplastics from Litter into Burrows

of Lumbricus terrestris." Environmental Pollution 220:523–31. https://doi.org/10.1016/j.envpol.2016.09.096.

77 Huerta Lwanga, Esperanza, Hennie Gertsen, Harm Gooren, Piet Peters, Tamas Salanki, Martine van der Ploeg, Ellen Besseling, et al. 2016. "Microplastics in the Terrestrial Ecosystem: Implications for Lumbricus terrestris (Oligochaeta, Lumbricidae)." Environmental Science and Technology 50 (5): 2685–91. https://doi.org/10.1021/acs.est.5b05478.

78 Rillig, Matthias C., Rosolino Ingraffia, and Anderson A. de Souza Machado. 2017. "Microplastic Incorporation into Soil in Agroecosystems." Frontiers in Plant Science 8:1805. https://doi.org/10.3389/fpls.2017.01805.

79 O'Connor, David, Shizhen Pan, Zhengtao Shen, Yinan Song, Yuanliang Jin, Wei-Min Wu, and Deyi Hou. 2019. "Microplastics Undergo Accelerated Vertical Migration in Sand Soil Due to Small Size and Wet-Dry Cycles." Environmental Pollution 249:527?34. https://doi.org/10.1016/j.envpol.2019.03.092.

80 De Souza Machado, Anderson Abel, Chung Wai Lau, Jennifer Till, Werner Kloas, Anika Lehmann, Roland Becker, and Matthias C. Rillig. 2018. "Impacts of Microplastics on the Soil Biophysical Environment." Environmental Science and Technology 52 (17): 9656?65. https://doi.org/10.1021/acs.est.8b02212.

81 Lili, Lei, Siyu Wu, Shibo Lu, Mengting Liu, Yang Song, Zhenhuan Fu, Huahong Shi, Kathleen M. Raley-Susman, and Defu He. 2018. "Microplastic Particles Cause Intestinal Damage and Other Adverse Effects in Zebrafish Danio Rerio and Nematode Caenorhabditis Elegans." Science of the Total Environment. 619–620:1–8. https://doi.org/10.1016/j.scitotenv.2017.11.103.

82 Song, Yang, Chengjin Cao, Rong Qiu, Jiani Hu, Mengting Liu, Shibo Lu, Huahong Shi, Kathleen M. Raley-Susman, and Defu He. 2019. "Uptake and Adverse Effects of Polyethylene Terephthalate Microplastics Fibers on Terrestrial Snails (Achatina fulica) after Soil Exposure." Environmental Pollution 250:447–55.

https://doi.org/10.1016/j.envpol.2019.04.066.

83 Selonen, Salla, Andra Dolar, Anita Jemec Kokalj, Tina Skalar, Lidia Parramon Dolcet, Rachel Hurley, and Cornelis A. M. van Gestel. 2020. "Exploring the Impacts of Plastics in Soil: The Effects of Polyester Textile Fibers on Soil Invertebrates." Science of the Total Environment 700:134451. https://doi.org/10.1016/j.scitotenv.2019.134451.

84 Bergami, Elisa, Emilia Rota, Tancredi Caruso, Giovanni Birarda, Lisa Vaccari, and Ilaria Corsi. 2020. "Plastics Everywhere: First Evidence of Polystyrene Fragments inside the Common Antarctic Collembolan Cryptopygus antarcticus." Biology Letters 6 (6). https://doi.org/10.1098/rsbl.2020.0093.

85 Bourdages, Madelaine P. T., Jennifer F. Provencher, Julia E. Baak, Mark L. Mallory, and Jesse C. Vermaire. 2021. "Breeding Seabirds as Vectors of Microplastics from Sea to Land: Evidence from Colonies in Arctic Canada." Science of the Total Environment 764:142808. https://doi.org/10.1016/j.scitotenv.2020.142808.

86 Amelineau, Francoise, D. Bonnet, Oliver Heitz, Valentine Mortreux, Ann M. A. Harding, Nina Karnovsky, Wojciech Walkusz, et al. 2016. "Microplastic Pollution in the Greenland Sea: Background Levels and Selective Contamination of Planktivorous Diving Seabirds." Environmental Pollution 219:1131–39. http://dx.doi.org/10.1016/j.envpol.2016.09.017.

87 Le Guen, Camille, Giuseppe Suaria, Richard B. Sherley, Peter G. Ryan, Stefano Aliani, Lars Boehme, and Andrew S. Brierley. 2020. "Microplastic Study Reveals the Presence of Natural and Synthetic Fibres in the Diet of King Penguins (Aptenodytes patagonicus) Foraging from South Georgia." Environment International 134:105303. https://doi.org/10.1016/j.envint.2019.105303.

88 Audubon Guide to North American Birds. n.d. "Northern Fulmar." https://www.audubon.org/field-guide/bird/northern-fulmar; Audubon Guide to North American Birds. n.d. "Thick-billed Murre." https://www.audubon.org/field-guide/bird/thick-billed-murre.

89 Deng, Yanchun, Xuejian Jiang, Hongxia Zhao, Sa Yang, Jing Gao, Yanyan

Wu, Qingyun Diao, and Chunsheng Hou. "Microplastic Polystyrene Ingestion Promotes the Susceptibility of Honeybee to Viral Infection." Environmental Science and Technology 55 (17): 11680–92. https://doi.org/10.1021/acs.est.1c01619.

90 Rader, R., Ignasi Bartomeus, Lucas A. Garibaldi, Michael P. D. Garratt, Brad G. Howlett, Rachael Winfree, Saul A. Cunningham, et al. 2016. "Non–Bee Insects Are Important Contributors to Global Crop Pollination." Proceedings of the National Academy of Sciences 113 (1): 146–51. https://doi.org/10.1073/pnas.1517092112.

91 Naggar, Al, Yahya, Markus Brinkmann, Christie M. Sayes, Saad N. AL–Kahtani, Showket A. Dar, Hesham R. El–Seedi, Bernd Grunewald, and John P. Giesy 2021. "Are Honey Bees at Risk From Microplastics?" Toxics 9 (5): 109. https://doi.org/10.3390/toxics9050109.

92 Al–Jaibachi, Rana, Ross N. Cuthbert, and Amanda Callaghan. 2018. "Up and Away: Ontogenic Transference as a Pathway for Aerial Dispersal of Microplastics." Royal Society Biology Letters 14 (9). http://doi.org/10.1098/rsbl.2018.0479.

93 Boots, Bas, Connor William Russell, and Dannielle Senga Green. "Effects of Microplastics in Soil Ecosystems: Above and Below Ground." Environmental Science and Technology 53 (19), 11496–506. https://doi.org/10.1021/acs.est.9b03304.

94 Green, Dannielle S., Bas Boots, Jaime Da Silva Carvalho, and Thomas Starkey. 2019. "Cigarette Butts Have Adverse Effects on Initial Growth of Perennial Ryegrass (Gramineae: Lolium perenne L.) and White Clover (Leguminosae: Trifolium repens L.)." Ecotoxicology and Environmental Safety 182:109418. https://doi.org/10.1016/j.ecoenv.2019.109418.

95 McNear, David. 2013. "The Rhizosphere–Roots, Soil and Everything in Between." Nature Education Knowledge 4 (3): 1. 96.

96 Sheldrake, Merlin. 2020. Entangled Life: How Fungi Make Our Worlds, Change Our Minds, and Shape Our Futures. New York: Penguin Random House.

97 Babikova, Zdenka, Lucy Gilbert, Toby J. A. Bruce, Michael Birkett, John C. Caulfield, Christine Woodcock, John A. Pickett, and David Johnson. 2013.

"Underground Signals Carried through Common Mycelial Networks Warn Neighbouring Plants of Aphid Attack." Ecology Letters 16 (7): 835–43. https://doi.org/10.1111/ele.12115.

98   De Souza Machado, Anderson Abel, Chung W. Lau, Werner Kloas, Joana Bergmann, Julien B. Bachelier, Erik Faltin, Roland Becker, Anna S. Gorlich, and Matthias C. Rillig. 2019. "Microplastics Can Change Soil Properties and Affect Plant Performance." Environmental Science and Technology 53 (10): 6044–52. https://doi.org/10.1021/acs.est.9b01339.

99   Lozano, Yudi M., Timon Lehnert, Lydia T. Linck, Aniko Lehmann, and Matthias C. Rillig. 2021. "Microplastic Shape, Polymer Type, and Concentration Affect Soil Properties and Plant Biomass." Frontiers in Plant Science 12. https://doi.org/10.3389/fpls.2021.616645.

100 Qi, Yueling, Xiaomei Yang, Amalia Mejia Pelaez, Esperanza Huerta Lwanga, Nicolas Beriot, Henny Gertsen, Paolina Garbeva, and Violette Geissen. 2018. "Macro- and Micro- Plastics in Soil–Plant System: Effects of Plastic Mulch Film Residues on Wheat (Triticum aestivum) Growth." Science of the Total Environment 645:1048–56. https://doi.org/10.1016/j.scitotenv.2018.07.229.

101 Qi, Yueling, Adam Ossowicki, Xiaomei Yang, Esperanza Huerta Lwanga, Francisco Dini-Andreote, Violette Geissen, and Paolina Garbeva. 2020. "Effects of Plastic Mulch Film Residues on Wheat Rhizosphere and Soil Properties." Journal of Hazardous Materials 387:121711. https://doi.org/10.1016/j.jhazmat.2019.121711

102 Taylor, Stephen E., Carolyn I. Pearce, Karen A. Sanguinet, Dehong Hu, William B. Chrisler, Young-Mo Kim, Zhan Wange, and Markus Flury. 2020. "Polystyrene Nano- and Microplastic Accumulation at Arabidopsis and Wheat Root Cap Cells, but No Evidence for Uptake into Roots." Environmental Science: Nano 7 (7): 1942?53. https://doi.org/10.1039/D0EN00309C.

103 Mateos-Cardenas, Alicia, Frank N. A. M. van Pelt, John O'Halloran, and Marcel A. K. Jansen. 2021. "Adsorption, Uptake and Toxicity of Micro- and Nanoplastics: Effects on Terrestrial Plants and Aquatic Macrophytes."

Environmental Pollution 284:117183.
https://doi.org/10.1016/j.envpol.2021.117183.

104 Dasgupta, Shreya. 2016. "How Many Plant Species Are There in the World? Scientists Now Have an Answer." Mongabay. https://news.mongabay.com/2016/05/many-plants-world-scientists-may-now-answer/.

105 Bosker, Thijs, Lotte J. Bouwman, Nadja R. Brun, Paul Behrens, and Martina G. Vijver. "Microplastics Accumulate on Pores in Seed Capsule and Delay Germination and Root Growth of the Terrestrial Vascular Plant Lepidium sativum." Chemosphere 226:774–81. https://doi.org/10.1016/j.chemosphere.2019.03.163.

106 Helmberger, Maxwell S., Lisa K. Tiemann, and Matthew J. Grieshop. 2019. "Towards an Ecology of Soil Microplastics." Functional Ecology 34 (3). https://doi.org/10.1111/1365-2435.13495.

107 Lwanga, Esperanza Huerta, Jorge Mendoza Vega, Victor Ku Quej, Jesus de los Angeles Chi, Lucero Sanchez del Cid, Cesar Chi, Griselda Escalona Segura, et al. 2017. "Field Evidence for Transfer of Plastic Debris along a Terrestrial Food Chain." Scientific Reports 7:14071. https://www.nature.com/articles/s41598-017-14588-2.

108 Jacob, Jacquie. 2013. "Including Fishmeal in Organic Poultry Diets." eOrganic. https://eorganic.org/node/8129.

109 Diaz-Basantes, Milene F., Juan A. Conesa, and Andres Fullana. 2020. "Microplastics in Honey, Beer, Milk and Refreshments in Ecuador as Emerging Contaminants." Sustainability 12 (14): 5514. https://doi.org/10.3390/su12145514.

110 Edo, Carlos, Amadeo R. Fernandez-Alba, Flemming Vejsnæs, Jozef J. M. van der Steen, Francisca Fernandez-Pinas, and Roberto Rosal. 2021. "Honeybees as Active Samplers for Microplastics." Science of the Total Environment 767:144481. https://doi.org/10.1016/j.scitotenv.2020.144481.

111 Kosuth, Mary, Sherri A. Mason, Elizabeth V. Wattenberg. 2018. "Anthropogenic Contamination of Tap Water, Beer, and Sea Salt." PLoS ONE 13 (4): e0194970.

https://doi.org/10.1371/journal.pone.0194970.

112 Yang, Dongqi, Huahong Shi, Lan Li, Jiana Li, Khalida Jabeen, and Prabhu Kolandhasamy. 2015. "Microplastic Pollution in Table Salts from China." Environmental Science and Technology 49 (22): 13622–27. https://doi.org/10.1021/acs.est.5b03163.

113 Danopoulos, Evangelos, Lauren Jenner, Maureen Twiddy, and JeanetteM. Rotchell. 2020. "Microplastic Contamination of Salt Intended for Human Consumption: A Systematic Review and Meta-Analysis." SN Applied Sciences 2:1950.
https://link.springer.com/article/10.1007/s42452-020-03749-0.

114 Liebezeit, Gerd, and Elisabeth Liebezeit. 2014. "Synthetic Particles as Contaminants in German Beers." Food Additives and Contaminants: Part A 31 (9): 1574?78.
https://doi.org/10.1080/19440049.2014.945099.

115 Danopoulos, Evangelos, Maureen Twiddy, and Jeanette M. Rotchell. (2020) "Microplastic Contamination of Drinking Water: A Systematic Review." PLoS ONE 15 (7): e0236838.
https://doi.org/10.1371/journal.pone.0236838.

116 Schymanski, Darena, Christophe Goldbeck, Hans-Ulrich Humpf, and Peter Furst. 2018. "Analysis of Microplastics in Water by Micro-Raman Spectroscopy: Release of Plastic Particles from Different Packaging into Mineral Water." Water Research 129:154?62.
https://doi.org/10.1016/j.watres.2017.11.011.

117 Simon, Matt. 2019. "You've Been Drinking Microplastics, but Don't Worry? Yet." Wired.
https://www.wired.com/story/microplastic-who-study/.

118 Kosuth, Mary, Elizabeth V. Wattenberg, Sherri A. Mason, Christopher Tyree, and Dan Morrison. 2017. "Synthetic Polymer Contamination in Global Drinking Water." Orb Media.
https://orbmedia.org/stories/Invisibles_final_report.

119 California Legislature. 2018. "SB-1422 California Safe Drinking Water Act: Microplastics."

https://leginfo.legislature.ca.gov/faces/billTextClient.xhtml?bill_
id=201720180SB1422.

120 tanding and Addressing Impacts to Protect Coastal and Ocean Health.
Sacramento: Ocean Protection Council.
https://www.opc.ca.gov/webmaster/ftp/pdf/agenda_items/20220223/
Item_6_Exhibit_A_Statewide_Microplastics_Strategy.pdf.

121 World Health Organization. 2019. "1 in 3 People Globally Do Not Have Access
to Safe Drinking Water?UNICEF, WHO."
https://www.who.int/news/item/18-06-2019-1-in-3-people-globally-do-
not-have-access-to-safe-drinking-water-unicef-who.

122 Tanentzap, Andrew J., Samuel Cottingham, Jeremy Fonvielle, Isobel Riley, Lucy
M. Walker, Samuel G. Woodman, Danai Kontou, et al. 2021. "Microplastics and
Anthropogenic Fibre Concentrations in Lakes Reflect Surrounding Land Use."
PLoS Biology 19 (9): e3001389.
https://doi.org/10.1371/journal.pbio.3001389.

123 Munno, Keenan, Paul A. Helm, Chelsea Rochman, Tara George, and Donald A.
Jackson. 2021. "Microplastic Contamination in Great Lakes Fish." Conservation
Biology 36 (1): e13794.
https://doi.org/10.1111/cobi.13794.

124 Li, Daoji, Guyu Peng, and Lixin Zhu. 2019. "Progress and Prospects of Marine
Microplastic Research in China." Anthropocene Coasts 2 (1): 330–39.
https://doi.org/10.1139/anc-2018-0014.

125 Samandra, Subharthe, Julia M. Johnston, Julia E. Jaeger, Bob Symons, Shay
Xie, Matthew Currell, Amanda V. Ellis, and Bradley O. Clarke. 2022. "Microplastic
Contamination of an Unconfined Groundwater Aquifer in Victoria, Australia."
Science of the Total Environment 802:149727.
https://doi.org/10.1016/j.scitotenv.2021.149727.

126 Simon, Matt. 2020. "Babies May Be Drinking Millions of Microplastic Particles a
Day." Wired.
https://www.wired.com/story/babies-may-be-drinking-millions-of-
microplastic-particles-a-day/.

127 Li, Dunzhu, Yunhong Shi, Luming Yang, Liwen Xiao, Daniel K. Kehoe, Yurii

K. Gun'ko, John J. Boland, and Jing Jing Wang. 2020. "Microplastic Release from the Degradation of Polypropylene Feeding Bottles during Infant Formula Preparation." Nature Food 1:746-754 https://doi.org/10.1038/s43016-020-00171-y.

128 Su, Yu, Xi Hu, Hongjie Tang, Kun Lu, Huimin Li, Sijin Liu, and Baoshan Xing. 2021. "Steam Disinfection Releases Micro(nano)plastics from Silicone-Rubber Baby Teats as Examined by Optical Photothermal Infrared Microspectroscopy." Nature Nanotechnology. https://doi.org/10.1038/s41565-021-00998-x.

129 Junjie Zhang, Lei Wang, Leonardo Trasande, and Kurunthachalam Kannan. 2021. "Occurrence of Polyethylene Terephthalate and Polycarbonate Microplastics in Infant and Adult Feces." Environmental Science and Technology 8 (11): 989?94. https://doi.org/10.1021/acs.estlett.1c00559; Simon, Matt. 2021. "Baby Poop Is Loaded with Microplastics." Wired. https://www.wired.com/story/baby-poop-is-loaded-with-microplastics/.

130 Ranjan, Ved Prakash, Anuja Joseph, and Sudha Goel. 2021. "Microplastics and Other Harmful Substances Released from Disposable Paper Cups into Hot Water." Journal of Hazardous Materials 404 (B): 124118. https://doi.org/10.1016/j.jhazmat.2020.124118.

131 Busse, Kristin, Ingo Ebner, Hans-Ulrich Humpf, Natalia Ivleva, Andrea Kaeppler, Barbara E. Oßmann, and Darena Schymanski. "Comment on 'Plastic Teabags Release Billions of Microparticles and Nanoparticles into Tea.'" Environmental Science and Technology 54 (21): 14134-35. https://doi.org/10.1021/acs.est.0c03182.

132 Shi, Yunhong, Dunzhu Li, Liwen Xiao, Daragh Mullarkey, Daniel K. Kehoe, Emmet D. Sheerin, Sebastian Barwich, et al. 2022. "Real-World Natural Passivation Phenomena Can Limit Microplastic Generation in Water." Chemical Engineering Journal 428:132466. https://doi.org/10.1016/j.cej.2021.132466.

133 Cox, Kieran D., Garth A. Covernton, Hailey L. Davies, John F. Dower, Francis Juanes, and Sarah E. Dudas. 2019. "Human Consumption of Microplastics."

Environmental Science and Technology 53 (12): 7068–74.
https://doi.org/10.1021/acs.est.9b01517.

134　Schwabl, Philipp, Sebastian Koppel, Philipp Konigshofer, Theresa Bucsics, Michael Trauner, Thomas Reiberger, and Bettina Liebmann. 2019. "Detection of Various Microplastics in Human Stool: A Prospective Case Series." Annals of Internal Medicine 171:453–57.
https://doi.org/10.7326/M19-0618.

135　Wright, Stephanie, and Ian Mudway. 2019. "The Ins and Outs of Microplastics." Annals of Internal Medicine 171:514–15.
https://doi.org/10.7326/M19-2474.

136　Zhang, Na, Yi Bin Li, Hai Rong He, Jian Fen Zhang, and Guan Sheng Ma. 2021. "You Are What You Eat: Microplastics in the Feces of Young Men Living in Beijing." Science of the Total Environment 767:144345.
https://doi.org/10.1016/j.scitotenv.2020.144345.

137　Catarino, Ana I., Valeria Macchia, William G, Sanderson, Richard C. Thompson, and Theodore B. Henry. 2018. "Low Levels of Microplastics (MP) in Wild Mussels Indicate That MP Ingestion by Humans Is Minimal Compared to Exposure via Household Fibres Fallout during a Meal." Environmental Pollution 237:675?84.
https://doi.org/10.1016/j.envpol.2018.02.069.

4장 플라스틱 공기로 호흡하기

1　Materic, Dusan, Elke Ludewig, Dominik Brunner, Thomas Rockmann, and Rupert Holzinger. 2021. "Nanoplastics Tansport to the Remote, High-Altitude Alps." Environmental Pollution 288:117697.
https://doi.org/10.1016/j.envpol.2021.117697; Yang, Huirong, Yinglin He, Yumeng Yan, Muhammad Junaid, and Jun Wang. 2021. "Characteristics, Toxic Effects, and Analytical Methods of Microplastics in the Atmosphere." Nanomaterials 11 (10): 2747.

https://doi.org/10.3390/nano11102747.

2   Materic, Dusan, Helle Astrid Kjær, Paul Vallelonga, Jean-Louis Tison, Thomas Rockmann, and Rupert Holzinger. 2022. "Nanoplastics Measurements in Northern and Southern Polar Ice." Environmental Research 208:112741. https://doi.org/10.1016/j.envres.2022.112741.

3   Wagner, Stephan, Thorsten Huffer, Philipp Klockner, Maren Wehrhahn, Thilo Hofmann, and Thorsten Reemtsma. 2018. "Tire Wear Particles in the Aquatic Environment: A Review on Generation, Analysis, Occurrence, Fate and Effects." Water Research 139:83-100 https://doi.org /10.1016/j.watres.2018.03.051.

4   Gonzalez-Pleiter, Miguel, Carlos Edo, Angeles Aguilera, Daniel Viudez-Moreiras, Gerardo Pulido-Reyes, Elena Gonzalez-Toril, Susana Osuna, et al. 2021. "Occurrence and Transport of Microplastics Sampled within and above the Planetary Boundary Layer." Science of the Total Environment 761:143213. https://doi.org/10.1016/j.scitotenv.2020.143213.

5   Stefansson, Hlynur, Mark Peternell, Matthias Konrad-Schmolke, Hrafnhildur Hannesdottir, Einar J. Asbjornsson, and Erik Sturkell. 2021. "Microplastics in Glaciers: First Results from the Vatnajokull Ice Cap." Sustainability 13 (8): 4183. https://doi.org/10.3390/su13084183.

6   Simon, Matt. 2019. "A Shocking Find Shows Just How Far Wind Can Carry Microplastics." Wired. https://www.wired.com/story/wind-microplastics/.

7   Hamilton, Bonnie M., Madelaine P. T. Bourdages, Catherine Geoffroy, Jesse C. Vermaire, Mark L. Mallory, Chelsea M. Rochman, and Jennifer F. Provencher. 2021. "Microplastics around an Arctic Seabird Colony: Particle Community Composition Varies across Environmental Matrices." Science of the Total Environment 773:145536. https://doi.org/10.1016/j.scitotenv.2021.145536.

8   Purwiyanto, Anna Ida Sunaryo, Tri Prartono, Etty Riani, Yuli Naulita, Muhammad Reza Cordova, and Alan Frendy Koropitan. 2022. "The Deposition of Atmospheric Microplastics in Jakarta-Indonesia: The Coastal Urban Area." Marine Pollution Bulletin 174:113195.

https://doi.org/10.1016/j.marpolbul.2021.113195.

9   Brahney, Janice, Natalie Mahowald, Marje Prank, Gavin Cornwell, Zbigniew Klimont, Hitoshi Matsui, and Kimberly Ann Prather. 2021. "Constraining the Atmospheric Limb of the Plastic Cycle." Proceedings of the National Academy of Sciences 118 (16): e2020719118. https://doi.org/10.1073/pnas.2020719118; Simon, Matt. 2021. "Plastic Is Falling from the Sky. But Where's It Coming From?" Wired. https://www.wired.com/story/plastic-is-falling-from-the-sky/.

10   Prata, Joana C., Joana L. Castro, Joao P. da Costa, Mario Cerqueira, Armando C. Duarte, and Teresa Rocha-Santos. 2020. "Airborne Microplastics." In Handbook of Microplastics in the Environment edited by Teresa Rocha-Santos, Monica Costa, and Catherine Mouneyrac. N.p.: Springer, Cham. https://doi.org/10.1007/978-3-030-10618-8_37-1.

11   Sommer, Frank, Volker Dietze, Anja Baum, Jan Sauer, Stefan Gilge, Christoph Maschowski, and Reto Giere. 2018. "Tire Abrasion as a Major Source of Microplastics in the Environment." Aerosol and Air Quality Research 18:2014?28. https://doi.org/10.4209/aaqr.2018.03.0099.

12   Evangeliou, Nikolaos, Henrik Grythe, Zbigniew Klimont, C. Heyes, S. Eckhardt, and Susana Lopez-Aparicio. 2020. "Atmospheric Transport Is a Major Pathway of Microplastics to Remote Regions." Nature Communications 11:3381. https://doi.org/10.1038/s41467-020-17201-9.

13   Simon, Matt. 2019. "Microplastics Are Blowing into the Pristine Arctic." Wired. https://www.wired.com/story/microplastics-are-blowing-into-the-pristine-arctic/.

14   Xu, Guorui, Lei Yang, Li Xu, and Jie Yang. 2022. "Soil Microplastic Pollution under Different Land Uses in Tropics, Southwestern China." Chemosphere 289:133176. https://doi.org/10.1016/j.chemosphere.2021.133176.

15   Liang, Ting, Zhiyuan Lei, Md. Tariful Islam Fuad, Qi Wang, Shichun Sun, James Kar-Hei Fang, and Xiaoshou Liu. 2022. "Distribution and Potential Sources of Microplastics in Sediments in Remote Lakes of Tibet, China." Science of the

Total Environment 806 (2): 150526.
https://doi.org/10.1016/j.scitotenv.2021.150526.

16   Dris, Rachid, Johnny Gasperi, Mohamed Saad, Cecile Mirande, and Bruno Tassin. 2016. "Synthetic Fibers in Atmospheric Fallout: A Source of Microplastics in the Environment?" Marine Pollution Bulletin 104.

17   Wright, S. L., J. Ulke, A. Font, K. L. A. Chan, and F. J. Kelly. 2020. "Atmospheric Microplastic Deposition in an Urban Environment and an Evaluation of Transport." Environment International 136:105411.
https://doi.org/10.1016/j.envint.2019.105411.

18   Fuller, Gary. 2021. "It's Not Just Oceans: Scientists Find Plastic Is Also Polluting the Air." Guardian.
https://www.theguardian.com/environment/2021/feb/26/not-just-oceans-plastic-polluting-air-delhi-smog.

19   Dehghani, Sharareh, Farid Moore, and Razegheh Akhbarizadeh. 2017. "Microplastic Pollution in Deposited Urban Dust, Tehran Metropolis, Iran." Environmental Science and Pollution Research 24:20360–71.
https://doi.org/10.1007/s11356-017-9674-1.

20   Abbasi, Sajjad, Behnam Keshavarzi, Farid Moore, Andrew Turner, Frank J. Kelly, Ana Oliete Dominguez, and Neemat Jaafarzadeh. 2019. "Distribution and Potential Health Impacts of Microplastics and Microrubbers in Air and Street Dusts from Asaluyeh County, Iran." Environmental Pollution 244:153–64.
https://doi.org/10.1016/j.envpol.2018.10.039.

21   Syafei, Arie Dipareza, Nurul Rizki Nurasrin, Abdu Fadli Assomadi, and Rachmat Boedisantoso. 2019. "Microplastic Pollution in the Ambient Air of Surabaya, Indonesia." Current World Environment 14 (2).
http://dx.doi.org/10.12944/CWE.14.2.13.

22   Allen, Steve, Deonie Allen, Kerry Moss, Gael Le Roux, Vernon R. Phoenix, and Jeroen E. Sonke. 2020. "Examination of the Ocean as a Source for Atmospheric Microplastics." PLoS ONE 15 (5): e0232746.
https://doi.org/10.1371/journal.pone.0232746.

23   Simon, Matt. 2020. "That Fresh Sea Breeze You Breathe May Be Laced with Microplastic." Wired.

https://www.wired.com/story/sea-breeze-microplastic/.

24   Trainic, Miri, J. Michel Flores, Iddo Pinkas, Maria Luiza Pedrotti, Fabien
      Lombard, Guillaume Bourdin, Gabriel Gorsky, et al. 2020. "Airborne Microplastic
      Particles Detected in the Remote Marine Atmosphere." Communications Earth
      and Environment 1:64.
      https://doi.org/10.1038/s43247-020-00061-y.

25   Lehmann, Moritz, Lisa Marie Oehlschlagel, Fabian P. Hausl, Andreas Held,
      and Stephan Gekle. 2021. "Ejection of Marine Microplastics by Raindrops: A
      Computational and Experimental Study." Microplastics and Nanoplastics 1:18.
      https://doi.org/10.1186/s43591-021-00018-8.

26   Meaza, Idoia, Jennifer H. Toyoda, and John Pierce Wise Sr. 2021. "Microplastics
      in Sea Turtles, Marine Mammals and Humans: A One Environmental Health
      Perspective." Frontiers in Environmental Science 8:298.
      https://doi.org/10.3389/fenvs.2020.575614.

27   Allen, S., D. Allen, F. Baladima, V. R. Phoenix, J. L. Thomas, G. Le Roux, and J.
      E. Sonke. 2021. "Evidence of Free Tropospheric and LongRange Transport of
      Microplastic at Pic du Midi Observatory." Nature Communications 12:7242.
      https://doi.org/10.1038/s41467-021-27454-7.

28   Allen, D., S. Allen, G. Le Roux, A. Simonneau, D. Galop, and V. R. Phoenix.
      2021. "Temporal Archive of Atmospheric Microplastic Deposition Presented in
      Ombrotrophic Peat." Environmental Science and Technology Letters 8.
      https://doi.org/10.1021/acs.estlett.1c00697.

29   Ganguly, Mainak, and Parisa A. Ariya. 2019. "Ice Nucleation of Model
      Nanoplastics and Microplastics: A Novel Synthetic Protocol and the Influence of
      Particle Capping at Diverse Atmospheric Environments." ACS Earth and Space
      Chemistry 3 (9): 1729-39.
      https://doi.org/10.1021/acsearthspacechem.9b00132.

30   Revell, Laura E., Peter Kuma, Eric C. Le Ru, Walter R. C. Somerville, and Sally
      Gaw. 2021. "Direct Radiative Effects of Airborne Microplastics." Nature 598,
      462-67.
      https://doi.org/10.1038/s41586-021-03864-x.

31   Beaurepaire, Max, Rachid Dris, Johnny Gasperi, and Bruno Tassin. 2021.

"Microplastics in the Atmospheric Compartment: A Comprehensive Review on Methods, Results on Their Occurrence and Determining Factors." Current Opinion in Food Science. https://doi.org/10.1016/j.cofs.2021.04.010.

32 Liu, Chunguang, Jia Li, Yilei Zhang, Lei Wang, Jie Deng, Yuan Gao, Lu Yu, Junjie Zhang, and Hongwen Sun. 2019. "Widespread Distribution of PET and PC Microplastics in Dust in Urban China and Their Estimated Human Exposure." Environment International 128:116–24. https://doi.org/10.1016/j.envint.2019.04.024; Yao, Ying, Mihaela Glamoclija, Ashley Murphy, and Yuan Gao. 2021. "Characterization of Microplastics in Indoor and Ambient Air in Northern New Jersey. Environmental Research 207:112142. https://doi.org/10.1016/j.envres.2021.112142.

33 Gaston, Emily, Mary Woo, Clare Steele, Suja Sukumaran, and Sean Anderson. 2020. "Microplastics Differ between Indoor and Outdoor Air Masses: Insights from Multiple Microscopy Methodologies." Applied Spectroscopy 74 (9): 1079–98. https://doi.org/10.1177%2F0003702820920652.

34 Cai, Yaping, Denise M. Mitrano, Rudolf Hufenus, and Bernd Nowack. 2021. "Formation of Fiber Fragments during Abrasion of Polyester Textiles." Environmental Science and Technology 55 (12): 8001–8009. https://doi.org/10.1021/acs.est.1c00650.

35 De Falco, Francesca, Mariacristina Cocca, Maurizio Avella, and Richard C. Thompson. 2020. "Microfiber Release to Water, Via Laundering, and to Air, via Everyday Use: A Comparison between Polyester Clothing with Differing Textile Parameters." Environmental Science and Technology 54 (6). https://doi.org/10.1021/acs.est.9b06892.

36 Qun Zhang, Yaping Zhao, Fangni Du, Huiwen Cai, Gehui Wang, and Huahong Shi. 2020. "Microplastic Fallout in Different Indoor Environments." Environmental Science and Technology 54 (11): 6530–39. https://doi.org/10.1021/acs.est.0c00087.

37 Chen, Yingxin, Xinyu Li, Xiaoting Zhang, Yalin Zhang, Wei Gao, Ruibin Wang,

and Defu He. 2022. "Air Conditioner Filters Become Sinks and Sources of Indoor Microplastics Fibers." Environmental Pollution 292 (B): 118465. https://doi.org/10.1016/j.envpol.2021.118465.

38   Soltani, Neda Sharifi, Mark Patrick Taylor, and Scott Paton Wilson. 2021. "Quantification and Exposure Assessment of Microplastics in Australian Indoor House Dust." Environmental Pollution 283:117064. https://doi.org/10.1016/j.envpol.2021.117064.

39   Ageel, Hassan Khalid, Stuart Harrad, and Mohamed Abou-Elwafa Abdallah. 2021. "Occurrence, Human Exposure, and Risk of Microplastics in the Indoor Environment." Environmental Science: Processes and Impacts. https://doi.org/10.1039/D1EM00301A.

40   Vianello, Alvise, Rasmus Lund Jensen, Li Liu, and Jes Vollertsen. 2019. "Simulating Human Exposure to Indoor Airborne Microplastics Using a Breathing Thermal Manikin." Scientific Reports 9:8670. https://doi.org/10.1038/s41598-019-45054-w.

41   Winkens, Kerstin, Robin Vestergren, Urs Berger, and Ian T. Cousins. 2017. "Early Life Exposure to Per- and Polyfluoroalkyl Substances (PFASs): A Critical Review." Emerging Contaminants 3 (2): 55–68. https://doi.org/10.1016/j.emcon.2017.05.001.

42   Torres-Agullo, A., A. Karanasiou, T. Moreno, and S. Lacorte. 2021. "Overview on the Occurrence of Microplastics in Air and Implications from the Use of Face Masks During the COVID-19 Pandemic." Science of the Total Environment 800:149555. https://doi.org/10.1016/j.scitotenv.2021.149555.

43   Li, Lu, Xiaoli Zhao, Zhouyang Li, and Kang Song. 2021. "COVID-19: Performance Study of Microplastic Inhalation Risk Posed by Wearing Masks." Journal of Hazardous Materials 411:124955. https://doi.org/10.1016/j.jhazmat.2020.124955.

44   OceansAsia. 2020. "COVID-19 Facemasks and Marine Plastic Pollution." https://oceansasia.org/covid-19-facemasks/; Wang, Zheng, Chunjiang An, Xiujuan Chen, Kenneth Lee, Baiyu Zhang, and Qi Feng. 2021. "Disposable Masks Release Microplastics to the Aqueous Environment with Exacerbation

by Natural Weathering." Journal of Hazardous Materials 417:126036. https://doi.org/10.1016/j.jhazmat.2021.126036.

45   Sobhani, Zahra, Yongjia Lei, Youhong Tang, Liwei Wu, Xian Zhang, Ravi Naidu, Mallavarapu Megharaj, and Cheng Fang. 2020. "Microplastics Generated When Opening Plastic Packaging." Scientific Reports 10:4841. https://doi.org/10.1038/s41598-020-61146-4.

46   O'Brien, Stacey, Elvis D. Okoffo, Jake W. O'Brien, Francisca Ribeiro, Xianyu Wang, Stephanie L. Wright, Saer Samanipour, et al. 2020. "Airborne Emissions of Microplastic Fibres from Domestic Laundry Dryers." Science of the Total Environment 747:141175. https://doi.org/10.1016/j.scitotenv.2020.141175.

47   Kapp, Kirsten J., and Rachael Z. Miller. 2020. "Electric Clothes Dryers: An Underestimated Source of Microfiber Pollution." PLoS ONE. 15 (10): e0239165. https://doi.org/10.1371/journal.pone.0239165.

48   Tao, Danyang, Kai Zhang, Shaopeng Xu, Huiju Lin, Yuan Liu, Jingliang Kang, Tszewai Yim, et al. 2022. "Microfibers Released into the Air from a Household Tumble Dryer." Environmental Science and Technology Letters. http://dx.doi.org/10.1021/acs.estlett.1c00911.

49   Nor, Nur Hazimah Mohamed, Merel Kooi, Noel J. Diepens, and Albert A. Koelmans. 2021. "Lifetime Accumulation of Microplastic in Children and Adults." Environmental Science and Technology 55 (8): 5084–96. https://doi.org/10.1021/acs.est.0c07384.

50   The Cleveland Clinic. n.d. "Lungs: How They Work." https://my.clevelandclinic.org/health/articles/8960-lungs-how-they-work.

51   Wieland, Simon, Aylin Balmes, Julian Bender, Jonas Kitzinger, Felix Meyer, Anja F. R. M. Ramsperger, Franz Roeder, Caroline Tengelmann, Benedikt H. Wimmer, Christian Laforsch, and Holger Kress. 2022. "From Properties to Toxicity: Comparing Microplastics to Other Airborne Microparticles." Journal of Hazardous Materials 428:128151. https://doi.org/10.1016/j.jhazmat.2021.128151.

52   Pauly, John L., Sharon J. Stegmeier, Heather A. Allaart, Richard T. Cheney, Paul J. Zhang, Andrew G. Mayer, and Richard J. Streck. 1998. "Inhaled Cellulosic

and Plastic Fibers Found in Human Lung Tissue." Cancer Epidemiology, Biomarkers, and Prevention 7:419e428.

53 Prata, Joana Correia. 2018. "Airborne Microplastics: Consequences to Human Health?" Environmental Pollution 234:115–26. https://doi.org/10.1016/j.envpol.2017.11.043.

54 Zarus, Gregory M., Custodio Muianga, Candis M. Hunter, and R. Steven Pappas. 2021. "A Review of Data for Quantifying Human Exposures to Micro and Nanoplastics and Potential Health Risks." Science of the Total Environment 756:144010. https://doi.org/10.1016/j.scitotenv.2020.144010.

55 Pimentel, J. Cortez, Ramiro Avila, and A. Galvao Lourenco. 1975. "Respiratory Disease Caused by Synthetic Fibres: A New Occupational Disease." Thorax 30 (2): 204–19. https://doi.org/10.1136/thx.30.2.204.

56 Mastrangelo, Giuseppe, Ugo Fedeli, Emanuela Fadda, Giovanni Milan, and John H. Lange. 2020. "Epidemiologic Evidence of Cancer Risk in Textile Industry Workers: A Review and Update." Toxicology and Industrial Health 18 (4). https://doi.org/10.1191%2F0748233702th139rr; Vobecky, Josef, Ghislain Devroede, Jacques Lacaille, and Alain Watier. 1978. "An Occupational Group with a High Risk of Large Bowel Cancer." Gastroenterology 75 (2): 221–23. https://doi.org/10.1016/0016-5085(78)90406-7.

57 Swicofil AG. n.d. "Flock and the Flocking Process." https://www.swicofil.com/consult/industrial-applications/para-textil-and-carpets/flock; Facciola, Alessio, Giuseppa Visalli, Marianna Pruiti Ciarello, and Angela Di Pietro. 2021. "Newly Emerging Airborne Pollutants: Current Knowledge of Health Impact of Micro and Nanoplastics." International Journal of Environmental Research and Public Health 18 (6): 2997. https://doi.org/10.3390/ijerph18062997.

58 Kern, David G., Robert S. Crausman, and Kate T. H. Durand. 1998. "Flock Worker's Lung: Chronic Interstitial Lung Disease in the Nylon Flocking Industry." Annals of Internal Medicine 129 (4): 261–72. https://doi.org/10.7326/0003-4819-129-4-199808150-00001.

59   Brandt-Rauf, Paul Wesley, Yongliang Li, Changmin Long, Regina Monaco, Gopala Kovvali, and Marie-Jeanne Marion. 2012. "Plastics and Carcinogenesis: The Example of Vinyl Chloride." Journal of Carcinogenesis 11:5. https://doi.org/10.4103/1477-3163.93700.
      National Cancer Institute. 2018. "Vinyl Chloride." https://www.cancer.gov/about-cancer/causes-prevention/risk/substances/vinyl-chloride.

60   EPA (Environmental Protection Agency). n.d. "Acrylamide." https://www.epa.gov/sites/production/files/2016-09/documents/acrylamide.pdf.

61   Campanale, Claudia, Carmine Massarelli, Ilaria Savino, Vito Locaputo, and Vito Felice Uricchio. 2020. "A Detailed Review Study on Potential Effects of Microplastics and Additives of Concern on Human Health." International Journal of Environmental Research and Public Health 17 (4): 1212. https://doi.org/10.3390/ijerph17041212.

62   EPA. 2021. "Plastic Pollution." https://www.epa.gov/trash-free-waters/plastic-pollution.

63   Eriksen, Marcus, Martin Thiel, Matt Prindiville, and Tim Kiessling. 2018. "Microplastic: What Are the Solutions?" In Freshwater Microplastics: Emerging Environmental Contaminants? The Handbook of Environmental Chemistry 58 edited by Martin Wagner and Scott Lambert. https://doi.org/10.1007/978-3-319-61615-5_11

64   Mato, Yukie, Tomohiko Isobe, Hideshige Takada, Haruyuki Kanehiro, Chiyoko Ohtake, and Tsuguchika Kaminuma. 2001. "Plastic Resin Pellets as a Transport Medium for Toxic Chemicals in the Marine Environment." Environmental Science and Technology 35 (2): 318-24. https://doi.org/10.1021/es0010498.

65   Bakir, Adil, Steven J. Rowland, and Richard C. Thompson. 2014. "Transport of Persistent Organic Pollutants by Microplastics in Estuarine Conditions." Estuarine, Coastal, and Shelf Science 140:14-21. https://doi.org/10.1016/j.ecss.2014.01.004.

66   Amato-Lourenco, Luis Fernando, Regiani Carvalho-Oliveira, Gabriel Ribeiro

Junior, Luciana dos Santos Galvao, Romulo Augusto Ando, and Thais Mauad. 2021. "Presence of Airborne Microplastics in Human Lung Tissue." Journal of Hazardous Materials 416:126124. https://doi.org/10.1016/j.jhazmat.2021.126124.

67 Jenner, Lauren C., Jeanette M. Rotchell, Robert T. Bennett, Michael Cowen, Vasileios Tentzeris, and Laura R. Sadofsky. 2022. "Detection of Microplastics in Human Lung Tissue Using FTIR Spectroscopy." Science of the Total Environment 831:154907. https://doi.org/10.1016/j.scitotenv.2022.154907.

68 Van Dijk, Fransien, Shan Shan Song, Gail van Eck, Xin Hui Wu, I. S. T. Bos, Devin Boom, Ingeborg M. Kooter, et al. 2021. "Inhalable Textile Microplastic Fibers Impair Airway Epithelial Growth." bioRxiv. https://doi.org/10.1101/2021.01.25.428144.

69 Centers for Disease Control and Prevention. 2011. "Asthma in the US." https://www.cdc.gov/vitalsigns/asthma/index.html.

70 Ritchie, Hannah, and Max Roser. 2018. "Plastic Pollution." Our World in Data. https://ourworldindata.org/plastic-pollution.

71 Lu, Kuo, Keng Po Lai, Tobias Stoeger, Shuqin Ji, Ziyi Lin, Xiao Lin, Ting Fung Chan, et al. 2021. "Detrimental Effects of Microplastic Exposure on Normal and Asthmatic Pulmonary Physiology." Journal of Hazardous Materials 416:126069. https://doi.org/10.1016/j.jhazmat.2021.126069.

72 Wood, Trina. 2021. "Air Quality Linked to Increased Risk of Alzheimer's." University of California, Davis. https://www.vetmed.ucdavis .edu/news/air-quality-linked-increased-risk-alzheimers.

73 Prata, Joana Correia Prata, Joao P. da Costa, Isabel Lopes, Armando C. Duarte, and Teresa Rocha-Santos. 2020. "Environmental Exposure to Microplastics: An Overview on Possible Human Health Effects." Science of the Total Environment 702:134455. https://doi.org/10.1016/j.scitotenv.2019.134455.

74 Sripada, Kam, Aneta Wierzbicka, Khaled Abass, Joan O. Grimalt, Andreas Erbe, Halina B. Rollin, Pal Weihe, et al. 2022. "A Children's Health Perspective on

Nano- and Microplastics." Environmental Health Perspectives 130 (1). https://doi.org/10.1289/EHP9086.

75   Flaws, Jodi, Pauliina Damdimopoulou, Heather B. Patisaul, Andrea Gore, Lori Raetzman, and Laura N. Vandenberg. 2020. Plastics, EDCs, and Health: Authoritative Guide. Washington, DC: Endocrine Society. https://www.endocrine.org/topics/edc/plastics-edcs-and-health.

76   Environmental Working Group. n.d. "BPA." https://www.ewg.org/areas-focus/toxic-chemicals/bpa.

77   Vandenberg, Laura N. 2011. "Exposure to Bisphenol A in Canada: Invoking the Precautionary Principle." Canadian Medical Association Journal 183 (11): 1265–70. https://doi.org/10.1503/cmaj.101408.

78   FDA (Food and Drug Administration). n.d. "Bisphenol A (BPA): Use in Food Contact Application." https://www.fda.gov/food/food-additives-petitions/bisphenol-bpa-use-food-contact-application.

79   Asimakopoulos, Alexandros G., Madhavan Elangovan, and Kurunthachalam Kannan. 2016. "Migration of Parabens, Bisphenols, Benzophenone-Type UV Filters, Triclosan, and Triclocarban from Teethers and Its Implications for Infant Exposure." Environmental Science and Technology 50 (24): 13539–47. https://doi.org/10.1021/acs.est.6b04128.

80   Wang, Lei, Yilei Zhang, Yubin Liu, Xinying Gong, Tao Zhang, and Hongwen Sun. 2019. "Widespread Occurrence of Bisphenol A in Daily Clothes and Its High Exposure Risk in Humans." Environmental Science and Technology 53 (12): 7095–102. https://doi.org/10.1021/acs.est.9b02090

81   DiFrisco, Emily. 2021. "CEH Finds 63 Sock Brands with High Levels of BPA." Center for Environmental Health. https://ceh.org/ceh-finds-63-sock-brands-with-high-levels-of-bpa/.

82   Vogel, Sarah. 2009. "The Politics of Plastics: The Making and Unmaking of Bisphenol A 'Safety.'" American Journal of Public Health 99 (S3): S559–S566. https://dx.doi.org/10.2105%2FAJPH.2008.159228.

83   Giuliani, Angela, Mariachiara Zuccarini, Angelo Cichelli, Haroon Khan, and Marcella Reale. 2020. "Critical Review on the Presence of Phthalates in Food and Evidence of Their Biological Impact." International Journal of Environmental Research and Public Health 17 (16): 5655. https://doi.org/10.3390/ijerph17165655.

84   Net, Sopheak, Richard Sempere, Anne Delmont, Andrea Paluselli, and Baghdad Ouddane. 2015. "Occurrence, Fate and Behavior and Ecotoxicological State of Phthalates in Different Environmental Matrices." Environmental Science and Technology 49 (7): 4019–35. https://doi.org/10.1021/es505233b.

85   Hlisnikova, Henrieta, Ida Petrovicova, Branislav Kolena, Miroslava Sidlovska, and Alexander Sirotkin. 2020. "Effects and Mechanisms of Phthalates' Action on Reproductive Processes and Reproductive Health: A Literature Review." International Journal of Environmental Research and Public Health 17 (18): 6811. https://doi.org/10.3390/ijerph17186811.

86   Jacobson, Melanie H., Cheryl R. Stein, Mengling Liu, Marra G. Ackerman, Jennifer K. Blakemore, Sara E. Long, Graziano Pinna, et al. 2021. "Prenatal Exposure to Bisphenols and Phthalates and Postpartum Depression: The Role of Neurosteroid Hormone Disruption." Journal of Clinical Endocrinology and Metabolism 106 (7): 1887–99. https://doi.org/10.1210/clinem/dgab199.

87   Kurunthachalam, Kannan, and Vimalkumar Krishnamoorthi. 2021. "A Review of Human Exposure to Microplastics and Insights into Microplastics as Obesogens." Frontiers in Endocrinology 12. https://doi.org/10.3389/fendo.2021.724989.

88   Volker, Johannes, Felicity Ashcroft, Asa Vedøy, Lisa Zimmermann, and Martin Wagner. 2022. "Adipogenic Activity of Chemicals Used in Plastic Consumer Products." Environmental Science and Technology. https://doi.org/10.1021/acs.est.1c06316.

89   Trasande, Leonardo, Buyun Liu, and Wei Bao. 2021. "Phthalates and Attributable Mortality: A Population–Based Longitudinal Cohort Study and Cost

Analysis." Environmental Pollution 118021.
https://doi.org/10.1016/j.envpol.2021.118021.

90 Schreder, Erika, and Matthew Goldberg. 2022. "Toxic Convenience: The Hidden Costs of Forever Chemicals in Stain- and Water-Resistant Products." Toxic-Free Future.
https://toxicfreefuture.org/pfas-in-stain-water-resistant-products-study/.

91 Herkert, Nicholas J., Christopher D. Kassotis, Sharon Zhang, Yuling Han, Vivek Francis Pulikkal, Mei Sun, P. Lee Ferguson, and Heather M. Stapleton. 2022. "Characterization of Per- and Polyfluorinated Alkyl Substances Present in Commercial Anti-Fog Products and Their In Vitro Adipogenic Activity." Environmental Science and Technology.
https://doi.org/10.1021/acs.est.1c06990.

92 Bhagwat, Geetika, Thi Kim Anh Tran, Dane Lamb, Kala Senathirajah, Ian Grainge, Wayne O'Connor, Albert Juhasz, and Thava Palanisami. 2021. "Biofilms Enhance the Adsorption of Toxic Contaminants on Plastic Microfibers under Environmentally Relevant Conditions." Environmental Science and Technology 55 (13): 8877?87.
https://doi.org/10.1021/acs.est.1c02012.

93 Burki, Talha. 2021. "PFAS: Here Today?Here Tomorrow." Lancet 9 (12).
https://doi.org/10.1016/S2213-8587(21)00294-1.

94 Schirmer, Elisabeth, Stefan Schuster, and Peter Machnik. 2021. "Bisphenols Exert Detrimental Effects on Neuronal Signaling in Mature Vertebrate Brains." Communications Biology.
https://doi.org/10.1038/s42003-021-01966-w.

95 National Cancer Institute. n.d. "Diethylstilbestrol (DES) and Cancer."
https://www.cancer.gov/about-cancer/causes-prevention/risk/hormones/des-fact-sheet.

96 Ragusa, Antonio, Alessandro Svelato, Criselda Santacroce, Piera Catalano, Valentina Notarstefano, Oliana Carnevali, Fabrizio Papa, et al. 2021. "Plasticenta: First Evidence of Microplastics in Human Placenta." Environment International 146:106274.
https://doi.org/10.1016/j.envint.2020.106274.

97 Braun, Thorsten, Loreen Ehrlich, Wolfgang Henrich, Sebastian Koeppel, Ievgeniia Lomako, Philipp Schwabl, and Bettina Liebmann. 2021. "Detection of Microplastic in Human Placenta and Meconium in a Clinical Setting" Pharmaceutics 13 (7): 921.
https://doi.org/10.3390/pharmaceutics13070921.

98 Briffa, Sophie M. 2021. "Looking at the Bigger Picture–Considering the Hurdles in the Struggle against Nanoplastic Pollution." Nanomaterials 11 (10): 2536.
https://doi.org/10.3390/nano11102536

99 Wiesinger, Helene, Zhanyun Wang, and Stefanie Hellweg. 2021. "Deep Dive into Plastic Monomers, Additives, and Processing Aids." Environmental Science and Technology 55 (13): 9339–51.
https://doi.org/10.1021/acs.est.1c00976.

100 Ibrahim, Yusof Shuaib, Sabiqah Tuan Anuar, Alyza A. Azmi, Wan Mohd Afiq Wan Mohd Khalik, Shumpei Lehata, Siti Rabaah Hamzah, Dzulkiflee Ismail, et al. 2021. "Detection of Microplastics in Human Colectomy Specimens." JGH Open 5:116?21.
https://doi.org/10.1002/jgh3.12457.

101 Hildebrandt, Lars, Helmholtz–Zentrum Hereon, Fenna Nack, Tristan Zimmermann, Helmholtz–Zentrum Hereon, and Daniel Profrock. 2021. "Microplastics as a Trojan Horse for Trace Metals." Journal of Hazardous Materials Letters 2:100035.
https://doi.org/10.1016/j.hazl.2021.100035.

102 Leslie, Heather A., Martin J. M. van Velzen, Sicco H. Brandsma, Dick Vethaak, Juan J. Garcia–Vallejo, and Marja H. Lamoree. 2022. "Discovery and Quantification of Plastic Particle Pollution in Human Blood." Environment International 107199.
https://doi.org/10.1016/j.envint.2022.107199.

103 Lett, Zachary, Abigail Hall, Shelby Skidmore, and Nathan J. Alves. 2021. "Environmental Microplastic and Nanoplastic: Exposure Routes and Effects on Coagulation and the Cardiovascular System. Environmental Pollution 291:118190.
https://doi.org/10.1016/j.envpol.2021.118190.

104 Gkoutselis, Gerasimos, Stephan Rohrbach, Janno Harjes, Martin Obst, Andreas Brachmann, and Marcus A. Horn. 2021. "Microplastics Accumulate Fungal Pathogens in Terrestrial Ecosystems." Scientific Reports 11:13214. https://doi.org/10.1038/s41598-021-92405-7.

105 Aghaei Gharehbolagh, S., M. Nasimi, S. Agha Kuchak Afshari, Z. Ghasemi, and S. Rezaie. 2017. "First Case of Superficial Infection Due to Naganishia albida (Formerly Cryptococcus albidus) in Iran: A Review of the Literature." Current Medical Mycology 3 (2): 33–37. https://doi.org/10.18869/acadpub.cmm.3.2.33.

106 Tamargo, Alba, Natalia Molinero, Julian J. Reinosa, Victor AlcoleaRodriguez, Raquel Portela, Miguel A. Banares, Jose F. Fernandez, and M. Victoria Moreno-Arribas. 2022. "PET Microplastics Affect Human Gut Microbiota Communities during Simulated Gastrointestinal Digestion, First Evidence of Plausible Polymer Biodegradation during Human Digestion." Scientific Reports 12:528. https://doi.org/10.1038/s41598-021-04489-w.

107 Mayo Clinic. "Inflammatory Bowel Disease." https://www.mayoclinic.org/diseases-conditions/inflammatory-bowel-disease/symptoms-causes/syc-20353315.
Yan, Zehua, Yafei Liu, Ting Zhang, Faming Zhang, Hongqiang Ren, and Yan Zhang. 2021. "Analysis of Microplastics in Human Feces Reveals a Correlation between Fecal Microplastics and Inflammatory Bowel Disease Status." Environmental Science and Technology. https://doi.org/10.1021/acs.est.1c03924.

108 Carrington, Damian. 2021. "Microplastics May Be Linked to Inflammatory Bowel Disease, Study Finds." Guardian. https://www.theguardian.com/society/2021/dec/22/microplastics-may-be-linked-to-inflammatory-bowel-disease-study-finds.

109 Van Megchelen, Pieter, and Dick Vethaak. 2020. What Are Microplastics Doing in Our Bodies? A Knowledge Agenda for Microplastics and Health. The Hague: Netherlands Organisation for Health Research and Development.

110 Urban, Robert M., Joshua Jacobs, Michael Tomlinson, John Gavrilovic, Jonathan Black, and Michel Peoc'h. 2000. "Dissemination of Wear Particles to the Liver, Spleen, and Abdominal Lymph Nodes of Patients with Hip or Knee Replacement." Journal of Bone and Joint Surgery 82 (4): 457. https://doi.org/10.2106/00004623-200004000-00002.

111　Prust, Minne, Jonelle Meijer, and Remco H. S. Westerink. 2020. "The Plastic Brain: Neurotoxicity of Micro- and Nanoplastics." Particle and Fibre Toxicology 17:24. https://doi.org/10.1186/s12989-020-00358-y.

112　Kwon, Wookbong, Daehwan Kim, Hee-Yeon Kim, Sang Won Jeong, Se-Guen Lee, Hyun-Chul Kim, Young-Jae Lee, et al. 2022. "Microglial Phagocytosis of Polystyrene Microplastics Results in Immune Alteration and Apoptosis in Vitro and in Vivo." Science of the Total Environment 807 (2): 150817. https://doi.org/10.1016/j.scitotenv.2021.150817.

113　University of York. 2021. "Microplastics Found to Be Harmful to Human Cells." https://www.york.ac.uk/news-and-events/news/2021/research/microplastics-harmful-human-cells/.

114　Science Advice for Policy by European Academies. 2019. "A Scientific Perspective on Microplastics in Nature and Society." https://doi.org/10.26356/microplastics.

5장 플라스틱의 흐름을 줄이자

1　Simon, Matt. 2018. "A 600-Meter-Long Plastic Catcher Heads to Sea, but Scientists Are Skeptical." Wired. https://www.wired.com/story/ocean-cleanup-skeptical-scientists/.

2　Simon, Matt. 2019. "Ocean Cleanup's Plastic Catcher Is Busted. So What Now?" Wired. https://www.wired.com/story/ocean-cleanups-plastic-catcher/.

3　Shiffman, David. 2018. "I Asked 15 Ocean Plastic Pollution Experts about the Ocean Cleanup Project, and They Have Concerns." Southern Fried Science. http://www.southernfriedscience.com/i-asked-15-ocean-plastic-pollutionexperts-about-the-ocean-cleanup-project-and-they-have-concerns/.

4   Kaufman, Matt. 2021. "The Carbon Footprint Sham." Mashable.
     https://mashable.com/feature/carbon-footprint-pr-campaign-sham.
     Supran, Geoffrey, and Naomi Oreskes. 2021. "The Forgotten Oil Ads That Told
     Us Climate Change Was Nothing." Guardian.
     https://www.theguardian.com/environment/2021/nov/18/the-forgotten-oil-
     ads-that-told-us-climate-change-was-nothing.

5   Sullivan, Laura. 2020. "How Big Oil Misled the Public into Believing Plastic
     Would Be Recycled." NPR.
     https://www.npr.org/2020/09/11/897692090/how-big-oil-misled-the-
     public-into-believing-plastic-would-be-recycled.

6   Chen, Junliang, Jing Wu, Peter C. Sherrell, Jun Chen, Huaping Wang, Wei-
     xian Zhang, and Jianping Yang. 2022. "How to Build a Microplastics-Free
     Environment: Strategies for Microplastics Degradation and Plastics Recycling."
     Advanced Science 9 (6).
     https://doi.org/10.1002/advs.202103764.
     Padervand, Mohsen, Eric Lichtfouse, Didier Robert, and Chuanyi Wang. 2020.
     "Removal of Microplastics from the Environment. A Review." Environmental
     Chemistry Letters 18:807-28.
     https://doi.org/10.1007/s10311-020-00983-1.
     Lares, Mirka, Mohamed Chaker Ncibi, Markus Sillanpaa, and Mika Sillanpaa.
     2018. "Occurrence, Identification and Removal of Microplastic Particles
     and Fibers in Conventional Activated Sludge Process and Advanced MBR
     Technology." Water Research 133:236-46.
     https://doi.org/10.1016/j.watres.2018.01.049.

7   Simon, Matt. 2021. "People Should Drink Way More Recycled Wastewater."
     Wired.
     https://www.wired.com/story/people-should-drink-way-more-recycled-
     wastewater/.

8   American Society of Civil Engineers. 2021. "Report Card for America's
     Infrastructure: Wastewater."
     https://infrastructurereportcard.org/cat-item/wastewater/.

9   Packard, Vance. 2011. The Waste Makers. New York: Ig Publishing.

10 REI. 2022. "What Is Organically Grown Cotton?"
    https://www.rei.com/learn/expert-advice/organically-grown-cotton.html.

11 Al Jazeera. 2021. "Chile's Desert Dumping Ground for Fast Fashion Leftovers."
    https://www.aljazeera.com/gallery/2021/11/8/chiles-desert-dumping-
    ground-for-fast-fashion-leftovers.

12 Besser, Linton. 2021. "Dead White Man's Clothes." Foreign Correspondent.
    https://www.abc.net.au/news/2021-08-12/fast-fashion-turning-parts-
    ghana-into-toxic-landfill/100358702.

13 McCormick, Erin, Bennett Murray, Carmela Fonbuena, Leonie Kijewski, Gokce
    Saracoglu, Jamie Fullerton, Alastair Gee, and Charlotte Simmonds. 2019.
    "Where Does Your Plastic Go? Global Investigation Reveals America's Dirty
    Secret." Guardian.
    https://www.theguardian.com/us-news/2019/jun/17/recycled-plastic-
    america-global-crisis.

14 Katz, Cheryl. 2019. "Piling Up: How China's Ban on Importing Waste Has
    Stalled Global Recycling." Yale Environment 360.
    https://e360.yale.edu/features/piling-up-how-chinas-ban-on-importing-
    waste-has-stalled-global-recycling.

15 Wan, Yong, Xin Chen, Qian Liu, Hongjuan Hu, Chenxi Wu, and Qiang Xue.
    2022. "Informal Landfill Contributes to the Pollution of Microplastics in the
    Surrounding Environment." Environmental Pollution 293:118586.
    https://doi.org/10.1016/j.envpol.2021.118586.

16 INTERPOL. 2020. "Strategic Analysis Report: Emerging Criminal Trends in the
    Global Plastic Waste Market Since January 2018."
    https://www.interpol.int/en/News-and-Events/News/2020/INTERPOL-
    report-alerts-to-sharp-rise-in-plastic-waste-crime.

17 Simon, Matt. 2020. "Should Governments Slap a Tax on Plastic?" Wired.
    https://www.wired.com/story/should-governments-slap-a-tax-on-plastic/.

18 Rosengren, Cole. 2020. "California Plastics Tax Ballot Initiative on Track for 2022
    Following Court Ruling." Waste Drive.
    https://www.wastedive.com/news/recology-funding-california-plastics-tax-

ballot-initiative/570717/.

19   Ford, Helen V., Nia H. Jones, Andrew J. Davies, Brendan J. Godley, Jenna R. Jambeck, Imogen E. Napper, Coleen C. Suckling, et al. 2022. "The Fundamental Links between Climate Change and Marine Plastic Pollution." Science of the Total Environment 806 (1): 150392. https://doi.org/10.1016/j.scitotenv.2021.150392.

20   Simon, Matt. 2019. "New IPCC Report Shows How Our Abuse of Land Drives Climate Change." Wired. https://www.wired.com/story/ipco-land report/.

21   Brizga, Janis, Klaus Hubacek, and Kuishuang Feng. 2020. "The Unintended Side Effects of Bioplastics: Carbon, Land, and Water Footprints." One Earth 3 (1): 45-53. https://doi.org/10.1016/j.oneear.2020.06.016.

22   Spierling, Sebastian, Eva Knupffer, Hannah Behnsen, Marina Mudersbach, Hannes Krieg, Sally Springer, Stefan Albrecht, Christoph Herrmann, and Hans-Josef Endres. 2018. "Bio-Based Plastics: A Review of Environmental, Social and Economic Impact Assessments." Journal of Cleaner Production 185:476-91. https://doi.org/10.1016/j.jclepro.2018.03.014.

23   Zheng, Jiajia, and Sangwon Suh. 2019. "Strategies to Reduce the Global Carbon Footprint of Plastics." Nature Climate Change 9:374-78. https://doi.org/10.1038/s41558-019-0459-z.

24   Discovery Channel. 2019. "The Story of Plastic." https://www.storyofstuff.org/movies/the-story-of-plastic-documentary-film/.

25   Lewis, Simon L., and Mark A. Maslin. 2018. The Human Planet: How We Created the Anthropocene. New Haven, CT: Yale University Press.

26   Gowdy, John, and Lisi Krall. 2013. "The Ultrasocial Origin of the Anthropocene." Ecological Economics 95:137-47. https://doi.org/10.1016/j.ecolecon.2013.08.006.

27   Zalasiewicz, Jan, Colin N. Waters, Juliana A. Ivar do Sul, Patricia L. Corcoran, Anthony D. Barnosky, Alejandro Cearreta, Matt Edgeworth, et al. 2016. "The

Geological Cycle of Plastics and Their Use as a Stratigraphic Indicator of the Anthropocene." Anthropocene 13:4–17. https://doi.org/10.1016/j.ancene.2016.01.002.

28 Wright, Ronald. 2004. A Short History of Progress. Toronto: House of Anansi Press.

찾아보기

# #

치명적인 독, 미세 플라스틱

초판 1쇄 발행 2022년 10월 28일

지은이 매트 사이먼
옮긴이 최원재
발행처 북하이브
발행인 이길호
편집인 이현은
편 집 최성수 · 황윤하
마케팅 유병준 · 김미성
디자인 하남선
제 작 김진식 · 김진현 · 이난영
재 무 강상원 · 이남구 · 김규리

북하이브는 (주)타임교육C&P의 단행본 출판 브랜드입니다.
출판등록 2020년 7월 14일 제2020-000187호
주 소 서울특별시 강남구 봉은사로 442 75th AVENUE빌딩 7층
전 화 02-590-9800
팩 스 02-590-0251
전자우편 timebooks@t-ime.com

ISBN 979-11-91239-94-2(03300)